职业技能等级认定培训教材

汽车维修工

（技师 高级技师）

本书编审人员

主　编　李志军　吴荣辉
副主编　林庆芳　范光明　陈社会
参　编　李伟亮　陈锡良　宣　峰　羌春晓　秦华荣
　　　　钱　燕　徐　坚　李贵炎　钱　强　龚文资
　　　　华　洁　吴伟铨　刘　静　沈文龙　吴　飞
　　　　吴中华　姜国华
主　审　刘　锋

中国劳动社会保障出版社

图书在版编目（CIP）数据

汽车维修工：技师　高级技师 / 李志军，吴荣辉主编. -- 北京：中国劳动社会保障出版社，2025.（职业技能等级认定培训教材）. -- ISBN 978-7-5167-6907-2

Ⅰ. U472.4

中国国家版本馆 CIP 数据核字第 2025S508B3 号

汽车维修工（技师　高级技师）
QICHE WEIXIUGONG（JISHI　GAOJI JISHI）

中国劳动社会保障出版社出版发行

（北京市惠新东街 1 号　邮政编码：100029）

*

北京市艺辉印刷有限公司印刷装订　新华书店经销

787 毫米 ×1092 毫米　16 开本　21 印张　375 千字

2025 年 5 月第 1 版　2025 年 5 月第 1 次印刷

定价：56.00 元

营销中心电话：400-606-6496

出版社网址：https://www.class.com.cn

版权专有　侵权必究

如有印装差错，请与本社联系调换：（010）81211666
我社将与版权执法机关配合，大力打击盗印、销售和使用盗版图书活动，敬请广大读者协助举报，经查实将给予举报者奖励。
举报电话：（010）64954652

前言
Preface

为建立健全劳动者终身职业技能培训制度，全面推行职业技能等级制度，推进技能人才评价制度改革，进一步规范培训管理，提高培训质量，有关专家根据《汽车维修工国家职业技能标准（2018年版）》（以下简称《标准》）和职业培训包课程规范编写了汽车维修工职业技能等级认定培训系列教材（以下简称等级教材）。

汽车维修工等级教材紧贴《标准》和职业培训包课程规范要求编写，内容上突出职业能力优先的编写原则，结构上按照职业功能模块分级别编写。该等级教材共包括《汽车维修工（基础知识）》《汽车维修工（初级）》《汽车维修工（中级）》《汽车维修工（高级）》《汽车维修工（技师　高级技师）》5本。《汽车维修工（基础知识）》是各级别汽车维修工均需掌握的基础知识，其他各级别教材内容分别包括各级别汽车维修工应掌握的理论知识和操作技能。

本书是汽车维修工等级教材中的一本，是职业技能等级认定推荐教材，也是职业技能等级认定题库开发的重要依据，已纳入职业培训包教材资源，适用于职业技能等级认定培训和中短期职业技能培训。

本书在编写过程中得到无锡职业技术学院，李志军江苏省技能大师工作室，南京交通职业技术学院，南京交通技师学院，无锡交通技师学院，泰州技师学院，无锡南洋职业技术学院，泉州技师学院，无锡行知科技学校，无锡宝达之星汽车科技服务有限公司等单位的大力支持与协助，在此一并表示衷心感谢。

Contents 目录
汽车维修工（技师 高级技师）

第一部分　技师

模块 1　汽车综合故障诊断

课程 1-1　发动机综合故障诊断

学习单元 1　发动机燃料消耗过高故障分析、诊断与排除　004

学习单元 2　车载诊断系统无法通信故障分析、诊断与排除　009

学习单元 3　发动机功率不足故障分析、诊断与排除　015

课程 1-2　底盘综合故障诊断

学习单元 1　自动变速器挂挡不能行驶故障分析、诊断与排除　022

学习单元 2　手动变速器换挡困难或无法换挡故障分析、诊断与排除　030

学习单元 3　行驶中车轮摆振故障分析、诊断与排除　036

学习单元 4　行驶中转向盘抖动故障分析、诊断与排除　041

学习单元 5　制动力不足故障分析、诊断与排除　046

课程 1-3　电气系统综合故障诊断

学习单元 1　音响娱乐和车载影像系统不工作故障分析、诊断与排除　051

学习单元 2　空调系统不制冷故障分析、诊断与排除　　055
　　学习单元 3　车载网络控制系统不工作故障分析、
　　　　　　　诊断与排除　　061
　　学习单元 4　车载电源管理系统不工作故障分析、
　　　　　　　诊断与排除　　067

课程 1-4　电动汽车综合故障诊断
　　学习单元 1　车载充电系统无法充电故障分析、
　　　　　　　诊断与排除　　073
　　学习单元 2　电动空调系统不制冷故障分析、
　　　　　　　诊断与排除　　080
　　学习单元 3　低压电源系统不工作故障分析、
　　　　　　　诊断与排除　　084

汽车大修竣工检验

课程 2-1　路试检验
　　学习单元 1　发动机动力性能路试　　091
　　学习单元 2　发动机经济性能路试　　097
　　学习单元 3　车辆转向性能路试　　104
　　学习单元 4　车辆制动性能路试　　109
　　学习单元 5　车辆滑行性能路试　　121

模块 2

课程 2-2　台架检验
　　学习单元 1　发动机综合性能检测　　127
　　学习单元 2　发动机无负荷功率检测　　137
　　学习单元 3　车辆喇叭声级和车辆噪声检测　　147
　　学习单元 4　车辆前照灯性能检测　　156
　　学习单元 5　车辆制动性能检测　　164
　　学习单元 6　车辆排放性能检测　　184

技术管理与指导培训

模块 3

课程 3-1　技术管理
　　学习单元 1　汽车维修方案制定及实施　　203
　　学习单元 2　汽车故障分析报告和技术论文撰写　　210
　　学习单元 3　车辆维修质量技术评定　　216
　　学习单元 4　汽车新技术、新工艺、新设备、新材料培训　223

课程 3-2　指导培训
　　学习单元 1　维修作业技术指导　　225
　　学习单元 2　技术人员技能培训　　227

第二部分　高级技师

汽车复合故障诊断

模块 4

课程 4-1　发动机机电复合故障诊断
　　学习单元 1　发动机机电复合故障诊断分析　　235
　　学习单元 2　发动机机电复合故障诊断流程的编制
　　　　　　　　与组织实施　　242

课程 4-2　底盘机电复合故障诊断
　　学习单元 1　底盘机电复合故障诊断分析　　245
　　学习单元 2　底盘机电复合故障诊断流程的编制
　　　　　　　　与组织实施　　256

课程 4-3　汽车电气系统复合故障诊断
　　学习单元 1　车身电气系统复合故障诊断分析　　260
　　学习单元 2　车身电气系统复合故障诊断流程的编制
　　　　　　　　与组织实施　　268

课程 4-4　电动汽车复合故障诊断
　　学习单元 1　电动汽车驱动系统复合故障诊断分析　271
　　学习单元 2　电动汽车驱动系统复合故障诊断流程
　　　　　　　　的编制与组织实施　281

技术管理与革新

模块 5

课程 5-1　技术管理
　　学习单元 1　企业内部汽车维修质量管理
　　　　　　　　和考核标准的制定　285
　　学习单元 2　企业内部汽车维修质量管理
　　　　　　　　和考核标准的组织实施　292

课程 5-2　技术革新
　　学习单元 1　汽车维修新技术、新材料、
　　　　　　　　新工艺的推广　300
　　学习单元 2　汽车维修技术革新、技术改造及
　　　　　　　　维修作业流程的改进　305

技术指导与培训

模块 6

课程 6-1　技术指导
　　学习单元 1　汽车偶发、疑难故障诊断与排除流程
　　　　　　　　制定的指导　311
　　学习单元 2　汽车偶发、疑难故障诊断与排除的指导　314

课程 6-2　系统培训
　　学习单元 1　系统技术培训计划的制订　317
　　学习单元 2　系统技术培训计划的组织实施　321

参考文献　327

第一部分 技师

模块 1 汽车综合故障诊断

- 课程 1-1 发动机综合故障诊断
- 课程 1-2 底盘综合故障诊断
- 课程 1-3 电气系统综合故障诊断
- 课程 1-4 电动汽车综合故障诊断

课程设置

课程	学习单元	课堂学时
1-1 发动机综合故障诊断	（1）发动机燃料消耗过高故障分析、诊断与排除	6
	（2）车载诊断系统无法通信故障分析、诊断与排除	4
	（3）发动机功率不足故障分析、诊断与排除	6
1-2 底盘综合故障诊断	（1）自动变速器挂挡不能行驶故障分析、诊断与排除	6
	（2）手动变速器换挡困难或无法换挡故障分析、诊断与排除	3
	（3）行驶中车轮摆振故障分析、诊断与排除	3
	（4）行驶中转向盘抖动故障分析、诊断与排除	3
	（5）制动力不足故障分析、诊断与排除	3
1-3 电气系统综合故障诊断	（1）音响娱乐和车载影像系统不工作故障分析、诊断与排除	6
	（2）空调系统不制冷故障分析、诊断与排除	6
	（3）车载网络控制系统不工作故障分析、诊断与排除	6
	（4）车辆电源管理系统不工作故障分析、诊断与排除	6
1-4 电动汽车综合故障诊断	（1）车载充电系统无法充电故障分析、诊断与排除	4
	（2）电动空调系统不制冷故障分析、诊断与排除	4
	（3）低压电源系统不工作故障分析、诊断与排除	4

课程 1-1　发动机综合故障诊断

学习内容

学习单元	课程内容	培训建议	课堂学时
（1）发动机燃料消耗过高故障分析、诊断与排除	1）分析发动机燃料消耗过高的故障原因 2）诊断并排除发动机燃料消耗过高的故障	（1）方法：项目教学法、实训法 （2）重点与难点：尾气分析仪使用与检测数据分析；故障诊断仪使用与数据流分析	6
（2）车载诊断系统无法通信故障分析、诊断与排除	1）分析车载诊断系统无法通信的故障原因 2）诊断并排除车载诊断系统无法通信的故障	（1）方法：项目教学法、实训法 （2）重点与难点：分析车载诊断系统无法通信的故障原因	4
（3）发动机功率不足故障分析、诊断与排除	1）分析发动机功率不足的故障原因 2）诊断并排除发动机功率不足的故障	（1）方法：项目教学法、实训法 （2）重点与难点：分析发动机功率不足的故障原因	6

学习单元 1　发动机燃料消耗过高故障分析、诊断与排除

一、分析发动机燃料消耗过高的故障原因

1. 故障现象举例

一辆上汽通用别克君越汽车，装备 LZD 电控汽油喷射发动机，客户反映燃料消耗过高。如果你是维修技师，你将如何诊断并排除故障？

2. 故障原因分析

发动机燃料消耗过高，通常表现为同样加满一箱燃油后，行驶里程比以前要短，或者车辆组合仪表显示油耗数值（图 1-1-1）比以前高。发动机燃料消耗过高通常伴随的故障现象是排气管排出大量黑烟，甚至有汽油的味道（燃烧不完全）。

图 1-1-1　组合仪表显示油耗数值

发动机燃料消耗过高的常见原因如下：

（1）使用不当

发动机燃料消耗过高不一定是车辆本身原因。如果车辆经常超载，或客户操作不当也会造成燃料消耗过高。车辆燃油加注时计量不准确，也会让客户误认为是车辆发

生故障。

（2）供油量大，混合气偏浓

发动机喷油脉宽（时间）太长、燃油压力高、喷油器泄漏等原因，会造成供油量大，混合气偏浓。

（3）底盘原因

制动系统拖滞（拖刹）、轮胎花纹选型错误（深度过大）等原因，也会造成燃料消耗过高。

二、诊断并排除发动机燃料消耗过高的故障

1. 接受工作任务，明确任务内容

1）从业务接待员（服务顾问）、车间主管或班组长处接受车辆维修任务。

2）阅读维修工单，明确任务要求。

3）必要时配合业务接待员与客户沟通，提前列出需要问诊的内容，进一步明确车辆故障及客户需求。

4）根据客户的描述，验证或确认故障现象。

2. 进行工作任务准备

 提示：

请严格遵守维修车间安全及其他管理制度！

完成工作任务需要的场地、设备、工具及材料。

（1）个人防护装备

常规工装。

（2）车辆防护装备

1）车外防护三件套：左、右翼子板布和前格栅布。

2）车内防护三件套：地板垫、座椅套、转向盘套。

（3）车间设备

举升机。

（4）检测设备/仪表

故障诊断仪、尾气分析仪、燃油压力表、喷油器清洗检测仪、数字式万用表。

(5)拆装工具

常规工/量具套装。

(6)其他辅助材料

抹布、油盆。

(7)技术资料及其他材料

对应车型维修手册、对应车型用户手册、其他必要的技术资料。

3. 制定发动机燃料消耗过高的故障诊断与排除流程

发动机燃料消耗过高故障的诊断与排除流程见表1-1-1。

表1-1-1 发动机燃料消耗过高故障的诊断与排除流程

步骤	检测及诊断操作	诊断结果	
1	试车验证车辆是否确实存在发动机燃料消耗过高的故障现象	故障现象不存在	故障现象存在
		与客户沟通,确保正确使用车辆(不良驾驶习惯、经常超载等影响燃油消耗大的因素)	下一步
2	目测发动机加速时是否排放黑烟,必要时采用尾气分析仪检测尾气成分,确定发动机混合气是否正常	发动机混合气正常	发动机混合气异常
		确认燃料消耗过高非发动机因素造成,检查底盘系统,特别是制动器及轮胎,发现异常修复后试车	下一步
3	使用故障诊断仪读取发动机控制单元故障码,是否有与混合气相关的故障码	有与混合气相关的故障码	无与混合气相关的故障码
		根据故障码内容检修后试车	下一步
4	使用故障诊断仪读取发动机控制单元数据流,判断喷油脉宽是否正常	喷油脉宽异常	喷油脉宽正常
		进一步分析与喷油脉宽相关的元器件(空气流量传感器、氧传感器、温度传感器等)数据流,根据异常结果检修后试车	下一步
5	使用燃油压力表或诊断仪数据流(直喷发动机)检测燃油压力是否正常	燃油压力异常	燃油压力正常
		检修燃油泵及燃油管路后试车	下一步
6	拆卸喷油器,使用喷油器清洗检测仪测试喷油器是否正常(泄漏或喷射量偏大)	燃油喷射异常	燃油喷射正常
		清洗或更换喷油器后试车	下一步

续表

步骤	检测及诊断操作	诊断结果	
7	经以上步骤试车后,确定故障是否排除	故障未排除	故障排除
		重复以上步骤	诊断结束

4. 进行车辆故障诊断并排除故障

（1）验证故障现象

1）查阅车型用户手册及相关技术资料,将综合油耗数据与客户提供的数据对比,确定待修车辆发动机燃料消耗是否过高。如果油耗正常,应向客户做专业解释。

2）目测在发动机加速时,排气管是否排放黑烟,如果有黑烟,说明待修车辆混合气偏浓,是造成燃料消耗过高的原因。

3）使用尾气分析仪（见图 1-1-2）检测发动机尾气。如果过量空气系数 $\lambda<1$，说明可燃混合气过浓，可确认是燃料消耗过高的原因；如果 λ 值正常，说明燃油消耗过高原因与发动机无关，可能与底盘有关或与车辆使用不当有关。

图 1-1-2　尾气分析仪

（2）发动机电控系统诊断

1）使用故障诊断仪读取发动机控制单元故障码，确认是否有与混合气相关的故障码。混合气不良的故障码包括：P0170：燃油修正错误；P0171：混合气过稀；P0172：混合气过浓；其他氧传感器或空燃比传感器（指氧化钛型的氧传感器）相关的故障码。如果有相关的故障码，应进一步分析数据流或进行燃油喷射系统元件检测，确定故障部位。

2）使用故障诊断仪读取发动机控制单元供油量相关数据流。图 1-1-3 所示为发动机供油量控制数据流实测数值，发动机喷油时间及修正主要的数据流见表 1-1-2。喷油时间（脉宽）由控制单元根据喷油量相关的传感器信号确定，主要信号有曲轴位置传感器、空气流量传感器

数据流项目	数值
喷油脉宽	3.19 ms
$HO_2S\ 1$	738 mV
$HO_2S\ 2$	759 mV
短期燃油调整	2%
长期燃油调整	1%

图 1-1-3　发动机供油量控制数据流实测数值

或进气压力传感器，修正信号有节气门位置传感器、温度传感器等，并利用氧传感器检测混合气浓度，实现混合气闭环控制。喷油时间长，供油量大，混合气变浓；反之喷油时间短，供油量小，混合气变稀。因此，如果喷油时间比正常值长，应进一步检查相关的传感器信号。

表 1-1-2　发动机喷油时间及修正主要的数据流

数据流项目	数值	参考范围
喷油时间	3.19 ms	怠速工况下 1.5~3.0 ms，根据氧传感器（HO_2S）反馈的混合气浓度信号修正
短期燃油调整（修正）	2%	-20% 到 +20%（早期），-10% 到 +10%（目前），根据排放法规要求变化
长期燃油调整（修正）	1%	

（3）检测燃油压力

使用燃油压力表（进气道喷射燃油系统）或诊断仪数据流（燃油直喷系统）检测燃油压力。如果燃油压力比正常值高，会造成燃料消耗过高的故障。如果燃油压力偏高，应检查燃油泵回油管路是否堵塞。图 1-1-4 所示为使用燃油压力表检测燃油压力。

（4）检测喷油器

如果怀疑喷油器（俗称"喷油嘴"）喷嘴堵塞、燃油喷射量过多或过少，应进行喷油器免拆清洗，或拆卸喷油器后，使用喷油器清洗检测仪（见图 1-1-5）测试喷油器喷射情况。如果喷油器泄漏或单位时间内喷油量过大，应清洗喷油器后再测试，如果仍然泄漏或供油量过大，则更换喷油器。

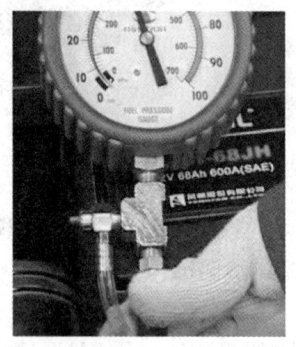

图 1-1-4　使用燃油压力表检测燃油压力

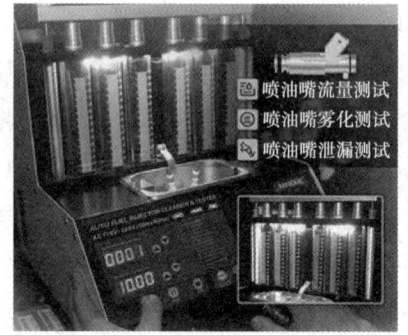

图 1-1-5　喷油器清洗检测仪

（5）检查底盘机构

采用目测检查或路试，检查轮胎花纹是否正确以及是否有制动器拖滞等影响燃料消耗的底盘因素。

（6）确认故障排除

本例中，根据以上步骤，检查发现空气流量传感器输出信号偏高，更换故障部件以后，采用目测、道路试验（简称为路试）以及故障诊断仪、尾气分析仪等设备检测，确认发动机燃料消耗正常，故障已排除。

5. 进行质量检验，确认故障排除

1）自检合格后，填写维修工单并签字确认，交付班组长进行质量检验。

2）在工作过程中遵循现场工作管理规范，完成"7S"管理规定的工作内容。

■ 学习单元 2　车载诊断系统无法通信故障分析、诊断与排除

一、分析车载诊断系统无法通信的故障原因

1. 故障现象举例

一辆一汽大众迈腾 B7，装备 CEA 发动机，进行发动机电控系统故障诊断时，故障诊断仪无法与发动机控制单元通信。如果你是维修技师，你将如何诊断并排除故障？

2. 故障原因分析

发动机电控系统发生故障，应该利用故障诊断仪读取自诊断系统的故障码。

如图 1-1-6 所示，连接故障诊断仪传输线到车辆诊断座，点火开关置于 ON 位置，根据故障诊断仪操作提示，进入发动机系统的"功能选择"。如果能进入"功能选择"，或显示控制单元版本信息，表明诊断仪器与控制单元通信成功。如果诊断仪器不能进入"功能选择"，或显示"无法通信""连接失败"，或一直处于"正在连接"的状态，即诊断仪器无法与控制单元通信。

图 1-1-6　连接故障诊断仪传输线到车辆诊断座

车载诊断系统无法通信的常见原因如下：

（1）全部控制单元不能与诊断仪器通信

1）操作错误。诊断仪连接错误（诊断接头类型、电源等），选择错误的车型 / 系统。

2）诊断仪器硬件（仪器主机、传输线、诊断接头）损坏或软件不良（软件版本或软件程序错误）。

3）车辆诊断座（数据总线诊断接口）的电源、搭铁、CAN-H、CAN-L 线路断路或短路。

4）网关控制单元（包括终端电阻）损坏。

（2）部分或某个控制单元不能与诊断仪通信

1）对应控制单元的 CAN-H、CAN-L 线路断路或短路。

2）对应控制单元硬件、软件故障或电路故障（含电源、搭铁）。

二、诊断并排除车载诊断系统无法通信的故障

1. 接受工作任务，明确任务内容

根据对车辆发动机电控系统故障的初步诊断结果，排除诊断仪器无法与发动机控制单元通信的故障。

2. 进行工作任务准备

 提示：

请严格遵守维修车间安全及其他管理制度！

准备完成工作任务需要的场地、设备、工具及材料。

（1）个人防护装备

常规工装。

（2）车辆防护装备

1）车外防护三件套：左、右翼子板布和前格栅布。

2）车内防护三件套：地板垫、座椅套、转向盘套。

（3）车间设备

本次工作无须使用。

（4）检测设备/仪表

故障诊断仪、数字万用表。

（5）拆装工具

常规工/量具套装。

（6）其他辅助材料

本次工作无须使用。

（7）技术资料及其他材料

对应车型维修手册、对应车型用户手册、其他必要的技术资料。

3. 制定车载诊断系统无法通信的故障诊断与排除流程

在排除诊断仪器本身故障的前提下，仪器仍无法与控制单元通信时，控制单元及通信线路发生故障的可能性很大。检修时应排除控制单元的电源、通信线路故障，如果正常，可以判断控制单元本身故障。车载诊断系统无法通信故障的诊断与排除流程见表 1-1-3。

表 1-1-3　车载诊断系统无法通信故障的诊断与排除流程

步骤	检测及诊断操作	诊断结果	
1	检查点火开关（电源）及线路，确定供电电源是否正常	供电电源线路异常	供电电源线路正常
		修复供电电源线路后再次检测	下一步
2	检查诊断仪硬件、软件及传输线、诊断接头等附件是否正常	诊断仪硬件、软件、附件异常	诊断仪硬件、软件、附件均正常
		根据异常结果重装软件或更换硬件、附件，再次检测	下一步
3	连接诊断仪器，判断是所有控制单元都无法通信还是只有某个控制单元无法通信	只有某个控制单元无法通信	所有控制单元都无法通信
		检查并修复对应控制单元线路	下一步
4	检测车辆诊断座电源和搭铁针脚是否正常	诊断座电源和搭铁针脚异常	诊断座电源和搭铁针脚正常
		根据检修结果修复线路后再次检测	下一步
5	检测诊断座 CAN-H 和 CAN-L 终端电阻阻值是否正常	终端电阻阻值异常	终端电阻阻值正常
		修复具有终端电阻的控制单元线路或更换控制单元，然后再次检测	下一步
6	检测诊断座 CAN-H 和 CAN-L 通信信号是否正常	CAN-H 和 CAN-L 通信信号异常	CAN-H 和 CAN-L 通信信号正常
		根据异常内容检修，修复线路或更换网关控制单元，然后再次检测	下一步

续表

步骤	检测及诊断操作	诊断结果	
7	经以上步骤再次检测后，确定故障是否排除	故障未排除 重复以上步骤	故障排除 诊断结束

4. 进行车辆故障诊断并排除故障

 提示：

各种故障诊断仪器的使用方法大同小异，请根据仪器提示操作，或仔细阅读使用说明书。

（1）验证故障现象

1）打开点火开关，确定组合仪表点亮故障警告灯，并且诊断仪器不能与车辆控制单元通信。图 1-1-7 所示为诊断仪器不能与车辆所有控制单元通信的显示界面。

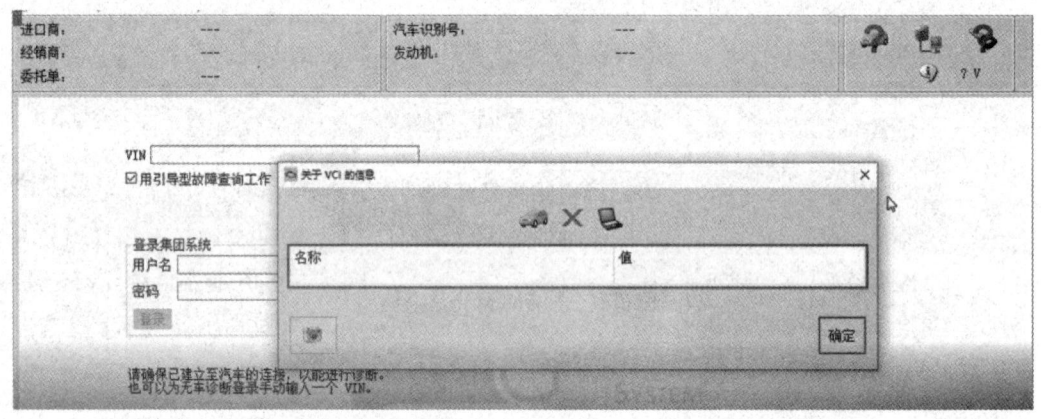

图 1-1-7　诊断仪器不能与车辆所有控制单元通信的显示界面

2）利用同类的故障诊断仪进行检测，如果能够通信，则应排除仪器故障和操作不当的原因。

3）如果诊断仪器还是无法与控制单元通信，那么可以判断车辆诊断座、控制单元及其电源、搭铁、通信线路故障。

（2）检测车载诊断系统诊断座

故障诊断仪通过 OBD 诊断座（数据诊断接口）与车辆的控制单元通信，因此必须确定诊断座的针脚及线路正常。图 1-1-8 所示为车辆 OBD 诊断座及针脚排列方式。

图 1-1-8　车辆 OBD 诊断座及针脚排列方式

1）诊断座的电源检测。如图 1-1-9 所示，利用万用表直流电压挡检测诊断座 16 号针脚的电压，应为蓄电池电压，说明电源正常。如果不正常，则线路断路或短路。

2）诊断座的搭铁检测。如图 1-1-10 所示，利用万用表直流电压挡检测诊断座 4 号或 5 号针脚的电压，应为"0"。为进一步确定线路搭铁良好，关闭点火开关，断开蓄电池负极接线，然后利用万用表电阻挡检测 4 号或 5 号针脚与车身搭铁之间的电阻值，应低于 1 Ω，说明搭铁良好。

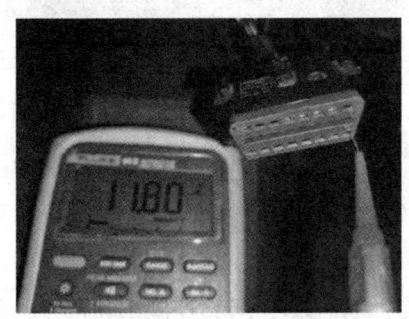 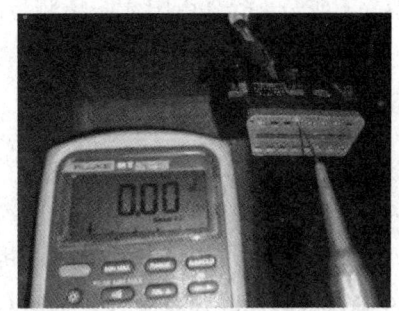

图 1-1-9　检测诊断座 16 号针脚　　　图 1-1-10　检测诊断座 4 号或 5 号针脚

3）K 线检测。如图 1-1-11 所示，利用万用表直流电压挡检测诊断座 7 号针脚（K 线，发动机控制单元与仪器数据传输线，部分车型已经不再采用 K 线传输信号），如有 12 V 左右的电压信号，说明线路正常。

4）CAN 通信线 H、L 信号检测。如图 1-1-12 和图 1-1-13 所示，利用万用

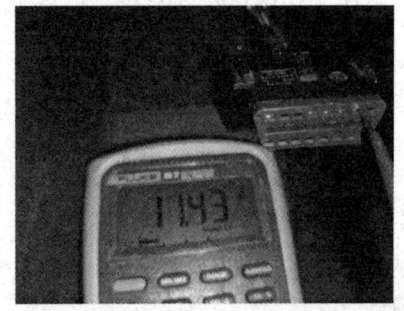

图 1-1-11　检测诊断座 7 号针脚（K 线）

表直流电压挡检测诊断座 6 号针脚（CAN 系统的 H 线）和 14 号针脚（CAN 系统的 L 线），如有 2.5 V 左右的电压信号，说明线路正常。

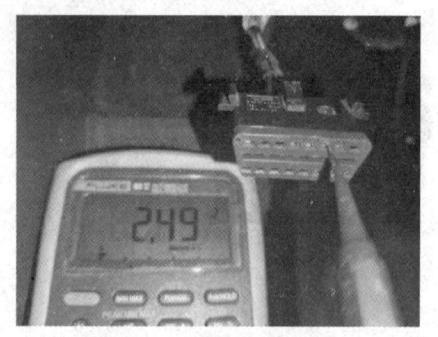
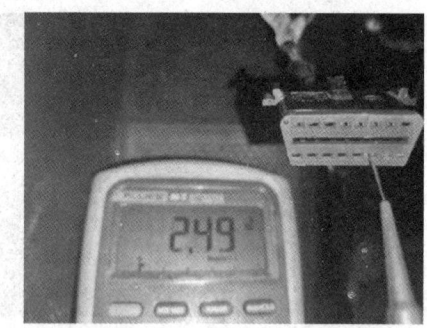

图 1-1-12　检测诊断座 H 线信号　　　　图 1-1-13　检测诊断座 L 线信号

5）发动机控制单元内部 CAN 系统的终端电阻检测。关闭点火开关，断开蓄电池负极接线，用万用表电阻挡检测诊断座 6 号和 14 号针脚之间的电阻，如有 60 Ω 左右的电阻值，表示 CAN 系统终端电阻正常。如果不正常，应检修线路和对应的控制单元。图 1-1-14 所示为终端电阻实际检测数值。

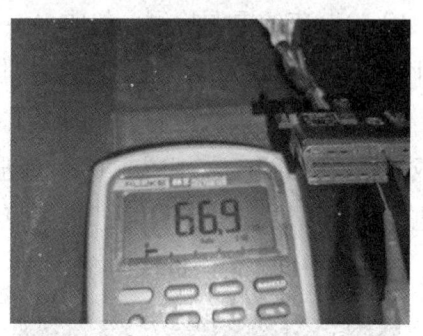

图 1-1-14　终端电阻实际检测数值

 提示：

CAN 系统终端电阻正常电阻值为 120 Ω 左右，上述检测方法实际是测量两个并联状态的终端电阻，因此所测电阻值为实际的 1/2。

（3）发动机电子控制单元故障诊断方法

在确认故障诊断仪及附件、车辆 OBD 诊断座的各针脚、网关控制单元都正常的情况下，进行以下检查：

1）重新连接故障诊断仪，根据提示的操作步骤操作，确认故障诊断仪与控制单元通信是否正常。

2）如果只是某个控制单元不能与故障诊断仪通信，则检查对应的电源、搭铁、CAN-H 和 CAN-L 线路，确认线路正常后，可以判断控制单元故障，应更换有故障的控制单元。

 提示：

如果只是某个控制单元不能通信，可以从其他正常的控制单元读取相关的故障码帮助诊断。

（4）确认故障排除

本例中，根据以上步骤，检查发现车辆 OBD 诊断座 14 号针脚（L 线）与仪器诊断接头接触不良，修复以后，连接诊断仪器并打开点火开关，确认诊断仪器能与车辆控制单元通信，故障已排除。

5. 进行质量检验，确认故障排除

1）自检合格后，填写维修工单并签字确认，交付班组长进行质量检验。

2）在工作过程中遵循现场工作管理规范，完成"7S"管理规定的工作内容。

学习单元 3　发动机功率不足故障分析、诊断与排除

一、分析发动机功率不足的故障原因

1. 故障现象举例

一辆一汽丰田卡罗拉汽车，装备 1ZR-FE 电控汽油喷射发动机，客户反映加速时发动机提速缓慢。如果你是维修技师，你将如何诊断并排除故障？

2. 故障原因分析

发动机功率不足的故障现象是踩下加速踏板后，发动机转速不能马上升高，有迟滞现象，有时加速会引起发动机抖动，同时伴随着"回火"的现象甚至熄火。

根据电控发动机的工作原理，电控发动机的点火、进气、燃油、排气以及机械系统任何一个环节出现故障，都会造成发动机功率不足的故障。

（1）点火系统故障

点火系统造成发动机功率不足的原因有：单缸或多缸火花塞不点火；点火能量不足；点火正时不正确。

1）单缸或多缸火花塞不点火。对于单缸或多缸不点火的故障，通常是火花塞、高

压线、点火线圈及控制线路存在故障,可以采用示波器测试波形或直接进行高压火花测试的方法判断。

2) 点火能量不足。点火能量不足,即火花塞高压火花过弱,会使发动机混合气燃烧不充分,导致发动机功率不足。图 1-1-15 所示为火花塞点火的火花强弱对比图。造成点火能量不足的主要原因有:

①点火线圈性能不良。

②火花塞型号错误,间隙过大或过小。

③高压线老化、漏电。

④点火放大器(点火控制模块)故障。

⑤发动机控制单元及线路故障。

图 1-1-15 火花塞点火的火花强弱对比图

3) 点火正时不正确。发动机怠速运转时,点火提前角通常在上止点前 10° 左右,发动机急加速时点火提前角增大。如果点火正时不正确,过早或过晚都会造成发动机功率不足,产生加速不良的故障现象。对于点火正时的测试,有经验的维修技师可以通过踩踏加速踏板,根据发动机运转是否产生爆燃的声音,判断发动机点火时间过早或过迟;也可以通过故障诊断仪读取发动机点火提前角数据流来判断。点火正时不良的主要故障原因有:

①正时驱动带或链条安装错误。

②正时齿轮错齿、跳齿。

③可变正时系统故障。

④曲轴、凸轮轴位置传感器故障,给发动机控制单元发送错误信息。

(2) 进气系统故障

电控发动机的喷油量根据进气量参数确定,进气量不足或计量信号错误,则发动机会产生加速不良的故障现象。造成进气系统故障的主要原因有：

1）进气管道及空气滤清器堵塞。

2）节气门发卡或开度不足。

3）加速踏板位置传感器、节气门位置传感器信号错误。

4）空气流量传感器（或进气歧管绝对压力传感器）信号错误及线路断路或短路。

5）可变进气系统工作时机错误或不工作。

6）涡轮增压系统工作时机错误或不工作。

7）发动机控制单元故障及线路断路或短路。

（3）燃油系统故障

1）燃油压力低。燃油压力过低，会导致发动机功率不足，产生加速不良故障现象。燃油压力不正常，需要检查燃油泵、燃油滤芯、燃油压力调节器等元件性能。

2）燃油品质不良。燃油品质不良，直接导致混合气燃烧质量下降，发动机输出功率和排放异常，还会产生爆燃等故障现象。图 1-1-16 是燃油品质差引起氧传感器损坏的状态，损坏的氧传感器将给发动机控制单元发送错误的空燃比信号，造成发动机控制单元控制错误。

图 1-1-16　燃油品质差引起氧传感器损坏的状态

3）燃油喷射不良。发动机的加速工况通过喷油器增加喷油量实现，喷油器喷油性能不良（堵塞或泄漏）或喷油器控制异常，会造成发动机的加速不良。喷油器喷油不良与发动机控制单元控制有关，发动机控制单元控制喷油器信号异常，可能是发动机控制单元接收到错误的传感器信号，或者控制单元本身或控制线路故障。

（4）排气系统故障

发动机排气系统堵塞或排放控制系统故障，将直接影响发动机加速性能，需要检查发动机排气系统是否畅通，排放控制系统是否正常。排气系统最常见的故障是三元催化转化器堵塞或废气再循环（EGR）阀关闭不严。

（5）发动机机械故障

发动机机械性能降低，如气缸磨损、曲轴变形、凸轮轴磨损、气缸漏气、活塞环密封性能变差等都会引起发动机动力性能变差，具体表现为加速不良。对于机械故障引起的加速不良，需要测量气缸压力，如果低于规定的标准压力值，则必须进行发动机大修，以恢复发动机动力性能。

二、诊断并排除发动机功率不足的故障

1. 接受工作任务,明确任务内容

1)从业务接待员(服务顾问)、车间主管或班组长处接受车辆维修任务。

2)阅读维修工单,明确任务要求。

3)必要时配合业务接待员与客户沟通,提前列出需要问诊的内容,进一步明确车辆故障及客户需求。

4)根据客户的描述,验证或确认故障现象。

2. 进行工作任务准备

 提示:

请严格遵守维修车间安全及其他管理制度!

准备完成工作任务需要的场地、设备、工具及材料。

(1)个人防护装备

常规工装。

(2)车辆防护装备

1)车外防护三件套:左、右翼子板布和前格栅布。

2)车内防护三件套:地板垫、座椅套、转向盘套。

(3)车间设备

举升机。

(4)检测设备/仪表

故障诊断仪、尾气分析仪、燃油压力表、喷油器清洗检测仪、数字式万用表、气缸压力表。

(5)拆装工具

常规工/量具套装。

(6)其他辅助材料

抹布、油盆。

(7)技术资料及其他材料

对应车型维修手册、对应车型用户手册、其他必要的技术资料。

3. 制定发动机功率不足的故障诊断与排除流程

发动机功率不足故障的诊断与排除流程见表 1-1-4。

表 1-1-4　发动机功率不足故障的诊断与排除流程

步骤	检测及诊断操作	诊断结果	
1	试车验证车辆是否确实存在发动机功率不足的故障现象	故障现象不存在	故障现象存在
		与客户沟通，确保正确使用车辆	下一步
2	排除其他系统（自动变速器、加速防滑系统）对发动机输出功率的影响	其他系统工作异常	其他系统工作正常
		排除其他系统的故障后试车	下一步
3	排除发动机控制系统的原因。使用故障诊断仪读取发动机控制单元故障码和数据流，检查是否有混合气不良及其他影响发动机功率输出的故障码和异常数据流	有影响发动机功率输出的故障码和异常数据流	无影响发动机功率输出的故障码和异常数据流
		根据故障码和异常数据流内容检修后试车	下一步
4	排除发动机机械本体原因。检测发动机气缸压力	发动机气缸压力异常	发动机气缸压力正常
		根据异常结果检修后试车	下一步
5	排除点火系统的原因。分别检查高压火花的强度和点火正时	点火系统工作异常	点火系统工作正常
		根据异常结果检修后试车	下一步
6	排除燃油系统的原因。分别检查燃油品质、燃油压力、燃油管路及喷油器	燃油系统工作异常	燃油系统工作正常
		根据异常结果检修后试车	下一步
7	排除进气控制系统的原因。分别检查进气管道、空气滤清器、节气门及可变进气、涡轮增压等进气相关系统	进气控制系统工作异常	进气控制系统工作正常
		根据异常结果检修后试车	下一步
8	排除排气控制系统的原因。分别检查废气再循环（EGR）阀、三元催化转化器（TWC）	排气控制系统工作异常	排气控制系统工作正常
		根据异常结果检修后试车	下一步
9	经过以上步骤再次试车后，确定故障是否排除	故障未排除	故障排除
		重复以上步骤	诊断结束

4. 进行车辆故障诊断并排除故障

（1）验证故障现象

验证故障现象，排除其他系统对发动机输出功率的影响。

1）起动发动机，等待发动机温度正常（冷却风扇运转），试验加速是否正常。如果发动机在车辆停放时加速正常，可以根据条件进行路试或使用底盘测功机测试，判断是否在车辆带负荷运行时才出现发动机功率不足的故障。

2）排除其他系统造成的故障，例如自动变速器故障或加速防滑系统异常工作时，车辆会限功率（即降低发动机输出功率）行驶。

提示：

加速防滑系统工作时（驱动轮打滑）会通过 CAN 系统控制发动机降低功率。可以拔掉其熔丝或继电器试车，如果故障消失，则是加速防滑系统导致的故障。

（2）排除发动机控制系统原因

发动机控制系统，包括控制单元、传感器、执行器出现故障而影响功率输出，可以使用故障诊断仪进行诊断。

1）连接故障诊断仪，读取发动机控制系统故障码，如果有与加速相关的故障码（如空气流量传感器、节气门位置/加速踏板位置传感器故障等），根据故障码内容进行检修。

2）读取数据流，重点是空气流量传感器、节气门位置/加速踏板位置传感器等相关数据是否正常，不正常则检查对应的传感器及线路。

（3）排除发动机机械本体原因

使用气缸压力表检测气缸压力是否偏低，偏低则拆检发动机，检查气门和活塞环等。

（4）排除点火系统原因

1）测试高压火花强度，如果火花弱，检修或更换相应火花塞或点火线圈。

2）使用故障诊断仪读取点火正时数据流，观察在加速时点火正时的提前角度是否正常。如果不正常则检查点火正时记号和爆震传感器信号。

（5）排除燃油系统原因

1）检查燃油品质是否正常，不正常则更换燃油。

2）使用燃油压力表测试在发动机加速时燃油压力是否偏低，如果偏低则检测或更换电动燃油泵及燃油滤清器。

3）检查喷油器是否工作正常，以及是否堵塞或泄漏。

（6）排除进气系统原因

1）检查进气管道、空气滤芯是否脏污或堵塞，不正常则清洁或更换。

2）检测节气门是否工作正常，如有发卡等故障，清洗节气门或更换节气门体。

3）检查可变进气 VVT 系统、涡轮增压系统（根据车型装备）是否工作正常。

（7）排除排气（排放控制）系统原因

检查排气管的三元催化转化器是否堵塞，不正常则更换三元催化转化器。

（8）确认故障排除

本例中，根据以上步骤，检查发现燃油压力偏低，在确认燃油滤清器及管路正常后更换电动燃油泵，进行试车，确认发动机输出功率正常，故障已排除。

5. 进行质量检验，确认故障排除

1）自检合格后，填写维修工单并签字确认，交付班组长进行质量检验。

2）在工作过程中遵循现场工作管理规范，完成"7S"管理规定的工作内容。

课程 1-2　底盘综合故障诊断

学习内容

学习单元	课程内容	培训建议	课堂学时
（1）自动变速器挂挡不能行驶故障分析、诊断与排除	1）分析自动变速器挂挡不能行驶的故障原因 2）诊断并排除自动变速器挂挡不能行驶的故障	（1）方法：项目教学法、实训法 （2）重点与难点：分析自动变速器挂挡不能行驶的故障原因	6
（2）手动变速器换挡困难或无法换挡故障分析、诊断与排除	1）分析手动变速器换挡困难或无法换挡的故障原因 2）诊断并排除手动变速器换挡困难或无法换挡的故障	（1）方法：项目教学法、实训法 （2）重点与难点：分析手动变速器换挡困难或无法换挡的故障原因	3

续表

学习单元	课程内容	培训建议	课堂学时
（3）行驶中车轮摆振故障分析、诊断与排除	1）分析行驶中车轮摆振的故障原因 2）诊断并排除行驶中车轮摆振的故障	（1）方法：项目教学法、实训法 （2）重点与难点：分析行驶中车轮摆振的故障原因	3
（4）行驶中转向盘抖动故障分析、诊断与排除	1）分析行驶中转向盘抖动的故障原因 2）诊断并排除行驶中转向盘抖动的故障	（1）方法：项目教学法、实训法 （2）重点与难点：分析行驶中转向盘抖动的故障原因	3
（5）制动力不足故障分析、诊断与排除	1）分析制动力不足的故障原因 2）诊断并排除制动力不足的故障	（1）方法：项目教学法、实训法 （2）重点与难点：分析制动力不足的故障原因	3

学习单元 1　自动变速器挂挡不能行驶故障分析、诊断与排除

一、分析自动变速器挂挡不能行驶的故障原因

1. 故障现象举例

一辆丰田卡罗拉 GL 汽车，装备 U340E 自动变速器，客户报修起动车辆后挂入前进挡无法行驶。如果你是维修技师，你将如何诊断并排除故障？

2. 故障原因分析

（1）自动变速器常见的故障现象

自动变速器挂挡后不能行驶，根据产生故障原因不同，通常有以下几种故障现象：

1）挂入某个挡位不能行驶，但其他挡位正常。例如只是挂入倒挡（R）不能行驶，而挂入前进挡（D）正常。

2）无论选挡杆位于倒挡或前进挡时，汽车都不能行驶。

3）冷车起动发动机后车辆能行驶一小段路程，但热车状态下不能行驶。

根据故障现象的不同进行诊断，可以缩小检查的范围。

（2）自动变速器综合故障诊断分析思路

由于自动变速器结构复杂，因此其故障诊断与排除比较困难，故障诊断时必须厘清思路，才能找到问题的根本原因。

1）预诊（掌握基本信息）。自动变速器发生故障后，应先掌握一些必要的信息，这相当于医疗诊断中的"预诊"，即为下一步诊断工作做好充分的准备。预诊的实质就是询问与了解的过程，主要对汽车的运行状况进行摸底，例如，经常行驶的区域、路况、维修与保养情况、故障出现时的规律与征兆（温度、负荷、挡位、偶发性等）。做好预诊工作，为下一步的检查诊断打好基础。

2）初诊（进行基础检查）。在掌握了自动变速器的使用情况信息以后，可以对自动变速器进行基础检查与调整工作，也许有些故障根据其现象分析，不一定与基础检查有直接的联系，但为了做到有备无患，多做几个检查项目是有益无害的。

基础检查即初步确定故障可能的原因及范围，其内容主要是确定故障在发动机部位还是在自动变速器的外部连接装置，包括对自动变速器液压油进行检验分析。由于自动变速器的故障有可能是发动机故障所导致的，例如发动机怠速过高，会造成"闯车"现象，正好与自动变速器换挡过程冲击有相似之处；怠速过低容易造成发动机怠速不稳定和起步熄火，又与自动变速器内部运行阻力大类似；发动机自身功率下降与自动变速器升挡过程延迟有同样的现象。因此，在进行自动变速器检修之前必须先确定发动机技术状况是良好的。排除发动机故障的可能性后，还需对自动变速器外部影响挡位变换的连接装置进行检查与调整，如节气门拉索松紧度、空挡开关初始位置、挡位手柄初始位置的检查与调整，因为它们都直接关联着自动变速器的换挡工作情况。由于现在大部分自动变速器已取消了节气门拉索，而用节气门位置传感器信号代替其功能，但其检查的实质是不变的，可以进行节气门位置传感器位置信号的检查。对于自动变速器油的检查也是必不可少的，因为很多故障都是由于油的问题而引发的，需对油的品质和油量进行认真检查，核实品牌与型号，了解使用的周期，根据颜色和杂质规律分析出大概是哪个系统有故障隐患。在此基础上，才可以进行更深入的内部检修。

3）确诊（进行内部检查，确定故障原因）。由于自动变速器结构、原理、控制过程都比较复杂，因此，在进行自动变速器内部故障诊断分析时，必须有一个明确的思路与目标，切忌盲目拆卸。所以有必要借助专用的仪器设备对自动变速器进行明确的诊断，而自动变速器的性能试验是较准确与有效的检测方法之一。

目前车辆上使用的自动变速器大部分为电控方式，因此自动变速器的内部故障大致可分为电气故障、机械故障和液压故障。对于电气系统的故障可以借助相关的故障诊断仪进行诊断，也可以用手动换挡试验（大部分自动变速器都有保挡功能，即电气系统发生故障后，可保证其基本挡位的运行）进行简单的区分。机械故障与液压故障的排除相对难度大一些，应借助设备（自动变速器综合性能检验台）、通过试验的分析（自动变速器试验主要有油压试验、失速试验、时滞试验、道路试验等），找出内部故障根源。

（3）自动变速器综合故障常见的故障原因

自动变速器综合故障常见的故障原因如下：

1）自动变速器油液不正常：液面过低、过高，油液型号不符或油液脏污。

2）自动变速器冷却系统工作不良，造成油温过高。

3）选挡杆与手控阀之间的连接杆或拉线松脱，手控阀保持在空挡或停车挡位置。

4）油泵损坏或进油滤网堵塞。

5）主油路泄漏或堵塞。

6）油压电子阀、换挡电磁阀或线路故障。

7）超速离合器或单向离合器打滑。

8）D1挡位、R挡位离合器、制动器打滑。

9）变矩器或内部传动机构故障。

10）停车闭锁机构故障。

11）自动变速器控制单元ECU或线路故障。

12）汽车其他相关部位故障。

二、诊断并排除自动变速器挂挡不能行驶的故障

1. 接受工作任务，明确任务内容

1）从业务接待员（服务顾问）、车间主管或班组长处接受车辆维修任务。

2）阅读维修工单，明确任务要求。

3）必要时配合业务接待员与客户沟通，提前列出需要问诊的内容，进一步明确车

辆故障及客户需求。

4）根据客户的描述，验证或确认故障现象。

2. 进行工作任务准备

提示：

请严格遵守维修车间安全及其他管理制度！

准备完成工作任务需要的场地、设备、工具及材料。

（1）个人防护装备

常规工装。

（2）车辆防护装备

1）车外防护三件套：左、右翼子板布和前格栅布。

2）车内防护三件套：地板垫、座椅套、转向盘套。

（3）车间设备

举升机。

（4）检测设备/仪表

故障诊断仪、自动变速器油压表、数字式万用表。

（5）拆装工具

常规工/量具套装。

（6）其他辅助材料

抹布、油盆。

（7）技术资料及其他材料

对应车型维修手册、对应车型用户手册、其他必要的技术资料。

3. 制定自动变速器挂挡不能行驶的故障诊断与排除流程

自动变速器挂挡后车辆不行驶，首先要确认是发动机原因还是变速器原因。确认是自动变速器原因后，再根据自诊断系统判断是电控原因还是机械原因。如果是机械原因，应按故障诊断流程进行诊断，必要时分解变速器进行检修。自动变速器挂挡不能行驶故障的诊断与排除流程见表1-2-1。

表 1-2-1　自动变速器挂挡不能行驶故障的诊断与排除流程

步骤	检测及诊断操作	诊断结果	
1	试车验证车辆是否确实存在自动变速器挂挡不能行驶的故障现象	故障现象不存在	故障现象存在
		与客户沟通，确保正确使用车辆	下一步
2	排除发动机及其他系统对自动变速器的影响	其他系统工作异常	其他系统工作正常
		排除其他系统的故障后试车	下一步
3	排除自动变速器控制系统的原因。使用故障诊断仪读取自动变速器控制单元故障码和数据流，检查是否有造成挂挡不能行驶的故障码和异常数据流	有造成挂挡不能行驶的故障码和异常数据流	无造成挂挡不能行驶的故障码和异常数据流
		根据故障码和异常数据流内容检修后试车	下一步
4	检查自动变速器油量、油质是否正常	自动变速器油量、油质异常	自动变速器油量、油质正常
		调整或更换自动变速器油后试车	下一步
5	检查自动变速器操纵机构是否正常	自动变速器操纵机构异常	自动变速器操纵机构正常
		根据异常结果检修后试车	下一步
6	进行主油路油压检测、失速试验，判断变速器内部机构是否正常	变速器内部机构异常	变速器内部机构正常
		根据异常结果检修后试车	下一步
7	经以上步骤再次试车后，确定故障是否排除	故障未排除	故障排除
		重复以上步骤	诊断结束

4. 进行车辆故障诊断并排除故障

（1）验证故障现象

1）验证故障现象，确认变速器是挂所有挡位都不能行驶，还是只是前进挡或倒挡不能行驶。

2）排除发动机及其他系统对自动变速器的影响。

（2）检查自动变速器电控系统

1）使用故障诊断仪读取故障码，并按故障码的指示排除电控系统相关部位（主油路油压电磁阀、换挡电磁阀、控制单元及线路等）的故障。

2）确认选挡杆的位置、组合仪表的挡位显示、诊断仪器数据流的挡位显示是否一致，如果不一致，检查挡位开关及线路。

（3）检查自动变速器油量、油质

提示：

对于没有装备自动变速器油尺的车型，应根据组合仪表显示液位信息或参照维修手册中的检查方法检查油量。

1）拔出油尺，若油尺上无油或油面过低，应检查油底壳、自动变速器油散热器、油管等处有无泄漏。如果存在泄漏，应修复并按规定重新加油。

2）若油面正常，应对自动变速器油牌号、自动变速器油质量进行检查，若牌号不符合规定或油变质，应按规定换油。

（4）检查自动变速器外部影响挡位的连接装置

检查选挡杆与手控阀之间的连杆或拉线，如有松脱，应予以修复，并重新调整选挡杆基准位置。

（5）检测主油路油压

拆下主油路测试孔上的螺塞，装上油压表，起动发动机，将选挡杆拨至前进挡或倒挡位置，检查主油路油压（若无油压表，可拆下测试孔上的螺塞，观察油液的流出情况）。

1）若主油路没有油压，应打开油底壳，检查手控阀摇臂轴与摇臂有无松脱、手控阀阀芯有无折断或脱钩，若有应予以重新连接或更换。若手控阀正常，应检查安全阀有无卡滞或弹簧折断，若完好，则说明可能油泵工作不良，应拆卸自动变速器，检修油泵。

2）若主油路油压较低，应检查油泵进油滤网有无堵塞，若堵塞应清洗或更换；若无堵塞，说明油泵损坏或主油路严重泄漏，应拆检自动变速器，予以修复或更换。

3）若冷车时主油路有一定的油压，但热车后油压明显下降，说明油泵间隙过大，漏油严重，应检修或更换油泵。

4）若主油路油压正常，则可能是超速离合器及超速单向离合器打滑，或D1挡位、R挡位离合器、制动器打滑，应拆检自动变速器，检测离合器、制动器间隙及相关油路有无泄漏。

（6）失速试验

进行失速试验，根据试验结果，必要时拆检自动变速器，视情况予以修复或更换。

1）失速试验的目的如下：

①检查发动机输出功率。

②检查液力变矩器性能。

③检查自动变速器离合器和制动器是否打滑。

2）失速试验的条件如下：

①发动机冷却液温度达到正常温度。

②自动变速器油温达到正常温度（50~80℃）。

③汽车轮胎气压正常。

④汽车制动系统工作正常。

3）失速试验的方法如下：

①将汽车停在平坦的场地，安装车轮挡块。

②拉紧驻车制动器，起动发动机。

③用左脚踩住制动踏板，将换挡杆置于D挡。

④迅速将加速踏板踩到底，使发动机全负荷运转。

⑤当发动机转速上升至稳定值时，读取发动机的转速即为失速转速，迅速放松加速踏板。

⑥将换挡杆置于N挡或P挡，让发动机怠速运转1 min以上。

⑦将换挡杆置于R挡，再测一次R挡的失速转速。

⑧将实测值与标准值进行对比分析。

4）失速试验的注意事项如下：

①从迅速踩下加速踏板到读出失速转速后放松加速踏板，全过程时间不得超过5 s。

②在完成了一个挡位的失速试验后，应使发动机在N挡或P挡下怠速运转1 min以上，以使自动变速器油充分冷却。

③在失速试验过程中，如果出现车轮转动的情况，应立刻放松加速踏板，停止试验。

5）失速试验的结果分析如下：

①D挡和R挡转速均值低于正常值：

a. 发动机输出功率不足。

b. 液力变矩器导轮的单向离合器打滑。

② D 挡和 R 挡转速均值高于正常值：

a. 主油路油压过低。

b. 液力变矩器叶片损坏。

c. 离合器或制动器打滑。

③ 只有 D 挡转速高于正常值：

a. 前进挡控制油路油压过低。

b. 前进挡离合器或单向离合器打滑。

④ 只有 R 挡转速高于正常值：

a. 倒挡控制油路油压过低。

b. 倒挡离合器或制动器打滑。

以丰田卡罗拉采用的 U340E 自动变速器为例，失速转速：2 240 ± 300 r/min，自动变速器失速测试结果与故障原因见表 1-2-2。

表 1-2-2　丰田卡罗拉自动变速器失速测试结果与故障原因

故障	可能原因
D 挡位置时发动机失速转速低	1）发动机功率输出可能不足 2）单向离合器工作异常 3）如果测量值比规定值低 600 r/min 或低得更多，则变矩器可能有故障
D 挡位置时发动机失速转速高	1）管路压力过低 2）前进挡离合器打滑 3）2 号单向离合器工作异常 4）液位不正确

（7）确认故障排除

本例中，根据以上步骤，检查确认为自动变速器内部机械机构故障，更换总成以后，采用路试以及故障诊断仪等设备检测，确认自动变速器挂挡后车辆行驶正常，故障已排除。

5. 进行质量检验，确认故障排除

1）自检合格后，填写维修工单并签字确认，交付班组长进行质量检验。

2）在工作过程中遵循现场工作管理规范，完成"7S"管理规定的工作内容。

学习单元 2　手动变速器换挡困难或无法换挡故障分析、诊断与排除

一、分析手动变速器换挡困难或无法换挡的故障原因

1. 故障现象举例

一辆丰田卡罗拉 GL 汽车，装备 5 速手动变速器，客户报修换挡困难，有时甚至出现无法换挡的故障。如果你是维修技师，你将如何诊断并排除故障？

2. 故障原因分析

手动变速器典型的故障是换挡困难或无法换挡，可能是一个挡位，也可能是全部挡位出现故障。故障诊断时根据故障现象的不同进行诊断，可以缩小检查的范围。

（1）所有挡位都换挡困难或无法换挡

1）离合器不分离或分离不彻底。

2）换挡杆变形或挡位操纵机构调整不当。

3）拨叉弯曲变形。

4）同步器滑块卡滞或磨损。

5）自锁或互锁装置卡滞。

（2）换挡杆不能顺利挂入某个挡位，而其他挡位正常

1）同步器故障（断裂、发卡等）。

2）齿轮端面粗糙。

3）换挡杆松旷。

4）齿轮与轴配合不良。

二、诊断并排除手动变速器换挡困难或无法换挡的故障

1. 接受工作任务，明确任务内容

1）从业务接待员（服务顾问）、车间主管或班组长处接受车辆维修任务。

2）阅读维修工单，明确任务要求。

3）必要时配合业务接待员与客户沟通，提前列出需要问诊的内容，进一步明确车辆故障及客户需求。

4）根据客户的描述，验证或确认故障现象。

2. 进行工作任务准备

 提示：

请严格遵守维修车间安全及其他管理制度！

准备完成工作任务需要的场地、设备、工具及材料。

（1）个人防护装备

常规工装。

（2）车辆防护装备

1）车外防护三件套：左、右翼子板布和前格栅布。

2）车内防护三件套：地板垫、座椅套、转向盘套。

（3）车间设备

举升机。

（4）检测设备/仪表

本次工作无须使用。

（5）拆装工具

常规工/量具套装。

（6）其他辅助材料

抹布、油盆、变速器齿轮油。

（7）技术资料及其他材料

对应车型维修手册、对应车型用户手册、其他必要的技术资料。

3. 制定手动变速器换挡困难或无法换挡的故障诊断与排除流程

手动变速器换挡困难或无法换挡的原因很多，检修时应按流程进行诊断，按照从简单到复杂的原则进行故障排除。手动变速器换挡困难或无法换挡故障的诊断与排除流程见表 1-2-3。

表 1-2-3　手动变速器换挡困难或无法换挡故障的诊断与排除流程

步骤	检测及诊断操作	诊断结果	
1	试车验证车辆是否确实存在手动变速器换挡困难或无法换挡的故障现象	故障现象不存在	故障现象存在
		与客户沟通，确保正确使用车辆	下一步
2	确定是所有挡位都出现故障还是只是某个挡位出现故障	只是某个挡位出现故障	所有挡位都出现故障
		执行步骤 6	下一步
3	检查离合器分离情况	离合器分离不彻底	离合器分离正常
		调整、拆检离合器后试车	下一步
4	检查手动变速器齿轮油的油量、油质	手动变速器油量、油质异常	手动变速器油量、油质正常
		调整或更换后试车	下一步
5	检查手动变速器操纵机构是否正常	手动变速器操纵机构异常	手动变速器操纵机构正常
		根据异常结果检修后试车	下一步
6	分解检查手动变速器总成，检查内部机构（同步器、各挡齿轮及接合套）是否正常	变速器内部机构异常	变速器内部机构正常
		根据异常结果检修后试车	下一步
7	经以上步骤再次试车后，确认故障是否排除	故障未排除	故障排除
		重复以上步骤	诊断结束

4. 进行车辆故障诊断并排除故障

（1）验证故障现象

1）起动发动机，保持怠速运转。

2）踩下离合器踏板，将选挡杆依次挂入包括倒挡在内的各个挡位，确定是所有挡位还是某个挡位换挡困难或无法换挡。

如果是所有挡位都发生故障，应检查离合器分离情况；如果只是某个挡位发生故障，则检查拉索调整情况及变速器内部对应的挡位机械部件。

（2）检查离合器分离情况

1）离合器分离不彻底造成的故障现象。

①离合器踏板踩到底时，如果离合器处于半接合状态，其从动盘没有完全与主动盘分离，造成换挡困难或无法换挡。

②挂低速挡时，离合器踏板尚未完全放松，汽车就有起步发抖或发动机熄火的现象。

2）离合器分离不彻底的原因与排除方法。

离合器分离不彻底故障原因与排除方法见表1-2-4。

表 1-2-4　离合器分离不彻底故障原因与排除方法

故障原因	排除方法
离合器盘损坏	更换离合器总成
输入轴花键上的离合器盘毂卡滞	更换离合器总成
离合器盘翘曲或弯曲	更换离合器总成
踏板卡在最大行程位置	1）检查是否有阻碍踏板踩至地板的障碍物 2）清除踏板区域下的所有障碍物，例如地板垫或内饰板
踏板和液压离合器主缸之间行程过大	1）检查踏板衬套是否磨损 2）如果踏板衬套磨损，则将其更换
液压离合器主缸卡死或卡滞	1）检查主缸活塞是否能够自由移动并能在整个行程范围内移动 2）必要时，更换离合器主缸
离合器液压系统中有空气	排出离合器液压系统中的空气
液压离合器工作缸卡死或卡滞	1）检查离合器工作缸活塞是否能自由移动 2）如果活塞卡滞，则更换离合器工作缸
液压离合器主缸内部泄漏	检查踏板余量是否正确。 踏板升到一半，踩下踏板几次，检查以确保仍有适当的踏板余量；如果不能保持踏板余量，则更换离合器主缸

①图1-2-1所示为离合器踏板高度的测量。用钢直尺测量要保证钢直尺与离合器踏板垂直，否则会导致测量数据错误，如果离合器踏板高度不符合要求则进行调整。

离合器踏板高度（丰田卡罗拉）：143.6～153.6 mm

②图1-2-2所示为离合器分离轴承的检查。

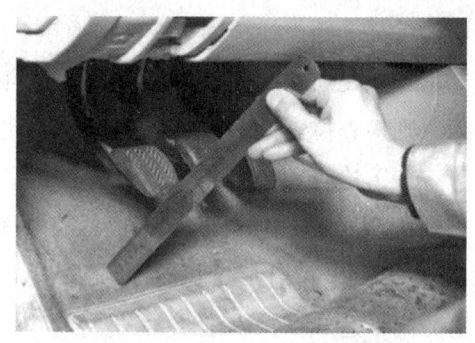

图1-2-1 离合器踏板高度的测量

a. 目视检查离合器分离轴承是否损坏和磨损，如有异常应更换。

b. 在轴向施力时，旋转离合器分离轴承总成的滑动部件，检查并确认离合器分离轴承总成移动平稳且无异常阻力。

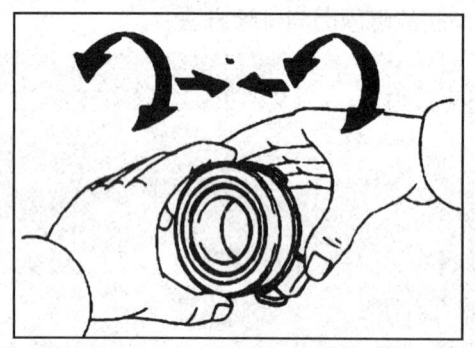 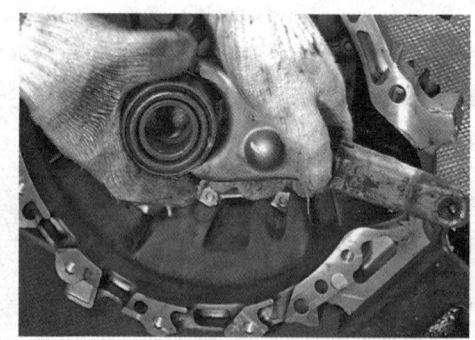

图1-2-2 离合器分离轴承的检查

（3）检查手动变速器齿轮油的油量、油质

图1-2-3所示为手动变速器的油位。

1）检查变速器是否漏油，如有则找到漏油原因并修复。

2）检查变速器油位，不足应加到规定范围。

3）检查变速器油质，如果有杂质、焦味、变色则更换变速器油。

（4）检查变速器控制拉索

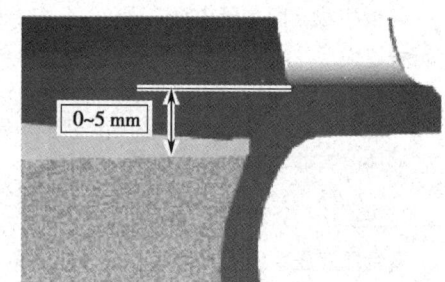

图1-2-3 手动变速器的油位

变速器检查方法如下：

1）举升车辆检查变速器控制拉索是否松动或过度磨损。

2）如图1-2-4所示，打开变速器控制拉索调节盒，检查变速器控制拉索的位置，如果不正确应进行调整。

（5）检查变速器选挡杆总成

如图 1-2-5 所示，变速器选挡杆总成检查如下：

1）拆卸选挡杆总成。

2）检查选挡杆总成的控制拉索端子磨损情况。

3）检查选挡杆总成的自锁、互锁机构工作情况。

4）调整或更换故障部件后装复测试。

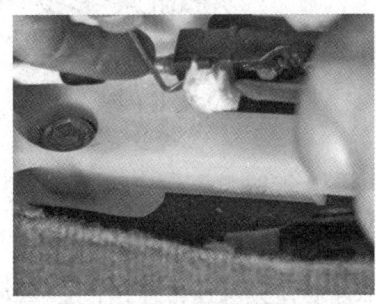

图 1-2-4　打开变速器控制拉索调节盒

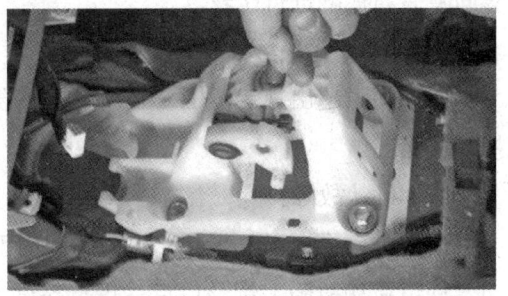

图 1-2-5　选挡杆总成的检查

（6）拆检变速器总成

1）拆解手动变速器。参照维修手册变速器传动机构的拆解步骤，拆解变速器总成。

2）检查变速器同步器。

①外观检查同步器有无破裂。

②检查同步器的转动情况。

③如图 1-2-6 所示，用测隙片测量各同步器锁环与花键齿轮端部间隙，与规定值进行比较。

标准间隙：0.75～1.65 mm

最小间隙：0.75 mm

如果间隙小于最小值，必须更换同步器锁环。

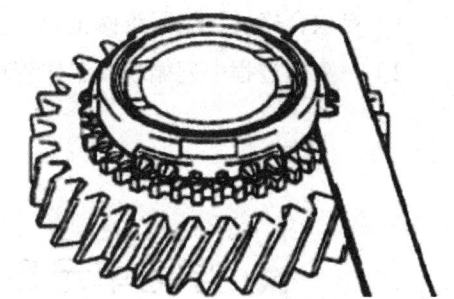

图 1-2-6　测量同步器锁环与花键齿轮端部间隙

3）检查变速器齿轮。

①检查各齿轮的磨损、缺齿现象。

②如图 1-2-7 所示，检查各齿轮的轴向间隙，并与规定值进行比较。

③检查各齿轮的径向间隙，与规定值进行比较。

图 1-2-7　检查各齿轮的轴向间隙

间隙标准值：0.10~0.35 mm（以3挡为例）

4）检查接合套。

①检查各接合套和对应离合器毂的滑动情况。

②检查并确认各接合套的花键端部有无磨损。

③如图1-2-8所示，用游标卡尺测量各接合套凹槽的宽度和对应拨叉卡爪部分的厚度，计算间隙后与标准进行比较。

标准间隙 $A-B$：0.15~0.35 mm

如果间隙超出规定范围，必须更换结合套和换挡拨叉。

（7）确认故障排除

本例中，根据以上步骤，检查确认为手动变速器操纵机构故障，调整以后，进行路试，确认手动变速器各挡位换挡正常，故障已排除。

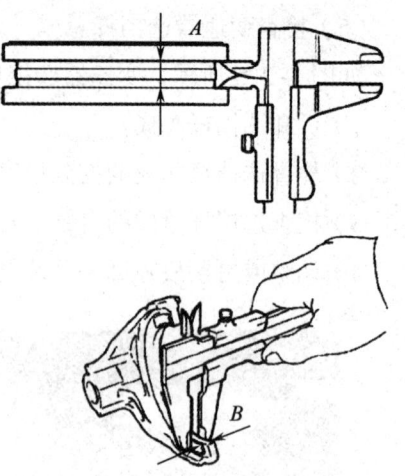

图1-2-8　测量各接合套凹槽的宽度和对应拨叉卡爪部分的厚度

5. 进行质量检验，确认故障排除

1）自检合格后，填写维修工单并签字确认，交付班组长进行质量检验。

2）在工作过程中遵循现场工作管理规范，完成"7S"管理规定的工作内容。

学习单元3　行驶中车轮摆振故障分析、诊断与排除

一、分析行驶中车轮摆振的故障原因

1. 故障现象举例

一辆丰田卡罗拉GL汽车，客户报修在行驶过程中左前轮发生摆振故障。如果你是维修技师，你将如何诊断并排除故障？

2. 故障原因分析

汽车行驶中车轮摆振,具体表现通常是行驶中传动轴有异响,并且车轮或车身抖动。

汽车行驶中车轮摆振是底盘典型的综合故障,应首先对万向传动装置进行检查。如果万向传动装置正常,再检查其他可能的原因,如车轮轴承、转向机构和悬架等故障。常见故障有:

1)半轴与轮毂松动。

2)半轴发生碰撞导致变形或不平衡。

3)万向节缺油引起过度磨损。

4)车轮轴承、转向机构、悬架等出现松旷或变形及其他损坏。

二、诊断并排除行驶中车轮摆振的故障

1. 接受工作任务,明确任务内容

1)从业务接待员(服务顾问)、车间主管或班组长处接受车辆维修任务。

2)阅读维修工单,明确任务要求。

3)必要时配合业务接待员与客户沟通,提前列出需要问诊的内容,进一步明确车辆故障及客户需求。

4)根据客户的描述,验证或确认故障现象。

2. 进行工作任务准备

 提示:

请严格遵守维修车间安全及其他管理制度!

准备完成工作任务需要的场地、设备、工具及材料。

(1)个人防护装备

常规工装。

(2)车辆防护装备

1)车外防护三件套:左、右翼子板布和前格栅布。

2)车内防护三件套:地板垫、座椅套、转向盘套。

（3）车间设备

举升机。

（4）检测设备/仪表

本次工作无须使用。

（5）拆装工具

常规工/量具套装、半轴拆卸工具。

（6）其他辅助材料

抹布，油盆，半轴润滑脂，标记笔，防尘罩卡夹、卡环2套。

（7）技术资料及其他材料

对应车型维修手册、对应车型用户手册、其他必要的技术资料。

3. 制定行驶中车轮摆振的故障诊断与排除流程

以万向传动装置和半轴引起车轮摆振的故障为例，行驶中车轮摆振故障的诊断与排除流程见表1-2-5。

表1-2-5 行驶中车轮摆振故障的诊断与排除流程

步骤	检测及诊断操作	诊断结果	
1	试车验证车辆是否确实存在行驶中车轮摆振的故障现象，排除是行驶路面原因或是车辆行驶中的正常振动	故障现象不存在	故障现象存在
		与客户沟通，确保正确使用车辆	下一步
2	检查车轮、转向机构、悬架	车轮、转向机构、悬架异常	车轮、转向机构、悬架正常
		调整或更换相关部件后试车	下一步
3	检查半轴、万向节的防尘罩	半轴、万向节的防尘罩异常	半轴、万向节的防尘罩正常
		更换防尘罩后试车	下一步
4	拆检半轴及万向节总成	半轴及万向节总成异常	半轴及万向节总成正常
		调整或更换后试车	下一步
5	经以上步骤再次试车后，确定故障是否排除	故障未排除	故障排除
		重复以上步骤	诊断结束

4. 进行车辆故障诊断并排除故障

（1）验证故障现象

与客户（驾驶员）一起进行路试，确定故障发生时的现象，排除因路面原因造成振动，或是车辆行驶中的正常振动。

（2）检查车轮、转向机构、悬架

车轮摆振属于底盘综合故障，根据从简单到复杂的原则，首先应排除车轮轴承、转向机构和悬架的原因。

1）如图1-2-9所示，举升车辆至操作人员胸前位置，检查车轮外观及车轮轴承。

①转动车轮，检查车轮钢圈是否变形，轮胎是否磨损严重，如果异常则更换。

②上下、左右、前后摇摆车轮，检查车轮是否有明显松旷，如果松旷，更换车轮轴承。

2）如图1-2-10所示，检查转向机构，确认各球节（球头）和连接杆是否松旷、变形，如果异常则更换。

图1-2-9 检查车轮外观及车轮轴承

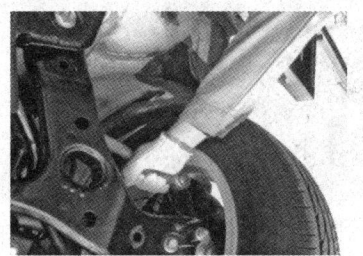

图1-2-10 检查转向机构

3）如图1-2-11所示，检查悬架系统，如悬架弹簧、减振器和防尘套，如果异常则更换。

（3）检查半轴和防尘罩

如图1-2-12所示，检查半轴是否弯曲变形，半轴防尘罩是否破裂、漏油，如有异常则更换。

图1-2-11 检查悬架系统

图1-2-12 检查半轴和防尘罩

（4）检查万向节防尘罩

如图1-2-13所示，检查万向节防尘罩是否破裂、漏油，防尘罩卡夹是否松脱或没卡到位置，如有异常则调整或更换。

（5）拆检半轴及万向节总成

必要时（例如防尘罩已经破损），应拆卸半轴和万向节总成，并进行检查，如有异常则更换。

图1-2-13 检查万向节防尘罩

1）如图1-2-14所示，检查半轴外侧万向节的间隙，确认半轴外侧万向节在径向方向上没有太大的间隙。

2）如图1-2-15所示，检查半轴内侧万向节的间隙，确认半轴内侧万向节在径向方向上没有太大的间隙。

图1-2-14 检查半轴外侧万向节间隙　　图1-2-15 检查半轴内侧万向节间隙

3）检查半轴内侧万向节的滑动情况，如图1-2-16所示，确认其在止推方向上滑动平顺。

4）如图1-2-17所示，根据需要更换半轴防尘罩，并更换或添加润滑脂。

图1-2-16 检查半轴内侧万向节滑动情况　　图1-2-17 更换半轴防尘罩和添加润滑脂

（6）确认故障排除

本例中，根据以上步骤，检查确认为半轴及万向节总成故障，更换新件以后，进行路试，确认车轮不再摆振，故障已排除。

5. 进行质量检验，确认故障排除

1）自检合格后，填写维修工单并签字确认，交付班组长进行质量检验。

2）在工作过程中遵循现场工作管理规范，完成"7S"管理规定的工作内容。

学习单元 4　行驶中转向盘抖动故障分析、诊断与排除

一、分析行驶中转向盘抖动的故障原因

1. 故障现象举例

一辆丰田卡罗拉 GL 汽车，客户报修在行驶过程中，当车速达到 80 km/h 时转向盘抖动明显。如果你是维修技师，你将如何诊断并排除故障？

2. 故障原因分析

汽车行驶系统典型的故障现象是行驶中转向盘抖动，故障现象通常是汽车在一定的速度范围（如 80～100 km/h）行驶时，车身晃动颠簸不稳，转向盘抖动。低于或高于这个速度范围，故障减轻或消失。

汽车行驶中转向盘抖动是底盘典型的综合故障，一般情况下是车轮动不平衡造成的，应首先进行车轮检查，排除车轮的轮辋变形及轮胎异常磨损等原因，再进行车轮动平衡。如果车轮正常，检查其他可能的原因，如车轮定位错误及底盘其他系统故障。

（1）轮胎异常磨损的原因

轮胎异常磨损是轮胎磨损速度加快，胎面形状出现异常。轮胎有以下异常磨损类型：

1）胎冠中部磨损。图 1-2-18 所示为胎冠中部磨损的情形。

主要原因：轮胎气压过高，或长时间未轮胎换位，在窄轮轮辋上装宽轮胎，也会

造成中部磨损。

2）胎冠内、外侧磨损。图1-2-19所示为胎冠一侧（内侧或外侧）磨损的情形。

主要原因：经常高速转弯，前轴弯曲变形，前轮外倾角过大或过小。

图1-2-18 胎冠中部磨损的情形　　　　　图1-2-19 胎冠一侧磨损的情形

3）轮胎两侧磨损。图1-2-20所示为轮胎两侧磨损的情形。

主要原因：轮胎气压过低。

图1-2-20 轮胎两侧磨损的情形

4）胎冠呈波浪形磨损。图1-2-21所示为胎冠波浪形磨损的情形。

主要原因：轮毂松旷，经常紧急制动，车轮动不平衡。

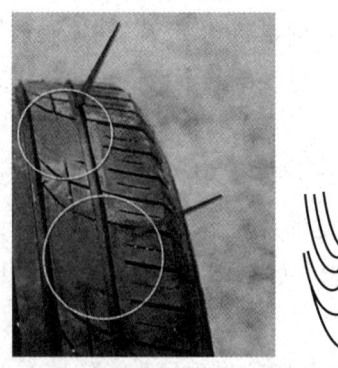 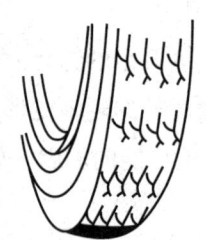 

图1-2-21 胎冠波浪状磨损的情形

（2）其他原因

1）轮胎严重磨损。

2）轮胎型号或规格不一致。

3）车轮轮辋变形。

4）车轮动平衡异常。

5）车轮定位数据错误。

6）转向及悬架系统故障。

二、诊断并排除行驶中转向盘抖动的故障

1. 接受工作任务，明确任务内容

1）从业务接待员（服务顾问）、车间主管或班组长处接受车辆维修任务。

2）阅读维修工单，明确任务要求。

3）必要时配合业务接待员与客户沟通，提前列出需要问诊的内容，进一步明确车辆故障及客户需求。

4）根据客户的描述，验证或确认故障现象。

2. 进行工作任务准备

 提示：

请严格遵守维修车间安全及其他管理制度！

准备完成工作任务需要的场地、设备、工具及材料。

（1）个人防护装备

常规工装。

（2）车辆防护装备

1）车外防护三件套：左、右翼子板布和前格栅布。

2）车内防护三件套：地板垫、座椅套、转向盘套。

（3）车间设备

举升机。

（4）检测设备/仪表

车轮动平衡仪、四轮定位仪。

（5）拆装工具

常规工/量具套装、轮胎气压表、轮胎花纹深度规。

（6）其他辅助材料

抹布、油盆。

（7）技术资料及其他材料

对应车型维修手册、对应车型用户手册、其他必要的技术资料。

3. 制定行驶中转向盘抖动的故障诊断与排除流程

汽车行驶中转向盘抖动故障的诊断与排除流程见表1-2-6。

表1-2-6　汽车行驶中转向盘抖动故障的诊断与排除流程

步骤	检测及诊断操作	诊断结果	
1	试车验证车辆是否确实存在行驶中转向盘抖动的故障现象，排除是行驶路面原因或是车辆行驶中的正常振动	故障现象不存在	故障现象存在
		与客户沟通，确保正确使用车辆	下一步
2	检查车轮和轮胎外观	车轮和轮胎外观异常	车轮和轮胎外观正常
		调整或更换相关部件并进行车轮动平衡后试车	下一步
3	进行车轮动平衡检查	车轮动平衡异常	车轮动平衡正常
		调整后试车	下一步
4	检查轮毂、悬架、转向机构	轮毂、悬架、转向机构异常	轮毂、悬架、转向机构正常
		调整或更换相关部件后试车	下一步
5	进行四轮定位检查	四轮定位异常	四轮定位正常
		调整或更换异常部件后试车	下一步
6	经以上步骤再次试车后，确定故障是否排除	故障未排除	故障排除
		重复以上步骤	诊断结束

4. 进行车辆故障诊断并排除故障

（1）验证故障现象

与客户（驾驶员）一起进行路试，确定故障发生时的现象，排除因路面原因造成转向盘抖动，或是车辆行驶中的正常振动。

（2）检查车轮和轮胎外观

1）检查车轮和轮胎。如图 1-2-22 所示，测量轮辋宽度，并检查车轮和轮胎规格是否一致、轮辋是否变形，如果异常则更换。

2）检查轮胎胎面磨损情况。如图 1-2-23 所示，检查轮胎胎面，确认是否发生胎冠中部磨损、胎冠内侧或外侧的单侧磨损、轮胎两侧磨损、胎冠呈波浪形磨损，如果异常则更换。

图 1-2-22　测量轮辋宽度

图 1-2-23　检查轮胎胎面

3）检查轮胎气压。如图 1-2-24 所示，使用轮胎压力表检查轮胎气压，不正常则调整气压至标准值。

①压力过高，导致胎冠中心和道路的接触面，远大于轮胎的其他部位和道路的接触面。

②压力不足，导致轮胎两侧胎肩部分和道路的接触面，远大于正常的接触面。

（3）进行车轮动平衡后试车

1）进行车轮动平衡。如图 1-2-25 所示，按照车轮动平衡操作流程对车轮进行动平衡。

2）试车确认故障是否排除。如果故障依旧，检查四轮定位及其他系统造成的故障现象。

图 1-2-24　检查轮胎气压

图 1-2-25　进行车轮动平衡

（4）检查轮毂、悬架、转向机构

分别检查轮毂是否松旷，转向机构、悬架系统是否松旷、变形以及是否有其他损坏，更换或修复故障部件。

（5）进行四轮定位后试车

按照四轮定位操作流程对车辆进行四轮定位参数检测，着重检查车轮前束角、外倾角等参数，对参数不符合标准的部件进行调整。

（6）确认故障排除

本例中，根据以上步骤，完成两个前轮动平衡以后，进行路试，确认转向盘不再抖动，故障已排除。

5. 进行质量检验，确认故障排除

1）自检合格后，填写维修工单并签字确认，交付班组长进行质量检验。

2）在工作过程中遵循现场工作管理规范，完成"7S"管理规定的工作内容。

学习单元 5 制动力不足故障分析、诊断与排除

一、分析制动力不足的故障原因

1. 故障现象举例

一辆丰田卡罗拉 GL 汽车，客户报修在紧急制动时，制动力明显不足。如果你是维修技师，你将如何诊断并排除故障？

2. 故障原因分析

汽车制动力不足的故障现象通常是在制动时，制动效果不明显，或者紧急制动距离过长。

汽车制动力不足的常见原因如下：

1）制动液不足或变质。

2）制动管路液压系统有空气。

3）制动液泄漏。

4）制动主缸（总泵）磨损（内部泄漏）。

5）制动分泵泄漏。

6）制动摩擦片磨损、脏污。

7）制动摩擦片间隙过大。

8）制动踏板自由行程过大。

9）制动盘磨损严重。

10）真空助力器泄漏，造成制动助力不足。

二、诊断并排除制动力不足的故障

1. 接受工作任务，明确任务内容

1）从业务接待员（服务顾问）、车间主管或班组长处接受车辆维修任务。

2）阅读维修工单，明确任务要求。

3）必要时配合业务接待员与客户沟通，提前列出需要问诊的内容，进一步明确车辆故障及客户需求。

4）根据客户的描述，验证或确认故障现象。

2. 进行工作任务准备

提示：

请严格遵守维修车间安全及其他管理制度！

准备完成工作任务需要的场地、设备、工具及材料。

（1）个人防护装备

常规工装。

（2）车辆防护装备

1）车外防护三件套：左、右翼子板布和前格栅布。

2）车内防护三件套：地板垫、座椅套、转向盘套。

（3）车间设备

举升机。

（4）检测设备/仪表

制动液检测仪。

（5）拆装工具

常规工/量具套装、游标卡尺、螺旋测微器。

（6）其他辅助材料

抹布、油盆。

（7）技术资料及其他材料

对应车型维修手册、对应车型用户手册、其他必要的技术资料。

3. 制定制动力不足的故障诊断与排除流程

汽车制动力不足故障的诊断与排除流程见表1-2-7。

表1-2-7 汽车制动力不足故障的诊断与排除流程

步骤	检测及诊断操作	诊断结果	
1	试车验证车辆是否确实存在制动力不足的故障现象	故障现象不存在	故障现象存在
		与客户沟通，确保正确使用车辆	下一步
2	检查制动液液面和制动液品质	制动液液面和制动液品质异常	制动液液面和制动液品质正常
		调整或更换制动液后试车	下一步
3	检查制动踏板自由行程	制动踏板自由行程异常	制动踏板自由行程正常
		调整后试车	下一步
4	拆检四轮制动器	四轮制动器异常	四轮制动器正常
		调整或更换异常部件后试车	下一步
5	经以上步骤再次试车后，确定故障是否排除	故障未排除	故障排除
		重复以上步骤	诊断结束

4. 进行车辆故障诊断并排除故障

（1）验证故障现象

与客户（驾驶员）一起进行路试，确定车辆在紧急制动时制动力不足。

（2）检查制动液液面和品质

1）检查制动液液面，如果制动液不足，应检查液压管路是否泄漏，维修后补充制动液。

2）询问客户制动液更换时间，如果超过两年或 40 000 km，或采用制动液检测仪检测其含水率，如超标则更换制动液。

（3）检查制动踏板

参照以下步骤检查制动踏板。

1）检查制动踏板自由行程，不正确则调整。

2）起动发动机，踩下制动踏板，如果觉得"软"，进行制动液压系统排放空气。

3）起动发动机，反复踩踏制动踏板，如果觉得"很硬"，检查真空助力器是否泄漏导致真空压力不足。如果真空管路泄漏则进行修复，必要时更换真空助力器。

4）踩住制动踏板，如果踏板缓慢下沉，则制动总泵（主缸）泄漏，应更换。

（4）拆检制动器

如果以上检查及维修仍然无法排除故障，则拆卸四轮制动器，检查制动缸分泵、制动摩擦片、制动盘，异常则更换。

1）检查制动分泵。如图 1-2-26 所示，检查制动分泵活塞是否生锈或有划痕；检查分泵防尘罩有无老化、破损，如有必要，则更换防尘罩或制动分泵总成。

 提示：

在安装新的防尘罩前，涂抹厂家指定的润滑脂。

2）检查制动摩擦片。测量制动摩擦片厚度（见图 1-2-27），以及是否存在不均匀磨损。

摩擦片厚度：标准为 10～12 mm；磨损极限为 1 mm。

图 1-2-26　检查制动分泵

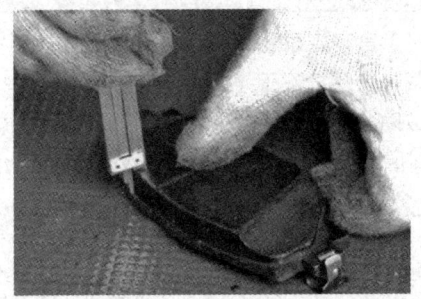
图 1-2-27　测量制动摩擦片厚度

3）检查制动盘。

①检查制动盘是否存在擦伤。

②检查制动盘厚度。用千分尺测量制动盘厚度，如图 1-2-28 所示。如果制动盘厚度小于最小值，则更换制动盘。

制动盘厚度：标准为 22 mm；最小厚度为 19 mm。

（5）确认故障排除

根据以上步骤，检查发现制动液变质，更换制动液并排放空气以后，进行路试，确认制动性能正常，故障已排除。

图 1-2-28 测量制动盘厚度

5. 进行质量检验，确认故障排除

1）自检合格后，填写维修工单并签字确认，交付班组长进行质量检验。

2）在工作过程中遵循现场工作管理规范，完成"7S"管理规定的工作内容。

课程 1-3　电气系统综合故障诊断

学习内容

学习单元	课程内容	培训建议	课堂学时
（1）音响娱乐和车载影像系统不工作故障分析、诊断与排除	1）分析音响娱乐和车载影像系统不工作的故障原因	（1）方法：项目教学法、实训法 （2）重点与难点：分析音响娱乐和车载影像系统不工作的故障原因	6
	2）诊断并排除音响娱乐和车载影像系统不工作的故障		
（2）空调系统不制冷故障分析、诊断与排除	1）分析空调系统不制冷的故障原因	（1）方法：项目教学法、实训法 （2）重点与难点：分析空调系统不制冷的故障原因	6
	2）诊断并排除空调控制系统不制冷的故障		
（3）车载网络控制系统不工作故障分析、诊断与排除	1）分析车载网络控制系统不工作的故障原因	（1）方法：项目教学法、实训法 （2）重点与难点：分析车载网络控制系统不工作的故障原因	6
	2）诊断并排除车载网络控制系统不工作的故障		

续表

学习单元	课程内容	培训建议	课堂学时
（4）车载电源管理系统不工作故障分析、诊断与排除	1）分析车载电源管理系统不工作的故障原因 2）诊断并排除车载电源管理系统不工作的故障	（1）方法：项目教学法、实训法 （2）重点与难点：分析车载电源系统不工作的故障原因	6

学习单元 1　音响娱乐和车载影像系统不工作故障分析、诊断与排除

一、分析音响娱乐和车载影像系统不工作的故障原因

1. 故障现象举例

一辆一汽丰田卡罗拉 GL 汽车，客户反映打开音响娱乐和车载影像系统的电源后，系统不能工作。如果你是维修技师，你将如何诊断并排除故障？

2. 故障原因分析

汽车音响娱乐和车载影像系统常见故障是系统主机不工作、接收信号不良，以及扬声器无声音。故障现象是打开电源开关后，音响娱乐和车载影像系统的显示屏无显示，系统不工作。

（1）音响娱乐和车载影像系统主机不工作

可能原因如下：

1）主机电源熔丝熔断或接触不良。

2）主机电源线路断路或短路。

3）主机损坏。

（2）无法接收 AM/FM 广播信号或接收信号不良

可能原因如下：

1）拉杆天线损坏。

2）周围电磁干扰。

3）主机损坏。

（3）扬声器无声音

可能原因如下：

1）扬声器线路断路或短路。

2）扬声器损坏。

3）主机不工作。

二、诊断并排除音响娱乐和车载影像系统不工作的故障

1. 接受工作任务，明确任务内容

1）从业务接待员（服务顾问）、车间主管或班组长处接受车辆维修任务。

2）阅读维修工单，明确任务要求。

3）必要时配合业务接待员与客户沟通，提前列出需要问诊的内容，进一步明确车辆故障及客户需求。

4）根据客户的描述，验证或确认故障现象。

2. 进行工作任务准备

 提示：

请严格遵守维修车间安全及其他管理制度！

准备完成工作任务需要的场地、设备、工具及材料。

（1）个人防护装备

常规工装。

（2）车辆防护装备

1）车外防护三件套：左、右翼子板布和前格栅布。

2）车内防护三件套：地板垫、座椅套、转向盘套。

（3）车间设备

本次工作无须使用。

(4）检测设备/仪表

故障诊断仪、数字式万用表。

(5）拆装工具

常规工/量具套装。

(6）其他辅助材料

抹布、常见规格的熔丝。

(7）技术资料及其他材料

对应车型维修手册、对应车型用户手册、其他必要的技术资料。

3. 制定音响娱乐和车载影像系统不工作的故障诊断与排除流程

音响娱乐和车载影像系统不工作故障的诊断与排除流程见表 1-3-1。

表 1-3-1 音响娱乐和车载影像系统不工作故障的诊断与排除流程

步骤	检测及诊断操作	诊断结果	
1	验证车辆是否确实存在音响娱乐和车载影像系统不工作的故障现象	故障现象不存在	故障现象存在
		与客户沟通，确保正确使用车辆	下一步
2	使用诊断仪器读取故障码和数据流，判断音响娱乐和车载影像系统的控制系统是否正常	音响娱乐和车载影像系统的控制系统异常	音响娱乐和车载影像系统的控制系统正常
		根据故障码和异常数据流检修后再测试系统	下一步
3	检查主机及线路	主机及线路异常	主机及线路正常
		修复或更换故障部件后再测试系统	下一步
4	检查 AM/FM 广播信号接收线路	AM/FM 广播信号接收线路异常	AM/FM 广播信号接收线路正常
		修复或更换故障部件后再测试系统	下一步
5	检查扬声器及线路	扬声器及线路异常	扬声器及线路正常
		修复或更换故障部件后再测试系统	下一步
6	经以上步骤再次测试系统后，确定故障是否排除	故障未排除	故障排除
		重复以上步骤	诊断结束

4. 进行车辆故障诊断并排除故障

（1）验证故障现象

查阅车型用户手册及相关技术资料，与客户沟通，确保正确操作音响娱乐和车载影像系统，确定故障现象是因操作不当还是车辆的音响娱乐和车载影像系统故障所致。

（2）故障诊断仪诊断

目前大部分车型的音响娱乐和车载影像系统具备自诊断功能，可以使用诊断仪器读取故障码和数据流，根据故障码和异常数据流检修。

（3）检查主机及线路

1）检查主机电源熔丝是否断路或接触不良。图 1-3-1 所示为自带电源熔丝的音响娱乐和车载影像系统主机。

2）检查主机电源、搭铁线路是否断路、短路。

3）如果以上检查正常，更换音响娱乐和车载影像系统主机。

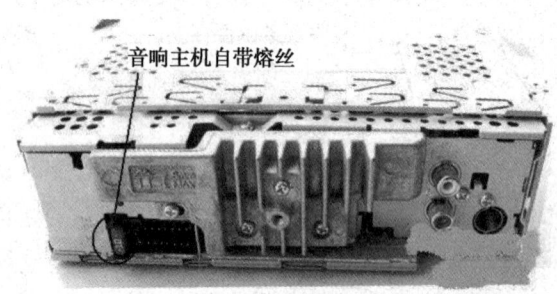

图 1-3-1　自带电源熔丝的音响娱乐和车载影像系统主机

（4）检查 AM/FM 广播信号接收线路

1）检查音响天线是否变形或损坏。

2）如果怀疑广播信号被建筑物和其他物体屏蔽或干扰，可以更换地点测试音响娱乐和车载影像。

3）如果以上检查正常，更换音响娱乐和车载影像主机。

（5）检查扬声器及线路

1）检查扬声器线路是否断路、短路。

2）检修或更换扬声器。

3）如果以上检查正常，更换音响娱乐和车载影像主机。

（6）确认故障排除

本例中，根据以上步骤，检查发现音响娱乐和车载影像主机电源熔丝断路，同时检查确认线路正常,更换熔丝以后,开启音响娱乐和车载影像系统电源,确认系统各功能工作正常,故障已排除。

5. 进行质量检验,确认故障排除

1)自检合格后,填写维修工单并签字确认,交付班组长进行质量检验。

2)在工作过程中遵循现场工作管理规范,完成"7S"管理规定的工作内容。

学习单元 2　空调系统不制冷故障分析、诊断与排除

一、分析空调系统不制冷的故障原因

1. 故障现象举例

一辆一汽丰田卡罗拉 GL 汽车,客户反映空调不制冷。如果你是维修技师,你将如何诊断并排除故障?

2. 故障原因分析

汽车空调不制冷的故障通常是表现为:操作空调面板后,空调压缩机不运行,或者空调压缩机能够运行,但车内空调出风口没有冷风吹出。

导致汽车空调完全不制冷或制冷不足的故障原因很多,在诊断时应熟练掌握制冷系统的工作原理,根据不同部件故障的特征差异,进行确认与排除。

(1)送风系统不工作

鼓风机及其控制线路故障。

(2)制冷循环系统工作不良

包括:

1)制冷剂不足、过多或型号错误。

2)膨胀阀、冷凝器、空调管路堵塞。

3）制冷循环系统压力过低或过高。

（3）空调压缩机不运转或运转不正常

1）空调压缩机本体损坏。

2）空调压缩机驱动带断裂或打滑。

3）空调压缩机电磁离合器不吸合：检测空调控制系统。

（4）制冷控制系统工作不良

空调制冷请求信号发送的条件包括：

1）空调面板 A/C 按键有效。

2）制冷循环系统高压、低压的压力正常。

3）空调压缩机起停时间的间隔大于等于 10 s。

4）蒸发器温度大于等于 4 ℃。

5）鼓风机运转。

在满足空调制冷的条件下，如果空调压缩机不运转，检查压缩机驱动机构及压缩机本体。

二、诊断并排除空调控制系统不制冷的故障

1. 接受工作任务，明确任务内容

1）从业务接待员（服务顾问）、车间主管或班组长处接受车辆维修任务。

2）阅读维修工单，明确任务要求。

3）必要时配合业务接待员与客户沟通，提前列出需要问诊的内容，进一步明确车辆故障及客户需求。

4）根据客户的描述，验证或确认故障现象。

2. 进行工作任务准备

 提示：

请严格遵守维修车间安全及其他管理制度！

准备完成工作任务需要的场地、设备、工具及材料。

（1）个人防护装备

常规工装。

（2）车辆防护装备

1）车外防护三件套：左、右翼子板布和前格栅布。

2）车内防护三件套：地板垫、座椅套、转向盘套。

（3）车间设备

本次工作无须使用。

（4）检测设备/仪表

故障诊断仪、数字式万用表、空调制冷循环歧管压力表、空调制冷剂加注回收机、红外线测温仪。

（5）拆装工具

常规工/量具套装。

（6）其他辅助材料

抹布、制冷剂R134a、冷冻机油。

（7）技术资料及其他材料

对应车型维修手册、对应车型用户手册、其他必要的技术资料。

3. 制定空调系统不制冷故障的诊断与排除流程

空调系统不制冷故障的诊断与排除流程见表1-3-2。

表1-3-2 空调系统不制冷故障的诊断与排除流程

步骤	检测及诊断操作	诊断结果	
1	验证车辆是否确实存在空调系统不制冷的故障现象	故障现象不存在	故障现象存在
		与客户沟通，确保正确使用车辆	下一步
2	使用诊断仪器读取故障码和数据流，判断空调控制系统是否正常	空调控制系统异常	空调控制系统正常
		根据故障码和异常数据流检修后再测试系统	下一步
3	检查送风系统（鼓风机、风门电动机及送风管道）	送风系统工作异常	送风系统工作正常
		修复或更换送风系统故障部件后再测试系统	下一步
4	检查制冷循环系统（制冷剂压力及其他部件）	制冷循环系统工作异常	制冷循环系统工作正常
		修复或更换制冷循环系统故障部件后再测试系统	下一步

续表

步骤	检测及诊断操作	诊断结果	
5	检查空调压缩机及控制线路	空调压缩机及控制线路异常	空调压缩机及控制线路正常
		修复线路或更换空调压缩机后再测试系统	下一步
6	经以上步骤再次测试系统，确定故障是否排除	故障未排除	故障排除
		重复以上步骤	诊断结束

4. 进行车辆故障诊断并排除故障

（1）验证故障现象

查阅车型用户手册及相关技术资料，与客户沟通，确保正确操作空调制冷系统，确定故障现象是因操作不当还是车辆的空调制冷系统故障所致。

操作如下：起动发动机，打开空调面板的风量开关，使冷暖旋钮处于制冷位置。

1）如果出风口没有风或风量很小，则进一步检查送风系统。

2）如果出风口的风量正常，用测温仪测试出风口的温度。如果完全不制冷或制冷不足，则进一步检查空调压缩机及控制电路、制冷循环系统。

（2）检查空调控制系统

在空调系统中，要注意检查环境温度传感器和蒸发器温度传感器信号，若线路有故障会导致空调不工作。另外，压力传感器及线路、压缩机电磁阀控制电路也是检查的重点。控制系统从电源、信号输入、信号控制处理和信号输出执行等方面保证空调系统正常运行，在检查时，要确保这些信号正常。具体检查方法如下：

1）连接故障诊断仪到车辆故障诊断座，如果故障诊断仪无法与空调控制器（控制单元）通信，检查空调控制器本身及电源、搭铁、通信线路。

2）利用故障诊断仪读取空调控制器的故障码，如果有故障码，根据故障码内容进行检修。

3）采用故障诊断仪数据流分析传感器工作状态是常用的方法。通过数据流判断制冷系统相关的信号，包括制冷剂压力信号和温度信号、压缩机接通信号、怠速提升信号，是否正常。

4）采用故障诊断仪对执行器的主动测试可以判断执行器及其线路是否正常工作。

（3）检查送风系统

打开空调面板的风量开关，将风量开关调到最大挡位，检查空调出风口风量。

1）如果出风口没有风吹出，检查鼓风机及控制电路。根据检查结果更换损坏的部件或修复线路。

2）如果出风口风量很小，检查是否有鼓风机转速过低、送风管道堵塞、风门发卡等故障。

（4）检查制冷循环系统

如果空调控制系统正常，则把检查重点放在制冷循环系统上。制冷循环系统检查中发现故障，一般的维修方式为制冷剂循环系统净化再加注、系统检漏补漏、部件更换或管路修理。在维修时，要结合实际故障，运用空调的工作原理来判断系统故障。

1）检查制冷剂量是否过少或过多。

2）检查制冷循环系统相关部件是否损坏，管路是否泄漏、变形及出现其他损坏。

3）采用空调系统歧管压力表检查制冷循环系统压力，判断故障部件。通过压力测量，可以判断制冷剂是否泄漏、制冷剂是否含有空气或水分、制冷剂是否循环不畅或压力不够等。制冷剂压力是制冷系统最重要的诊断参数，制冷循环系统压力测量方法如下：

①如图1-3-2所示，可利用压力表测量空调系统高压和低压端的压力，以判断制冷剂量及压缩机和系统循环是否存在故障。压力数据是否异常应根据维修手册的规定来判断，此外还应结合测试时的温度、湿度加以判断。

②如图1-3-3所示，低压端压力偏低，高压端压力正常或偏低。故障原因可能是制冷剂不足，即表明空调系统中出现了泄漏。维修时应先回收制冷剂，再检漏，确保无漏点后加注规定量的制冷剂。

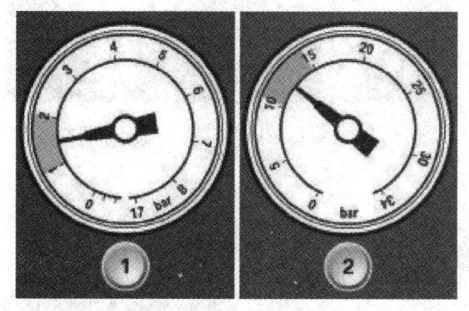
图1-3-2　高压和低压管路压力正常

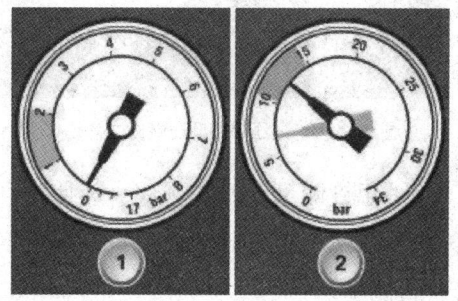
图1-3-3　低压端压力偏低，高压端压力正常或偏低

③如图1-3-4所示，高压端和低压端压力都偏高。可能的故障原因是制冷剂中含有空气、制冷剂过量、膨胀阀未闭合或者冷凝器冷却效果太差。在维修时，应检查膨胀阀和冷凝器，回收净化制冷剂，加注适量的制冷剂。

④如图1-3-5所示，如果制冷剂中有水分，在膨胀阀处形成了冰堵现象，或者是蒸发器温度传感器故障，导致蒸发器表面结冰，会导致低压端偶尔出现真空状态，歧

管压力表显示低压端压力正常或过低，高压端压力正常或偏高。

 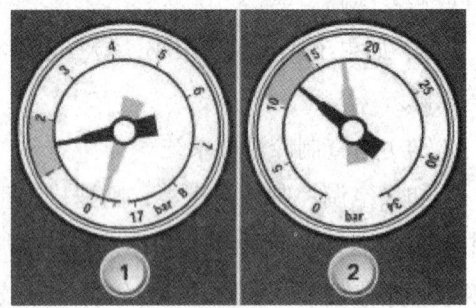

图 1-3-4　高压和低压管路压力都偏高　　　　图 1-3-5　低压端压力正常至过低，高压端压力正常或偏高

⑤如图 1-3-6 所示，高压端和低压端压力都过低，说明制冷剂循环出现故障。通常是由膨胀阀卡死或干燥罐堵塞所致。

⑥如图 1-3-7 所示，高压过低，低压过高。出现这一现象则表明空调压缩机存在压缩故障。可能的原因是压缩机驱动带松动或打滑、压缩机损坏、压缩机电磁离合器打滑或未调整好。

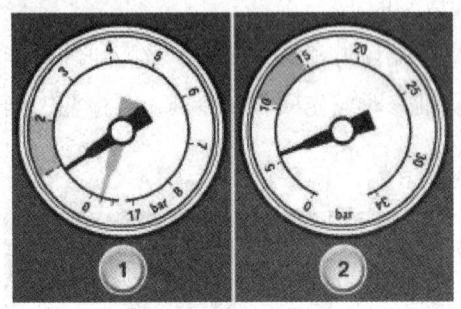 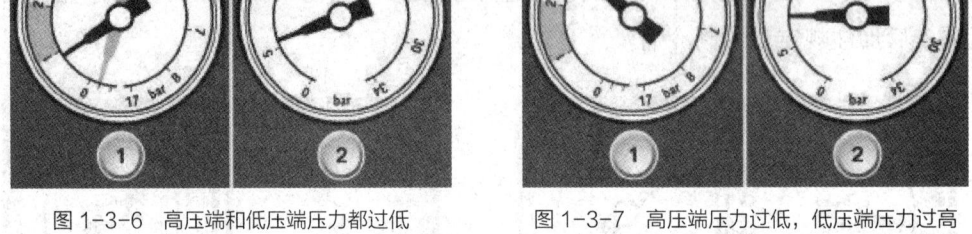

图 1-3-6　高压端和低压端压力都过低　　　　图 1-3-7　高压端压力过低，低压端压力过高

4）温度测量。温度测量一般使用红外线测温仪（见图 1-3-8）或普通温度计进行测量。

测量点分别是高低压管路，冷凝器进出口端、压缩机表面和出风口内。通过温度测量，可以了解系统的工作情况。

图 1-3-8　红外线测温仪

（5）检查空调压缩机及控制线路

空调开关打开后，观察压缩机是否运转，并通过视液镜观察制冷剂是否流动。

1）检查空调压缩机驱动带。

2）检查低压控制线路是否断路、短路。

3）根据制冷循环压力检查结果判断压缩机本体是否损坏。

（6）确认故障排除

本例中，根据以上步骤，检查发现空调压缩机本体损坏，同时检查确认控制线路及制冷循环系统正常，更换空调压缩机总成，加注冷冻机油并抽真空及加注制冷剂以后，开启空调制冷系统，确认制冷正常，故障已排除。

5. 进行质量检验，确认故障排除

1）自检合格后，填写维修工单并签字确认，交付班组长进行质量检验。

2）在工作过程中遵循现场工作管理规范，完成"7S"管理规定的工作内容。

学习单元 3　车载网络控制系统不工作故障分析、诊断与排除

一、分析车载网络控制系统不工作的故障原因

1. 故障现象举例

一辆一汽丰田卡罗拉 GL 汽车，组合仪表多个系统的故障警告灯点亮，检修时故障诊断仪无法与所有的控制单元通信，怀疑车载网络控制系统不工作。如果你是维修技师，你将如何诊断并排除故障？

2. 故障原因分析

车载网络控制系统发生故障，会造成对应的控制系统工作异常，甚至导致车辆无法运行。如果车载网络控制系统中的车载诊断（OBD）系统相关控制单元及线路故障，则故障诊断仪无法与车辆所有的控制单元通信。如果车载网络控制系统的线路或某个控制单元发生故障，会造成相关的控制系统工作不良。

车辆多个控制系统同时发生故障（点亮故障指示灯）的可能性很小，故障通常是

这些控制系统共同的部分，例如控制单元电源、搭铁以及车载网络控制系统相关的故障。表 1-3-3 是车载网络控制系统典型的故障现象与原因分析。

表 1-3-3　车载网络控制系统典型的故障现象与原因分析

故障现象	可能原因	排除方法
全部控制单元不能与诊断仪通信	1）诊断仪器硬件损坏或软件不良	更换诊断仪器或重装软件
	2）车辆诊断座（数据总线诊断接口）的电源、搭铁、CAN-H、CAN-L线路断路或短路	维修或更换诊断座线束
	3）终端电阻断路或短路	修复线路或更换终端电阻对应的控制单元
	4）网关控制单元损坏	更换网关控制单元
部分或某个控制单元不能与诊断仪器通信	1）对应的 CAN-H、CAN-L 线路断路或短路	维修或更换损坏线束
	2）对应的控制单元损坏	更换控制单元
控制单元记忆车载网络控制系统相关的故障码	对应系统的控制单元、部件、线路不良	检修对应系统后清除故障码
使用车载网络控制系统的功能故障	1）对应的控制单元损坏	更换控制单元
	2）对应的部件、线路不良	检修对应系统后清除故障码

二、诊断并排除车载网络控制系统不工作的故障

1. 接受工作任务，明确任务内容

　　1）从业务接待员（服务顾问）、车间主管或班组长处接受车辆维修任务。

　　2）阅读维修工单，明确任务要求。

　　3）必要时配合业务接待员与客户沟通，提前列出需要问诊的内容，进一步明确车辆故障及客户需求。

　　4）根据客户的描述，验证或确认故障现象。

2. 进行工作任务准备

提示：

　　请严格遵守维修车间安全及其他管理制度！

准备完成工作任务需要的场地、设备、工具及材料。

（1）个人防护装备

常规工装。

（2）车辆防护装备

1）车外防护三件套：左、右翼子板布和前格栅布。

2）车内防护三件套：地板垫、座椅套、转向盘套。

（3）车间设备

本次工作无须使用。

（4）检测设备/仪表

故障诊断仪、数字式万用表。

（5）拆装工具

常规工/量具套装。

（6）其他辅助材料

本次工作无须使用。

（7）技术资料及其他材料

1）对应车型维修手册，包括车载网络控制系统结构图、线路图。

2）其他必要的技术资料。

3. 制定车载网络控制系统不工作的故障诊断与排除流程

车载网络控制系统不工作故障的诊断与排除流程见表1-3-4。

表1-3-4 车载网络控制系统不工作故障的诊断与排除流程

步骤	检测及诊断操作	诊断结果	
1	验证故障现象。使用诊断仪器进入各控制单元	诊断仪器与某个车辆控制单元不能通信	诊断仪器与所有的车辆控制单元都不能通信
		检修对应控制单元的电源、搭铁、通信线路，不正常则修复，正常则更换控制单元后进入步骤3	下一步
2	检查车载网络控制系统的网关控制单元及车辆诊断座6号（CAN-H）、14号（CAN-L）通信针脚线路	网关控制单元及通信针脚线路异常	网关控制单元及通信针脚线路正常
		修复线路或更换网关控制单元后再测试系统	更换故障诊断仪后再测试系统

续表

步骤	检测及诊断操作	诊断结果	
3	使用故障诊断仪读取能够通信的控制单元故障码	有车载网络控制相关故障码	无车载网络控制相关故障码
		根据故障码内容检修后再测试系统	下一步
4	经以上步骤再次测试系统后，确定故障是否排除	故障未排除	故障排除
		重复以上步骤	诊断结束

4. 进行车辆故障诊断并排除故障

（1）验证故障现象

连接故障诊断仪，如果故障诊断仪不能与车辆所有的控制单元通信，检修车载诊断（OBD）系统。故障诊断仪无法进入车辆所有的控制单元，在确认诊断仪器、操作程序正常的前提下，可以确定诊断通信线路或控制单元故障。检测方法如下：

1）测量诊断座 6 号、14 号针脚与控制单元针脚之间是否导通，如果不导通，则线路断路故障。

2）测量诊断座 6 号、14 号针脚线路导通，但无电压信号，则网关控制单元或对应的控制单元有故障，更换控制单元。

（2）故障诊断仪诊断

使用故障诊断仪读取能够通信的控制单元故障码，如果车载网络控制系统有故障，能够读取到车载网络控制系统故障码，根据故障码内容检修或进一步检查。图 1-3-9 所示为诊断仪器读取车载网络控制系统故障码。

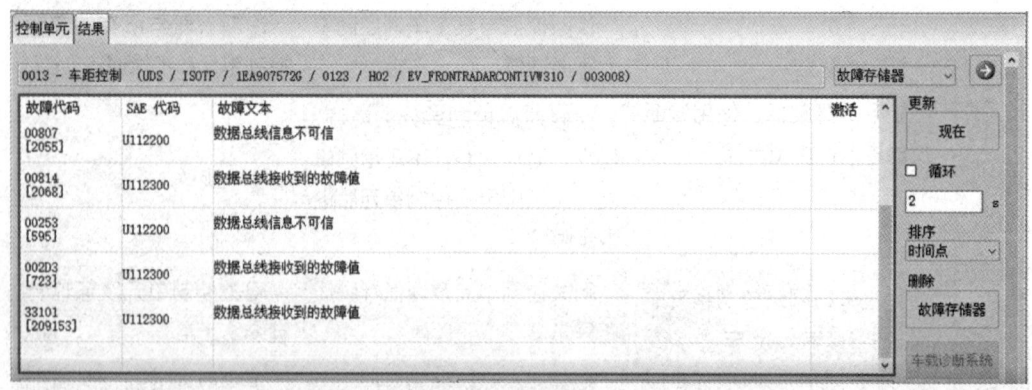

图 1-3-9 诊断仪器读取车载网络控制系统故障码

（3）检查车载网络控制系统 BUS 传输线

1）BUS 线断路故障。

断路：总线上无电压。

原因是导线中断；线束连接损坏；触头损坏或有污垢，或发生锈蚀；控制单元损坏或控制单元供电故障。

2）BUS 线短路的故障。

对正极短路：总线上无电压变化，总线电压等于蓄电池电压。

对地短路：总线上无电压变化，总线电压 $U=0$。

原因是导线局部磨损触碰到车身搭铁；控制单元损坏或控制单元供电故障。

车载网络控制系统 BUS 传输线断路或短路时应更换线束。如果需要进行维修，应拆开在损坏点处的缠绕线，对损坏点处进行维修。为了屏蔽干扰，尽可能少拆解缠绕节，并且维修点之间的距离应保持至少 100 mm，如图 1-3-10 所示。

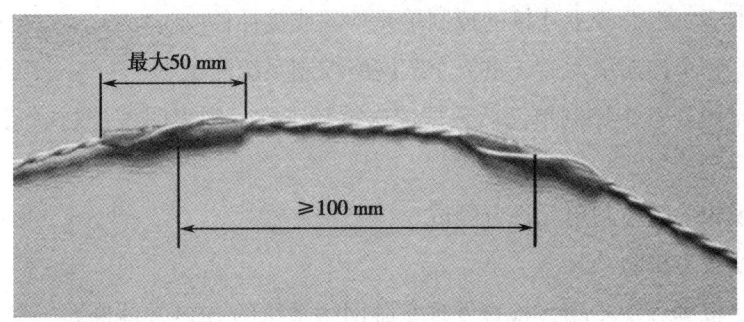

图 1-3-10　BUS 传输线维修点之间的距离

（4）检查车载网络控制系统发生故障的控制单元

1）检测车载网络控制系统终端电阻。如果控制单元通信不良，使用万用表电阻挡测量对应控制单元的终端电阻，正常电阻值为 120 Ω 左右。如果从车辆诊断座 CAN-H（针脚 6）和 CAN-L（针脚 14）测量，因为测量的是车载网络控制系统两个并联终端电阻的阻值，测量结果应为 60 Ω 左右。图 1-3-11 所示为控制单元终端电阻实际测量值。

2）检测车载网络控制系统通信信号。在打开点火开关时，使用万用表检测车辆诊断座 CAN-H（针脚 6）和 CAN-L（针脚 14）的电压信号，通信信号正常时电压值在 2.5 V 左右变化，表示 CAN 总线导通而且网关控制单元通信线路正常。图 1-3-12 所示为 CAN 系统通信信号实际测量值。

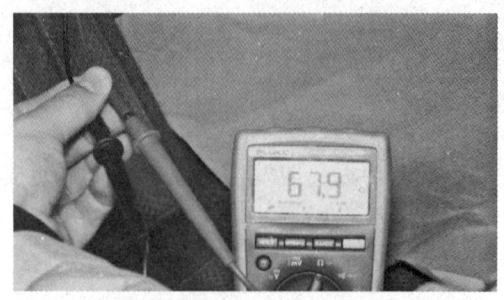 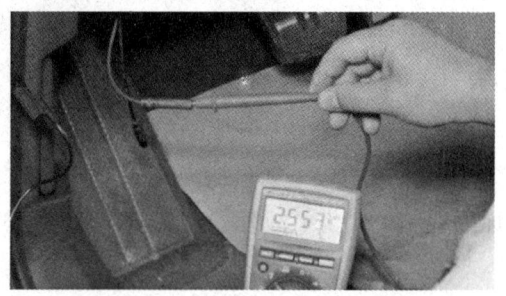

图 1-3-11　控制单元终端电阻实际测量值　　图 1-3-12　CAN 系统通信信号实际测量值

3）检测干扰车载网络控制系统的控制单元故障。控制单元发生故障时，有时会干扰车载网络控制系统，使系统无法进入休眠模式或是控制功能异常。该故障可能是由控制单元的软件错误引起的，控制单元不断向其他系统的控制单元发送干扰信息，导致车载网络控制系统功能无法执行或功能异常。

确定干扰总线系统的控制单元的方法如下：

①依次取下每根总线上连接的控制单元熔丝或接插件。

②每脱开一个控制单元后，重复车载网络控制系统测试。

③如果在脱开某个控制单元后数据传送重新正常，则表明该控制单元干扰了数据交换。

④可更换相关的控制单元进行测试。

（5）确认故障排除

本例中，根据以上步骤，检查发现车载网络系统的 BUS 总线断路，修复以后，打开点火开关，检查组合仪表中故障指示灯熄灭，诊断仪器也能与车辆控制单元通信，清除故障码，故障已排除。

 提示：

车载网络控制系统中，如果某个控制单元因接插件被断开或发生间歇性的故障，会造成其他相关的控制单元存储故障码，并点亮故障指示灯。如果确认系统无故障，使用仪器清除故障码即可熄灭故障指示灯。

5. 进行质量检验，确认故障排除

1）自检合格后，填写维修工单并签字确认，交付班组长进行质量检验。

2）在工作过程中遵循现场工作管理规范，完成"7S"管理规定的工作内容。

学习单元 4　车载电源管理系统不工作故障分析、诊断与排除

一、分析车载电源管理系统不工作的故障原因

1. 故障现象举例

一辆一汽大众迈腾 B7 汽车，客户反映发动机运转过程中充电指示灯点亮。如果你是维修技师，你将如何诊断并排除故障？

2. 故障原因分析

点火开关置于 ON 位置时，组合仪表充电指示灯亮，起动发动机后充电指示灯应熄灭，如果持续点亮说明车载电源管理系统（充电系统）故障，可能造成蓄电池电量耗尽后熄火或者熄火后发动机无法再次起动。

（1）充电指示灯的工作情况

车载电源管理系统通过组合仪表中的充电指示灯指示系统的工作情况，充电指示灯工作情况见表 1-3-5。

表 1-3-5　充电指示灯工作情况

发动机工作情况	充电指示灯状态	原因
点火开关置于 ON 位置，但发动机未起动	亮	发电机未发电，车载电源管理系统提供的是蓄电池的电能
发动机起动瞬间	亮	发动机起动瞬间，发电机发出的电来不及给蓄电池充电以及给用电器供电
发动机正常运行无大负荷工作	亮	正常状态下充电指示灯应熄灭，如果充电指示灯持续点亮，说明充电系统不正常，需要检修充电系统

续表

发动机工作情况	充电指示灯状态	原因
发动机正常运行有大负荷工作	亮	发电机发出的电量不够,由蓄电池辅助供电,一般汽车不加装大功率设备不会出现此情况

（2）发动机运转过程中充电指示灯亮的原因

发动机运转后充电指示灯持续点亮,可能原因如下：

1）蓄电池不能正常充电,导致发电机和蓄电池之间电压差超过规定值。

2）发电机驱动带或发电机带轮破裂损坏,导致发电机输出功率下降。

3）充电线路熔丝烧断或线路断路。

4）没有接收到增大发电机功率信号,导致在大负荷运行时,蓄电池电压迅速下降。

二、诊断并排除车载电源管理系统不工作的故障

1. 接受工作任务，明确任务内容

1）从业务接待员（服务顾问）、车间主管或班组长处接受车辆维修任务。

2）阅读维修工单,明确任务要求。

3）必要时配合业务接待员与客户沟通,提前列出需要问诊的内容,进一步明确车辆故障及客户需求。

4）根据客户的描述,验证或确认故障现象。

2. 进行工作任务准备

 提示：

请严格遵守维修车间安全及其他管理制度!

准备完成工作任务需要的场地、设备、工具及材料。

（1）个人防护装备

常规工装。

（2）车辆防护装备

1）车外防护三件套：左、右翼子板布和前格栅布。

2）车内防护三件套：地板垫、座椅套、转向盘套。

(3)车间设备

本次工作无须使用。

(4)检测设备/仪表

故障诊断仪、数字式万用表、蓄电池检测仪。

(5)拆装工具

常规工/量具套装。

(6)其他辅助材料

抹布、常见规格的熔丝。

(7)技术资料及其他材料

对应车型维修手册、对应车型用户手册、其他必要的技术资料。

3. 制定车载电源管理系统不工作的故障诊断与排除流程

发动机运转后充电指示灯亮,说明车载电源管理系统的充电系统故障(不工作)。车载电源管理系统不工作故障的诊断与排除流程见表1-3-6。

表1-3-6 车载电源管理系统不工作故障的诊断与排除流程

步骤	检测及诊断操作	诊断结果	
1	验证车辆是否确实存在电源管理系统不工作的故障现象	故障现象不存在	故障现象存在
		与客户沟通,并告知可能是间歇性故障	下一步
2	使用故障诊断仪读取故障码和数据流,判断是否有电源管理系统相关故障码和异常数据流	有电源系统故障码和异常数据流	无电源系统故障码和异常数据流
		根据故障码和异常数据流检修后再测试系统	下一步
3	检查发电机驱动带	发电机驱动带异常	发电机驱动带正常
		调整或更换发电机驱动带后再测试系统	下一步
4	检查蓄电池性能	蓄电池性能异常	蓄电池性能正常
		更换蓄电池后再测试系统	下一步
5	进行车载电源管理系统动态检查	动态检查异常	动态检查正常
		根据异常结果修复或更换故障部件	下一步
6	经以上步骤再次测试系统后,确定故障是否排除	故障未排除	故障排除
		重复以上步骤	诊断结束

4. 进行车辆故障诊断并排除故障

（1）验证故障现象

1）车载电源管理系统故障可能造成蓄电池电量不足，因此应首先确认发动机能否正常起动。如果发动机不能起动，应首先更换蓄电池或对蓄电池充电。

2）如果发动机能够起动，组合仪表充电指示灯应熄灭，不熄灭说明车载电源管理系统（充电系统）存在故障。

（2）故障诊断仪诊断

对于车载电源管理系统具备自诊断功能的车型，可以使用诊断仪读取故障码和数据流，依据故障码和异常数据流检修。

（3）检查发电机驱动带

1）如图1-3-13所示，检查发电机驱动带张紧度，如过松或过紧应进行调整。

2）检查发电机驱动带有无脱落、变形、老化等异常状态，发现异常则更换发电机驱动带。

（4）检查车载电源管理系统电路

1）检查车载电源管理系统相关熔丝是否断路，以及线路是否正常（应无断路、短路）。如图1-3-14所示，使用万用表检测车载电源管理系统相关线路。

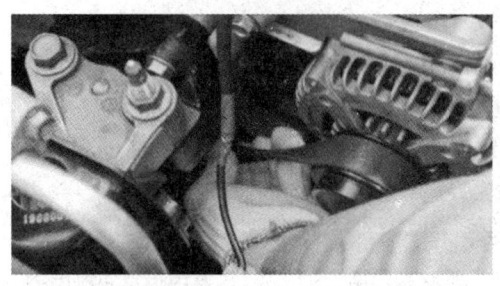
图1-3-13　检查发电机驱动带张紧度

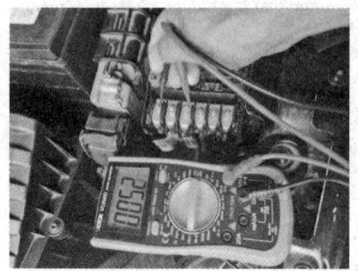
图1-3-14　测量车载电源管理系统线路

2）检查蓄电池接线柱。如图1-3-15所示，检查蓄电池接线柱有无松动和腐蚀，如有异常，应进行紧固和清洁。

3）检查发电机接插件。如图1-3-16所示，检查发电机总成的接插件有无松动腐蚀，如有需要更换相应的端子。

（5）检查蓄电池性能

1）可维护蓄电池检查电解液液位及密度，免维护蓄电池通过电量观察口内电量指示器的颜色来确认蓄电池状态。

图 1-3-15　检查蓄电池接线柱

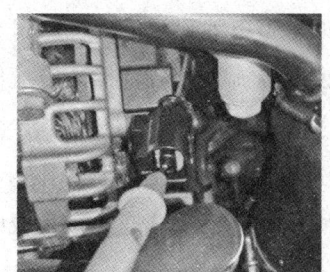
图 1-3-16　检查发电机总成的接插件

2）蓄电池端电压测试。

①打开前照灯或者将空调风速调至最大，工作 30 s 左右。

②关闭点火开关，关闭汽车上所有的用电设备。

③检查万用表，然后调至直流电压 20 V 挡位。

④测试蓄电池电压。如图 1-3-17 所示，万用表红表笔连接至蓄电池正极，黑表笔连接至蓄电池负极，然后观察万用表的读数并记录数据。

理论电压：12.6 V。夏天低于 12.2 V 需充电，冬天低于 12.4 V 需充电。

（6）车载电源管理系统动态检查

图 1-3-17　测试蓄电池电压

 提示：

测试前应保证蓄电池电量充足。

1）充电系统不带负载检查。如图 1-3-18 所示：

①将发电机端子 B 断开，将端子导线连接到电流表的负极上。

②将电流表的正极连接至发电机的端子 B 上。

③将电压表的正极连接至蓄电池的正极上，电压表负极搭铁。

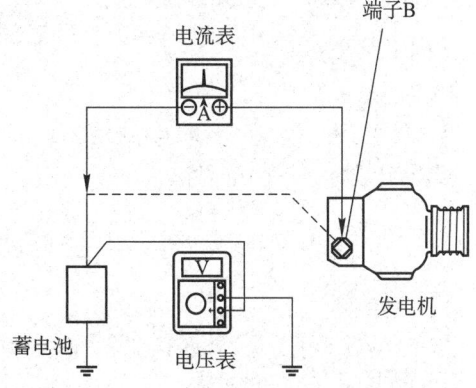
图 1-3-18　充电系统不带负载检查

④运行发动机使转速达到 2 000 r/min，读取数据，标准电流应为 10 A 或更小，标准电压在 13.2 V 至 14.8 V 的范围，否则更换发电机。

2）充电系统带负载检查。

①保持发动机转速在 2 000 r/min，打开远光并将鼓风机风速调至最大。

②如果蓄电池充满电要同时打开刮水器和后挡风玻璃除霜。

③读取电流表读数，标准电流值为 30 A 或更大，否则更换发电机。

（7）确认故障排除

本例中，根据以上步骤，检查发现发电机调节器损坏，更换调节器以后，起动发动机，确认充电指示灯熄灭，车载电源管理系统功能工作正常，故障已排除。

5. 进行质量检验，确认故障排除

1）自检合格后，填写维修工单并签字确认，交付班组长进行质量检验。

2）在工作过程中遵循现场工作管理规范，完成"7S"管理规定的工作内容。

课程 1-4　电动汽车综合故障诊断

学习内容

学习单元	课程内容	培训建议	课堂学时
（1）车载充电系统无法充电故障分析、诊断与排除	1）分析车载充电系统无法充电的故障原因 2）诊断并排除车载充电系统无法充电的故障	（1）方法：项目教学法、实训法 （2）重点与难点：分析车载充电系统无法充电的故障原因	4
（2）电动空调系统不制冷故障分析、诊断与排除	1）分析电动空调系统不制冷的故障原因 2）诊断并排除电动空调系统不制冷的故障	（1）方法：项目教学法、实训法 （2）重点与难点：分析电动空调系统不制冷的故障原因	4
（3）低压电源系统不工作故障分析、诊断与排除	1）分析低压电源系统不工作的故障原因 2）诊断并排除低压电源系统不工作的故障	（1）方法：项目教学法、实训法 （2）重点与难点：分析低压电源系统不工作的故障原因	4

学习单元 1　车载充电系统无法充电故障分析、诊断与排除

一、分析车载充电系统无法充电的故障原因

1. 故障现象举例

一辆大众 ID.4 纯电动汽车，客户反映连接交流充电器后，组合仪表充电指示灯（红色插头指示灯）不亮，车辆无法充电。如果你是维修技师，你将如何诊断并排除故障？

2. 故障原因分析

电动（新能源）汽车充电时，当充电器连接到交流或直流充电口（充电插座）后，组合仪表应点亮红色的充电连接指示灯。如果充电连接指示灯不亮，说明充电连接不正常，车辆的充电口未识别到充电器，车辆无法进行充电，应进行检修。

电动汽车充电系统具有交流（慢充或车载充电）和直流（快充或地面充电）两种充电模式，充电故障原因比较复杂，外部充电桩、车载充电机、动力电池及管理系统、高压电路、整车控制和通信都有可能造成无法充电的故障，检修时必须掌握充电系统的结构和原理，然后进行排查。电动汽车充电系统故障可能原因与排除方法见表 1-4-1。

表 1-4-1　电动汽车充电系统故障可能原因与排除方法

故障现象	可能原因	排除方法
仅交流（慢充或车载充电）无法充电	1）交流充电桩电源或充电器（连接装置或充电枪）故障	检修供电电源、更换充电桩（充电器）
	2）交流充电口高压、低压线路断路	维修或更换相关线束
	3）车载充电机故障	更换车载充电机
	4）交流充电相关的通信线路断路或短路	维修或更换相关线束

续表

故障现象	可能原因	排除方法
仅直流（快充或地面充电）无法充电	1）直流充电桩电源或充电器（连接装置或充电枪）故障	检修供电电源、更换充电桩（充电器）
	2）直流充电口高压、低压线路断路	维修或更换相关线束
	3）充电桩与车辆通信协议不匹配	升级BMS软件或更换
	4）与直流充电相关的通信线路断路或短路	维修故障线路或更换线束
直流（快充）和交流（慢充）都无法充电	1）动力电池已经充满电或单体电池的电压、温度不正常	检修动力电池
	2）高压电路断路或绝缘故障	维修或更换相关线束
	3）与充电相关的通信线路断路或短路	维修故障线路或更换线束

二、诊断并排除车载充电系统无法充电的故障

1. 接受工作任务，明确任务内容

　　1）从业务接待员（服务顾问）、车间主管或班组长处接受车辆维修任务。

　　2）阅读维修工单，明确任务要求。

　　3）必要时配合业务接待员与客户沟通，提前列出需要问诊的内容，进一步明确车辆故障及客户需求。

　　4）根据客户的描述，验证或确认故障现象。

2. 进行工作任务准备

 提示：

请严格遵守维修车间安全及其他管理制度！

准备完成工作任务需要的场地、设备、工具及材料。

（1）个人防护装备

绝缘安全防护装备（绝缘手套、绝缘鞋、安全帽、防护眼镜）。

（2）车辆防护装备

1）车外防护三件套：左、右翼子板布和前格栅布。

2）车内防护三件套：地板垫、座椅套、转向盘套。

（3）车间设备

举升机、交流充电桩、直流充电桩。

（4）检测设备/仪表

故障诊断仪、数字式万用表、绝缘测试仪、钳形电流表。

（5）拆装工具

常规工/量具套装、绝缘拆装工具。

（6）其他辅助材料

抹布、电工绝缘胶布。

（7）技术资料及其他材料

对应车型维修手册、对应车型用户手册、其他必要的技术资料。

3. 制定车载充电系统无法充电的故障诊断与排除流程

车载充电系统无法充电故障的诊断与排除流程见表1-4-2。

表1-4-2 车载充电系统无法充电故障的诊断与排除流程

步骤	检测及诊断操作	诊断结果	
1	验证车辆是否确实存在车载充电系统无法充电的故障现象，确认非车辆原因（外部电源或操作不当）造成无法充电	故障现象不存在	故障现象存在
		与客户沟通，并教其正确的充电方式	下一步
2	确认是仅交流、仅直流或交流、直流都不能充电	交流、直流都不能充电	仅交流或仅直流不能充电
		检查动力电池及管理系统，排除不符合充电条件的故障后再次测试充电	下一步
3	使用故障诊断仪读取故障码和数据流，判断是否有充电系统相关故障码和异常数据流	有充电系统故障码和异常数据流	无充电系统故障码和异常数据流
		根据故障码和异常数据流检修后再测试充电	下一步
4	检查电源端直流/交流充电桩（充电枪）	充电桩（充电枪）异常	充电桩（充电枪）正常
		更换后再测试充电	下一步
5	检查车辆端直流/交流车辆充电口（充电座）	充电口（充电座）异常	充电口（充电座）正常
		根据异常结果修复或更换故障部件再测试充电	下一步

续表

步骤	检测及诊断操作	诊断结果	
6	对于交流无法充电，检查车载充电机及相关的高低压线束	车载充电机及相关的高低压线束异常	车载充电机及相关的高低压线束正常
		根据异常结果修复或更换故障部件再测试充电	步骤8
7	对于直流无法充电，检查车辆的充电软件与直流充电桩是否匹配	车辆的充电软件与直流充电桩不匹配	车辆的充电软件与直流充电桩匹配
		更新软件，必要时联系厂家客服解决后再测试充电	下一步
8	经以上步骤再次充电测试后，确定故障是否排除	故障未排除	故障排除
		重复以上步骤	诊断结束

4. 进行车辆故障诊断并排除故障

（1）验证故障现象

1）确认是否非车辆原因造成的故障，例如，外部电源不良或客户操作不当等原因。充电过程中需要注意的事项如下：

①确认充电桩供电电源正常，供电电源必须连接地线。

②确认充电桩及供电线路无安全隐患。

③确定动力电池满足充电条件，特别是动力电池电量及内部单体电池的电压和温度。

④严格遵守高压安全操作规范。

图1-4-1所示为交流充电器连接的情形，图1-4-2所示为组合仪表充电连接指示灯不亮的情形。

2）确认故障类型。根据条件，分别使用交流充电桩、直流充电桩进行充电，确认表1-4-2所列故障类型并分析故障原因。

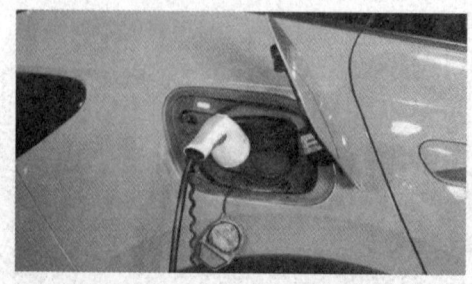

图1-4-1 交流充电器连接

图1-4-2 组合仪表充电连接指示灯不亮

（2）故障诊断仪器诊断

电动汽车充电系统发生故障后，整车控制器、动力电池管理系统、车载充电机控制单元通常会记忆故障码，因此可以使用故障诊断仪读取与充电系统相关的故障码和数据流。

图1-4-3所示为诊断仪器读取的充电系统相关的故障码。根据故障码的内容，可以判断交流充电口（充电插座A）线路存在严重的问题。

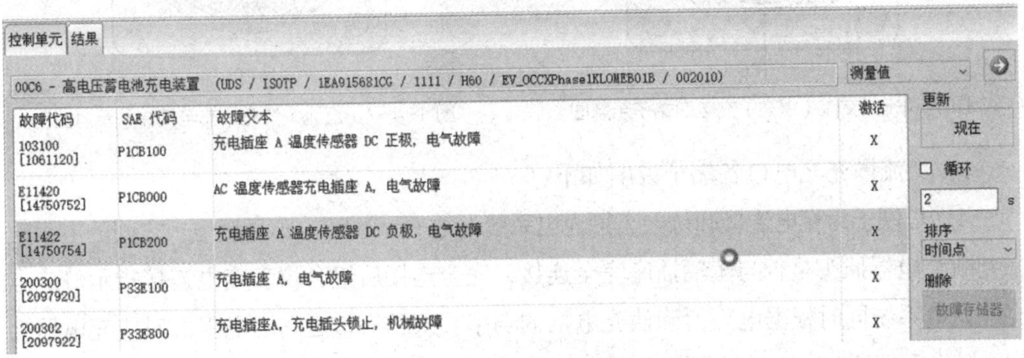

图1-4-3 诊断仪器读取的充电系统相关的故障码

（3）检查充电桩端的充电器（充电枪）

1）确认充电桩的电源正常。

2）如图1-4-4所示，在切断电源的前提下，使用万用表检测充电器CC-PE针脚之间的电阻值应为680 Ω（对应3.3 kW的功率），在正常范围内，说明充电器正常。

（4）检查车辆充电口

查阅维修手册及其他维修技术资料，明确车辆充电口端子（针脚）的内容。图1-4-5所示为大众ID.4纯电动汽车充电口实物图，图1-4-6所示为交流（慢充）充电口端子示意图，图1-4-7所示为直流（快充）充电口端子内容示意图。

提示：

市场上车型（包括大众ID.4）充电口（充电插座）端子都符合国家标准。充电口线路连接请参阅实际对应车型的电路图。

图1-4-4 充电器电阻值检测

左侧—交流（慢充）；右侧—直流（快充）

图1-4-5 大众ID.4纯电动汽车充电口

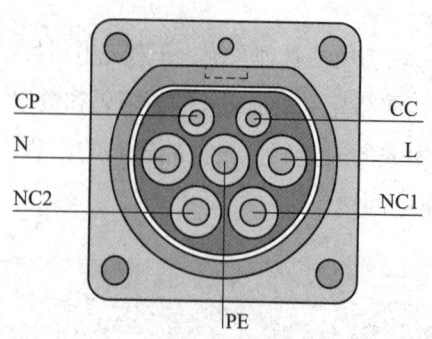 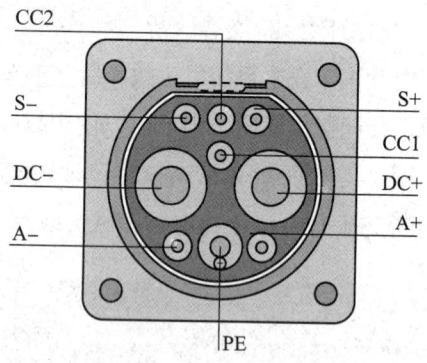

图 1-4-6 交流（慢充）充电口端子示意图　　图 1-4-7 直流（快充）充电口端子示意图

1）交流慢充充电口各端子说明如下：

① CC 端子为充电连接确认。车辆充电系统通过 CC 与 PE（车身接地）之间的电阻值来判断充电器插头是否与车辆插座完全连接，完全连接后组合仪表充电连接指示灯应点亮，充电系统同时根据电阻值确认充电枪的功率。CC 与 PE 之间的电阻值对应充电器功率，随车配置的 3.3 kW 充电器电阻值为 680 Ω，挂壁式 7.0 kW 充电器电阻值为 220 Ω。

② CP 端子为充电控制确认。车辆充电系统通过 CP 的 PWM（脉冲）占空比确认当前供电设备支持的最大充电电流。

③ L 端子为交流电源（单相）。

④ NC1 端子为交流电源（三相）。

⑤ NC2 端子为交流电源（三相）。

⑥ N 端子为中线（单相、三相）。

⑦ PE 端子为保护接地（搭铁）线。

2）直流快充充电口各端子说明如下：

 提示：

如果直流（快充）充电正常，则无须检查直流充电口。

① DC+ 端子为直流电源正极。

② DC− 端子为直流电源负极。

③ S+ 端子为充电通信 CAN-H。

④ S− 端子为充电通信 CAN-L。

⑤ CC1 端子为充电确认线，充电桩（直流充电柜）确认充电器是否插好（充电口端与车身地 1 kΩ ± 30 Ω）。

⑥ CC2 端子为充电确认线，车辆确认充电器是否插好（充电口端与车身地导通）。

⑦ A+ 端子为低压辅助电源正极。

⑧ A- 端子为低压辅助电源负极。

⑨ PE 端子为保护接地线。

（5）检查车载充电机及相关的高低压线束

车辆充电口 CC 端子到车载充电机之间线路断路是造成充电连接指示灯不亮的原因，因此，应检查车载充电机、充电口相关的高低压线束及接插件，如果线路断路或接插件虚接，则进行修复。图 1-4-8 所示为大众 ID.4 充电线束及接插件。

（6）确认故障排除

本例中，根据以上步骤，检查发现车辆交流充电口线束接插件的 CC 端子接触不良，修复以后，检查确认故障已排除。以下是具体操作步骤：

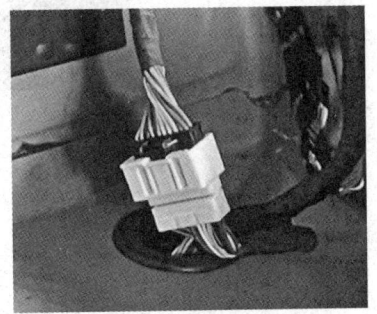

图 1-4-8　大众 ID.4 充电线束及接插件

1）使用诊断仪器清除故障码。如图 1-4-9 所示，使用诊断仪器清除充电系统相关故障码，确认故障码可以完全清除。

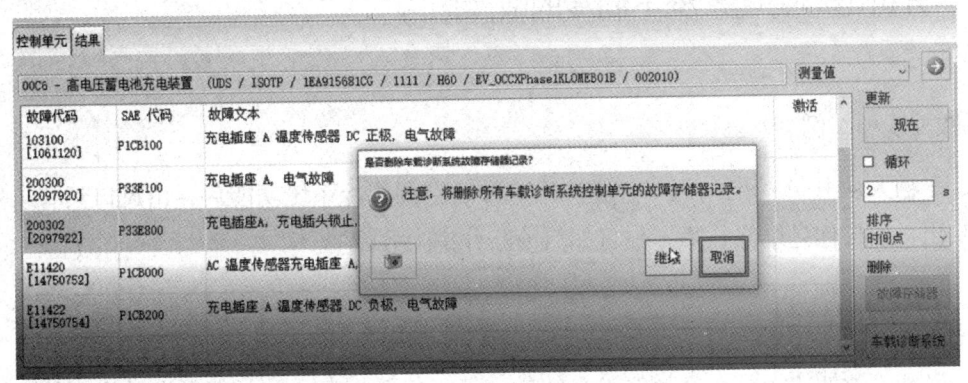

图 1-4-9　诊断仪器清除故障码

2）确认故障排除。如图 1-4-10 所示，进行以上检修以后，重新进行充电操作，连接充电器后，组合仪表充电连接指示灯点亮，能够正常充电。

5. 进行质量检验，确认故障排除

1）自检合格后，填写维修工单并签字确认，交付班组长进行质量检验。

2）在工作过程中遵循现场工作管理规范，完成"7S"管理规定的工作内容。

图 1-4-10 组合仪表充电连接指示灯正常点亮

学习单元 2　电动空调系统不制冷故障分析、诊断与排除

一、分析电动空调系统不制冷的故障原因

1. 故障现象举例

一辆大众 ID.4 纯电动汽车,客户反映开启空调制冷系统功能后,出风口只有自然风吹出。如果你是维修技师,你将如何诊断并排除故障?

2. 故障原因分析

电动(新能源)汽车空调制冷系统的功能与传统汽车一致,但是电动汽车的空调系统使用高压电驱动压缩机,也称电动空调系统,区别于传统汽车通过发动机曲轴驱动带的驱动形式。诊断与排除汽车空调系统故障时,应注意高压安全,以及电动压缩机冷冻油类型等方面的区别。

空调制冷系统不工作或工作不正常,应检查是否满足空调制冷条件。空调系统制冷请求信号发送的条件包括:

1)空调控制单元正常。

2)空调面板 A/C 开关及其他电子元件正常。

3)制冷循环系统高压、低压的压力正常。

4）空调电动压缩机起停时间的间隔大于等于规定值（通常为 10 s）。

5）蒸发器温度大于等于规定值（通常为 4 ℃）。

6）鼓风机运转。

7）送风系统管道及出风口正常。

在满足空调制冷的条件下，如果电动压缩机不运转，检查电动压缩机电路及压缩机本体。

二、诊断并排除电动空调系统不制冷的故障

1. 接受工作任务，明确任务内容

1）从业务接待员（服务顾问）、车间主管或班组长处接受车辆维修任务。

2）阅读维修工单，明确任务要求。

3）必要时配合业务接待员与客户沟通，提前列出需要问诊的内容，进一步明确车辆故障及客户需求。

4）根据客户的描述，验证或确认故障现象。

2. 进行工作任务准备

 提示：

请严格遵守维修车间安全及其他管理制度！

准备完成工作任务需要的场地、设备、工具及材料。

（1）个人防护装备

绝缘安全防护装备（绝缘手套、绝缘鞋安全帽、防护眼镜）。

（2）车辆防护装备

1）车外防护三件套：左、右翼子板布和前格栅布。

2）车内防护三件套：地板垫、座椅套、转向盘套。

（3）车间设备

本次工作无须使用。

（4）检测设备/仪表

故障诊断仪、数字式万用表、空调制冷循环歧管压力表、制冷剂加注及回收机、绝缘电阻测试仪、钳形电流表、测温仪。

（5）拆装工具

常规工/量具套装。

（6）其他辅助材料

抹布、制冷剂、绝缘压缩机（冷冻）机油。

（7）技术资料及其他材料

对应车型维修手册、对应车型用户手册、其他必要的技术资料。

3. 制定电动空调系统不制冷的故障诊断与排除流程

电动汽车空调不制冷故障的诊断与排除流程见表1-4-3。

表1-4-3 电动汽车空调不制冷故障的诊断与排除流程

步骤	检测及诊断操作	诊断结果	
1	验证车辆是否确实存在空调系统不制冷的故障现象	故障现象不存在	故障现象存在
		与客户沟通，确保正确使用车辆	下一步
2	检查电动压缩机是否运转	电动压缩机运转	电动压缩机不运转
		步骤5	下一步
3	检查电动压缩机是否有高压电源输入	有高压电源输入	无高压电源输入
		更换电动压缩机后再测试系统	下一步
4	检查高压配电箱或高压电控总成	高压配电箱或高压电控总成异常	高压配电箱或高压电控总成正常
		修复或更换后再测试系统	下一步
5	使用故障诊断仪读取故障码和数据流，判断空调制冷系统的控制系统是否正常	空调制冷系统的控制系统异常	空调制冷系统的控制系统正常
		根据故障码和异常数据流检修后再测试系统	下一步
6	检查制冷循环系统（制冷剂压力及其他部件）	制冷循环系统工作异常	制冷循环系统工作正常
		修复或更换制冷循环系统故障部件后再测试系统	下一步
7	经以上步骤再次测试系统后，确定故障是否排除	故障未排除	故障排除
		重复以上步骤	诊断结束

4. 进行车辆故障诊断并排除故障

（1）验证故障现象

确认是否非车辆原因（外部环境温度或操作不当）造成故障。

1）开启鼓风机，确认送风系统工作正常。如果出风口没有风吹出，应检修鼓风机、控制电路及送风管道。

2）开启空调制冷系统，设定空调温度，确认出风口是否有冷风吹出。

图 1-4-11 所示为大众 ID.4 纯电动汽车空调制冷系统操作界面。

（2）检查电动压缩机运转

检查空调制冷系统开启后，电动压缩机是否运转。

1）如果电动压缩机不运转，检查高压电源。

2）如果电动压缩机运转，使用故障诊断仪诊断电动空调控制系统。

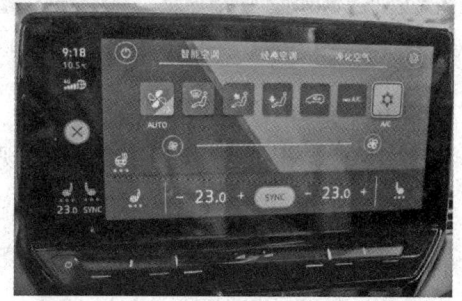

图 1-4-11　大众 ID.4 纯电动汽车空调制冷系统操作界面

（3）检查电动压缩机高压电源

如果电动压缩机不运转，使用钳形电流表检查压缩机高压电源。

1）如果有高压电源，更换空调压缩机。

2）如果没有电源，检修高压电源分配系统。

（4）故障诊断仪诊断电动空调控制系统

 提示：

电动汽车电动空调制冷系统出现故障，应首先使用故障诊断仪进行故障码读取和数据流分析。

1）使用故障诊断仪读取空调系统控制单元故障码，如果有相关故障码，根据故障码内容检修。

2）使用故障诊断仪读取空调制冷系统数据流，分析空调开关、制冷剂压力、温度等影响空调压缩机工作的信号，根据异常结果检查制冷循环系统。图 1-4-12 所示为大众 ID.4 纯电动汽车空调制冷系统数据流。

（5）检查制冷循环系统

检查制冷循环系统泄漏，以及高压、低压的压力是否正常。如果不正常，根据异常结果检修。

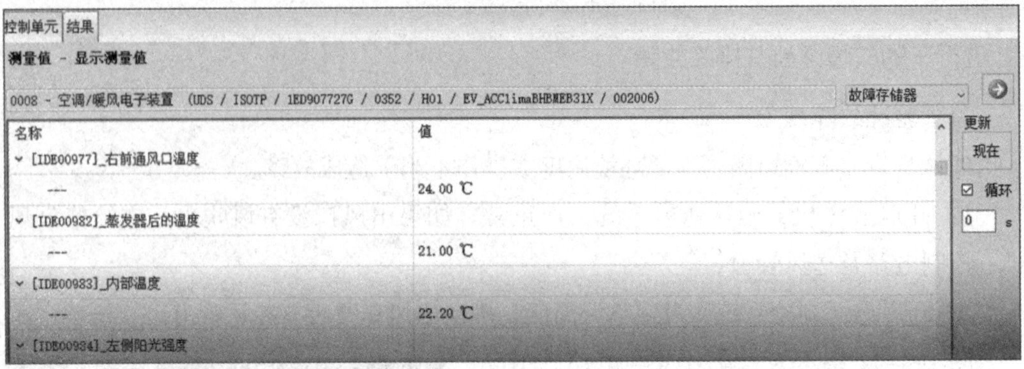

图 1-4-12　大众 ID.4 纯电动汽车空调制冷系统数据流

（6）确认故障排除

本例中，根据以上步骤，检查发现电动空调压缩机内部损坏，同时检查确认高压、低压管路正常，更换电动空调压缩机总成并重新加注制冷剂和压缩机机油以后，进行高压上电，开启空调制冷系统，确认空调出风口有冷风吹出，故障已排除。

5. 进行质量检验，确认故障排除

1）自检合格后，填写维修工单并签字确认，交付班组长进行质量检验。

2）在工作过程中遵循现场工作管理规范，完成"7S"管理规定的工作内容。

学习单元 3　低压电源系统不工作故障分析、诊断与排除

一、分析低压电源系统不工作的故障原因

1. 故障现象举例

一辆大众 ID.4 纯电动汽车，客户反映起动车辆时，组合仪表没有任何显示。如果你是维修技师，你将如何诊断并排除故障？

2. 故障原因分析

新能源（电动）汽车低压电源系统不工作（供电不足或不能供电），故障原因可能是低压蓄电池本身故障，也可能是 DC/DC 变换器故障。

注意：

目前大部分汽车采用的是免维护蓄电池，如果蓄电池存在故障，只能更换蓄电池总成。

（1）蓄电池自行放电

充足电的蓄电池放置不用会逐渐失去电量，这种现象称为"自行放电"。造成蓄电池自行放电的原因包括：蓄电池外部线路存在搭铁、短路现象；车身电气部件自放电过大；蓄电池内部结构损坏等。

（2）蓄电池不能充电

1）蓄电池内部损坏。

2）DC/DC 变换器及线路故障。

（3）DC/DC 变换器不能为蓄电池充电

1）DC/DC 变换器的低压供电电源、搭铁断路或短路。

2）DC/DC 变换器输出到低压蓄电池的充电线路断路或短路。

3）DC/DC 变换器无高压输入。

4）DC/DC 变换器本体（内部电路）损坏。

5）整车控制器（VCU）本体损坏，以及到 DC/DC 变换器控制线路断路或短路。

二、诊断并排除低压电源系统不工作的故障

1. 接受工作任务，明确任务内容

1）从业务接待员（服务顾问）、车间主管或班组长处接受车辆维修任务。

2）阅读维修工单，明确任务要求。

3）必要时配合业务接待员与客户沟通，提前列出需要问诊的内容，进一步明确车辆故障及客户需求。

4）根据客户的描述，验证或确认故障现象。

2. 进行工作任务准备

提示：

请严格遵守维修车间安全及其他管理制度！

准备完成工作任务需要的场地、设备、工具及材料。

（1）个人防护装备

绝缘安全防护装备（绝缘手套、绝缘鞋、安全帽、防护眼镜）。

（2）车辆防护装备

1）车外防护三件套：左、右翼子板布和前格栅布。

2）车内防护三件套：地板垫、座椅套、转向盘套。

（3）车间设备

普通充电机。

（4）检测设备/仪表

故障诊断仪、数字式万用表、钳形电流表、蓄电池测试仪、绝缘电阻测试仪。

（5）拆装工具

常规工/量具套装。

（6）其他辅助材料

电工绝缘胶布。

（7）技术资料及其他材料

对应车型维修手册、对应车型用户手册、其他必要的技术资料。

3. 制定低压电源系统不工作的故障诊断与排除流程

电动汽车低压电源系统不工作故障的诊断与排除流程见表1-4-4。

表1-4-4　电动汽车低压电源系统不工作故障的诊断与排除流程

步骤	检测及诊断操作	诊断结果	
1	验证车辆是否确实存在低压电源系统不工作的故障现象	故障现象不存在	故障现象存在
		与客户沟通，确保正确使用车辆	下一步
2	检查低压蓄电池性能	低压蓄电池性能不正常	低压蓄电池性能正常
		更换后再测试系统	下一步

续表

步骤	检测及诊断操作	诊断结果	
3	使用故障诊断仪读取故障码和数据流,判断低压电源系统的控制系统是否正常	低压电源系统的控制系统异常	低压电源系统的控制系统正常
		根据故障码和异常数据流检修后再测试系统	下一步
4	检查DC/DC变换器高压、低压线路	DC/DC变换器高压、低压线路异常	DC/DC变换器高压、低压线路正常
		修复或更换后测试系统	更换DC/DC变换器后测试系统
5	经以上步骤再次测试系统后,确定故障是否排除	故障未排除	故障排除
		重复以上步骤	诊断结束

4. 进行车辆故障诊断并排除故障

（1）验证故障现象

打开车辆电源开关，确认车辆是否能够上低压电，如果不能，进行以下检查：

1）组合仪表是否损坏。

2）低压蓄电池是否安装，以及蓄电池正负极线路的连接状况。

3）相关的线路是否连接正常。

（2）检查低压蓄电池

1）采用蓄电池测试仪测试蓄电池的端电压、容量及使用寿命，根据测试结果判断是否蓄电池本身损坏。如损坏则更换。

2）采用充电机在车外对蓄电池进行充电，如果不能充电，则更换蓄电池。

3）采用钳形电流表检测车辆没有运行时的蓄电池放电电流，如果电流偏高，则采用拆卸熔丝、插接件等方式，判断工作异常（漏电）的电气部件或系统，然后进行检修。

（3）故障诊断仪诊断

DC/DC变换器发生故障，通常整车控制器（VCU）会存储故障码。采用故障诊断仪读取整车控制器（VCU）及其他控制单元存储的故障码，根据故障码内容检修。

（4）检查DC/DC变换器电路

除了低压蓄电池检测外，低压电源系统检查的主要是DC/DC变换器本身是否能正常工作，其次检查高压直流电源输入和低压输出的电路。

1）DC/DC 变换器工作（为低压蓄电池充电）时，检查低压蓄电池电压值的正常值应在 13 V 以上，如果不正常进行以下检查。

2）检查 DC/DC 变换器供电电源、搭铁是否正常。

3）检查 DC/DC 变换器输出端（到低压蓄电池）的线路是否正常。

4）检查高压配电单元对接高压线束（动力电池输入）的电路是否正常。

5）检查整车控制器（VCU）控制 DC/DC 变换器的线路是否正常。可以采用诊断仪器进行 VCU 故障码读取及数据流分析。

（5）检查 DC/DC 变换器

以上检查如果不正常，根据实际情况修复线路或更换故障部件。如果检查正常，则更换 DC/DC 变换器。

（6）确认故障排除

本例中，根据以上步骤，检查发现低压蓄电池损坏，同时检查确认 DC/DC 变换器工作正常，更换低压蓄电池以后，再次确认 DC/DC 变换器对低压蓄电池充电电压正常，车辆能够上低压电，故障已排除。

5. 进行质量检验，确认故障排除

1）自检合格后，填写维修工单并签字确认，交付班组长进行质量检验。

2）在工作过程中遵循现场工作管理规范，完成"7S"管理规定的工作内容。

汽车大修竣工检验

- 课程 2-1　路试检验
- 课程 2-2　台架检验

课程设置

课程	学习单元	课堂学时
2-1 路试检验	（1）发动机动力性能路试	4
	（2）发动机经济性能路试	4
	（3）车辆转向性能路试	4
	（4）车辆制动性能路试	4
	（5）车辆滑行性能路试	4
2-2 台架检验	（1）发动机综合性能检测	4
	（2）发动机无负荷功率检测	4
	（3）车辆喇叭声级和车辆噪声检测	4
	（4）车辆前照灯性能检测	4
	（5）车辆制动性能检测	4
	（6）车辆排放性能检测	4

课程 2-1　路试检验

学习内容

学习单元	课程内容	培训建议	课堂学时
（1）发动机动力性能路试	1）准备动力性能的路试检验 2）实施动力性能的路试检验	（1）方法：讲授法、观摩法 （2）重点与难点：动力性能的路试技术规范	4
（2）发动机经济性能路试	1）准备经济性能的路试检验 2）实施经济性能的路试检验	（1）方法：讲授法、观摩法 （2）重点与难点：经济性能的路试技术规范	4

续表

学习单元	课程内容	培训建议	课堂学时
（3）车辆转向性能路试	1）准备转向性能的路试检验	（1）方法：讲授法、观摩法 （2）重点与难点：转向性能的路试技术规范	4
	2）实施转向性能的路试检验		
（4）车辆制动性能路试	1）准备制动性能的路试检验	（1）方法：讲授法、观摩法 （2）重点与难点：制动性能的路试技术规范	4
	2）实施制动性能的路试检验		
（5）车辆滑行性能路试	1）准备滑行性能的路试检验	（1）方法：讲授法、观摩法 （2）重点与难点：滑行性能的路试技术规范	4
	2）实施滑行性能的路试检验		

学习单元1　发动机动力性能路试

一、准备动力性能的路试检验

提示：

汽车性能检验参照现行的国家标准，包括 GB/T 12534—1990《汽车道路试验方法通则》、GB/T 18297—2024《汽车发动机性能试验方法》、GB/T 19055—2024《汽车发动机可靠性试验方法》、GB/T 18276—2017《汽车动力性台架试验方法和评价指标》、GB/T 3798—2021《汽车大修竣工出厂技术条件》、GB/T 3799—2021《汽车发动机大修竣工出厂技术条件》、GB 38900—2020《机动车安全技术检验项目和方法》等。详细内容请参阅国家相关的标准全文。

1. 工作场景

（1）工作场景描述

你所在的维修企业完成一辆一汽大众迈腾 B7 的 1.8 L 电控汽油喷射发动机大修，

要求进行发动机动力性能的路试检验,你能完成这个任务吗?

(2)工作任务解读

发动机是汽车的动力来源,因此汽车的动力性能基本上取决于发动机的动力性能。

检验汽车发动机动力性能,需要了解汽车发动机动力性能评价指标、检验技术,掌握检验汽车发动机动力性能所需设备的使用方法。

用试验仪器在试验道路上进行的试验称为道路试验,简称路试。发动机动力性能的检验方法分为台架试验法和道路试验法,本工作任务要求采用道路试验法(路试检验)。

2. 接受工作任务,明确任务内容

1)从业务接待员(服务顾问)、车间主管或班组长处接受车辆检验任务。
2)阅读维修工单,明确任务要求。

3. 进行工作任务准备

提示:

请严格遵守维修车间安全及其他管理制度!
准备完成工作任务需要的场地、设备、工具及材料。
(1)个人防护装备
常规工装。
(2)车辆防护装备
1)车外防护三件套:左、右翼子板布和前格栅布。
2)车内防护三件套:地板垫、座椅套、转向盘套。
(3)车间设备
本次工作无须使用。
(4)检测设备/仪表
非接触车速仪、计时器(秒表)。
(5)拆装工具
本次工作无须使用。
(6)其他辅助材料
本次工作无须使用。
(7)技术资料及其他材料
对应车型维修手册、对应车型用户手册、其他必要的技术资料。

4. 动力性能路试技术规范

(1) 动力性能评价指标

汽车动力性能是表征汽车在行驶中能达到的最高车速、最大加速能力和最大爬坡能力，是汽车的基本使用性能之一。汽车检测中一般常用汽车的最高车速、加速性能、最大爬坡度、发动机最大输出功率、驱动轮输出功率作为动力性评价指标。

1) 最高车速。最高车速是指汽车以厂定的额定总质量状态，在风速不大于 3 m/s 的条件下，在干燥、清洁、水平的混凝土或沥青路面上，所能达到的最高稳定行驶速度，单位为 km/h。通常发动机的最大功率越大，汽车的最高车速就越高。

2) 加速性能。汽车加速性能是指汽车在行驶中迅速增加行驶速度的能力。通常用汽车加速时间或加速距离表示，它对汽车平均行驶速度影响很大。

3) 最大爬坡度。最大爬坡度是指汽车满载时，在良好的混凝土或沥青路面的坡道上，所能爬上的最大坡度。汽车的最大爬坡度表征汽车的爬坡能力。

最大爬坡度是载货汽车和越野车（SUV）的一个非常重要的指标。基本型乘用车（轿车）最高车速高，发动机功率较大，可以保持良好的加速能力，但由于其经常在平坦路面上行驶，一般不强调爬坡能力。载货汽车经常在各种不同的道路上行驶，必须具有足够的爬坡能力。越野车行驶道路的路况多样，时常需要克服松软坡道路面的较大阻力以及凹凸不平路面的局部较大阻力。要求载货汽车的最大爬坡度在 30%（16°）左右，越野车的最大爬坡度一般不得小于 60%（30°）。

4) 发动机最大输出功率。发动机最大输出功率是指发动机在全负荷状态下，仅包括维持运转所必需的附件时所输出的功率，又称总功率。此时被测试发动机一般不带空气滤清器、冷却风扇等附件。新出厂发动机的最大输出功率一般是指发动机的额定功率。额定功率是制造厂根据发动机具体用途，发动机在全负荷状态和规定的额定转速下所规定的总功率。额定功率也称标定功率，是由制造厂标定的、发动机在一定条件下所能发出的功率。

5) 驱动轮输出功率。驱动轮输出功率是指汽车在使用直接挡行驶时，驱动轮输出的最大驱动功率，是汽车发动机功率经过传动系消耗功率后到驱动轮的输出功率（相应的车速在发动机额定功率转速和额定扭矩转速附近）。

驱动轮输出功率的大小取决于发动机发出的功率和传动系的传动效率，也取决于它们的技术状况。驱动轮输出功率的减少，说明发动机或传动系统的技术状况已变差。发动机和传动系统技术状况的微小变化，都会通过驱动轮输出功率的增加或减少反映出来。

（2）动力性能的路试条件要求

在新车及大修竣工出厂前，都需要对其进行动力性检验，主要分为台架检验和道路检验两种，其中道路检验能更加全面地评价发动机动力性，但前提是各项检验条件满足要求。

1）试验环境、仪器和设备要求。

①除对气象有特殊的试验项目外，试验时的天气应无雨、无雾，相对湿度小于95%，气温 0~40 ℃，风速不大于 3 m/s。

②试验用的仪器须经计量检定，符合精度要求。

③滑行试验时应采用第五轮仪或非接触车速仪等，精度不低于0.5%，同时关闭所有的汽车门窗。

④爬坡试验时应采用秒表、钢卷尺（50 m）、标杆、发动机转速表、坡度仪等仪器设备。

2）试验道路条件要求。

①要求在平坦、坚硬、干燥和清洁的沥青或混凝土路面上进行，且直线段长度不少于 2 km。对于大型汽车，要求更长，路面宽度应不小于 8 m，纵向坡度在 0.1% 以内。

②车速上限试验要求利用汽车试验场高速环道的平直段进行。

③爬坡试验道路：试验坡道坡度应接近试验车的爬坡度上限，坡道长不小于 25 m，坡前应有 8~10 m 的平直路段。坡度不小于 30% 的路面用水泥铺设，小于 30% 坡度的路面可用沥青铺设，在坡道中部设置 10 m 的测速路段，允许以表面平整、坚实、坡度均匀的自然坡道路面代替。大于 40% 的纵坡须设置安全保险装置。

3）试验车辆要求。

①装载质量要求：无特殊规定时，装载质量均为厂定装载质量上限，或使试验车处于厂定总质量上限状态。装载质量应均匀分布，装载物应固定牢靠，试验时质量不应变化。乘员的平均质量按乘员质量表计算，可用相同质量的重物代替。

②外观要求：应具有匀称的外观，车体端正，左右外缘对称部位高度差一般不大于 40 mm。

③转向盘的最大自由转动量从中间位置向左或向右均不得：

≥10°（设计车速上限为 100 km/h 的汽车）；

>15°（设计车速上限 <100 km/h 的汽车）。

转向盘自由转动量过大，说明转向器齿轮副啮合间隙过大或转向系统主销松旷，会影响汽车的行驶稳定性。

④离合器踏板自由行程应正确（对于手动变速器车型）。

⑤发动机运转平稳、怠速稳定，不得有回火、放炮现象。

⑥传动系、行驶系不得有异常声响。

⑦停车后，不得有漏油、漏水和漏气现象。

⑧检查加速踏板开启方法：将加速踏板踩到底，检查节气门或高压油泵油门开度应打开到限定位置上限。

⑨检查轮胎气压：轮胎气压不足，滚动阻力增加，使滑行距离缩短，油耗上升。前后轮胎气压误差不超过规定值 ±10 kPa。

⑩检查车轮定位参数：车轮定位参数应在产品技术文件规定的质量状态下测量或调整，注意所规定的车轮定位参数值是在哪种装载状态下测量的。

⑪试验汽车各总成、装置必须功能完好、有效，备胎及随车工具等附属装备应放在规定的位置上。

⑫试验汽车使用的燃料、润滑油（脂）和制动液的牌号及规格，应符合该车技术条件或现行相关标准的规定。除可靠性行驶试验、耐久性道路试验和使用试验外，同一次试验的各项性能测定必须使用同一批燃料、润滑油（脂）和制动液。

二、实施动力性能的路试检验

1. 动力性能路试的检验数据采集

提示：

如果没有专业的路试场地，请务必在良好的路面并确保安全进行路试！

对于基本型乘用车（轿车）发动机大修竣工后的动力性能路试检验，通常只采集最高车速和加速时间。在满足发动机动力性能路试检验条件的前提下，进行汽车最高车速和加速时间检验数据采集。

（1）汽车最高车速

由具备路试资格的驾驶员进行路试，并记录汽车能达到的最高车速（km/h）。

（2）汽车加速时间

由具备路试资格的驾驶员进行路试，并记录汽车 0～100 km/h 加速时间（s）。

2. 动力性能路试的检验数据分析

根据表 2-1-1 分析发动机动力性能路试的检验数据。

表 2-1-1 发动机动力性能路试检验数据

车型：迈腾 B7；发动机排量：1.8 L；发动机形式：直列四缸 / 涡轮增压 /16 气阀 / 缸内直喷

检验项目	标准数据	路试数据	是否符合标准	备注
最高车速 /（km/h）	215			
0~100 km/h 加速时间 /s	8.9			

如果路试检验结果不符合标准值，应分析故障原因，并提出解决建议。车辆最高车速和加速时间不符合标准，在排除自动变速器、电控制动系统及其他系统影响的前提下，可以判断发动机动力性能不足，原因及排除方法如下：

（1）发动机机械本体原因

检修方法：检测气缸压缩压力，不符合标准时拆检发动机机械本体。

（2）进气控制系统原因

检修方法：检查进气管道是否通畅，节气门是否能全开，涡轮增压系统工作情况。根据检查结果修复或更换故障部件。

（3）点火控制系统原因

检修方法：检查各缸火花强度是否足够，检查点火正时是否正确。根据检查结果修复或更换故障部件。

（4）燃油供给系统原因

检修方法：检查燃油压力（特别是急加速时）是否足够，检查燃油管路是否堵塞，检查各缸喷油器工作情况。根据检查结果修复或更换故障部件。

（5）排放控制系统原因

检修方法：检查排气管路（特别是三元催化转化器）是否堵塞，检查其他排放控制系统（废气再循环、燃油蒸气回收系统等）工作情况。根据检查结果修复或更换故障部件。

（6）发动机控制系统原因

检修方法：使用故障诊断仪读取故障码和数据流，检查发动机电控系统传感器、执行器以及控制单元工作情况。根据检查结果修复或更换故障部件。

3. 填写检验报告，确认任务完成

1）路试完成后，填写路试检验报告并签字确认，交付负责人进行下一步处理。

2）在工作过程中遵循现场工作管理规范，完成"7S"管理规定的工作内容。

学习单元 2　发动机经济性能路试

一、准备经济性能的路试检验

1. 工作场景

（1）工作场景描述

你所在的维修企业完成一辆一汽大众迈腾 B7 的 1.8 L 电控汽油喷射发动机大修，要求进行发动机燃油经济性能的路试检验，你能完成这个任务吗？

（2）工作任务解读

汽车的燃油经济性能是指在保证动力性前提下，汽车以尽量少的燃油消耗量经济运行的能力。汽车燃油经济性好，可以降低汽车的使用费用，节约石油资源，降低发动机产生的二氧化碳的排放量，起到低碳环保的作用。

影响汽车燃油经济性的因素很多，汽车结构和汽车使用环境、驾驶习惯等都是影响汽车燃油经济性的因素。随汽车使用时间的延长，特别是发动机维修后，其燃油经济性能可能会降低，应进行检验，发现故障并及时排除，以降低燃油消耗量。

检验汽车发动机经济性能，需要了解汽车发动机经济性能评价指标、检验技术，掌握检验汽车发动机经济性能所需设备的使用方法。

发动机经济性能的检验方法分为台架检验法和道路检验法，本工作任务要求采用道路检验法（路试检验）。

2. 接受工作任务，明确任务内容

1）从业务接待员（服务顾问）、车间主管或班组长处接受车辆检验任务。

2）阅读维修工单，明确任务要求。

3. 进行工作任务准备

提示：

请严格遵守维修车间安全及其他管理制度！

准备完成工作任务需要的场地、设备、工具及材料。

（1）个人防护装备

常规工装。

（2）车辆防护装备

1）车外防护三件套：左、右翼子板布和前格栅布。

2）车内防护三件套：地板垫、座椅套、转向盘套。

（3）车间设备

本次工作无须使用。

（4）检测设备/仪表

故障诊断仪。

（5）拆装工具

本次工作无须使用。

（6）其他辅助材料

本次工作无须使用。

（7）技术资料及其他材料

对应车型维修手册、对应车型用户手册、其他必要的技术资料。

4. 经济性能路试技术规范

（1）经济性能评价指标

对于燃油汽车，汽车经济性能通常指燃油经济性能，是指以最小的燃油消耗量完成单位运输工作量的能力，是汽车的重要性能之一。为了评价汽车的燃油经济性能，通常采用每百千米（公里）燃油消耗量作为评价指标。燃油经济性指标的单位为 L/100 km，即汽车每行驶 100 km 所消耗的燃油量。对于商用汽车（货车和大型客车），由于载质量和座位的不同，每百千米耗油量相差较大，因而，从车辆使用角度，又采用单位运输工作量的燃油消耗量作为评价指标，其单位为 L/（100 t·km）或 L/（kP·km），即每百吨千米或每千人千米所消耗的燃油量，这一指标不仅可以评价汽车的燃油经济性，还能反映运输工作的管理水平。上述两个指标的数值越大，汽车燃油经济性越差。

汽车燃油经济性能也可用汽车消耗单位量燃油所经过的行程作为评价指标，其单位为 km/L，即每升燃油能行驶的里程，其数值越大，汽车的燃油经济性越好。

等速百千米燃油消耗量是一种综合性的评价指标，指汽车在一定载荷（我国标准规定乘用车为半载，商用车为满载）下，以最高挡在水平良好路面上等速行驶 100 km 的燃油消耗量。但是，等速行驶工况并没有全面反映汽车的实际运行情况，特别是在市区行驶中，汽车频繁出现加速、减速、怠速停车等行驶工况，因此，在对实际行驶车辆进行跟踪测试统计基础上，各国都制定了一些典型的循环行驶试验工况来模拟汽车实际运行工况，并以其百千米燃油消耗量来评定相应行驶工况的燃油经济性。

（2）经济性能的路试条件要求

汽车燃油经济性能（等速百千米燃油消耗量），可用台架和路试两种方法进行检测。台架检测是将汽车置于底盘测功机上，模拟道路试验条件进行等速行驶燃油消耗量检测的一种方法。以下只介绍路试检测方法。

1）试验条件。试验条件包括：

①试验车辆载荷。除有特殊规定外，基本型乘用车（轿车）规定乘员数的一半（取整数）；城市客车为总质量的 65%；其他车辆为满载，乘员质量及其装载要求按 GB/T 12534—1990《汽车道路试验方法通则》的规定。

②试验仪器。包括车速测定仪、燃料流量计、计时器。

③试验的一般规定。试验车辆准备按 GB/T 12534—1990 的规定；试验车辆必须清洁，关闭车窗和驾驶室通风口，只允许开动驱动车辆所必需的设备。

2）试验项目和方法。GB/T 12545.1—2008《汽车燃料消耗量试验方法　第 1 部分：乘用车燃料消耗量试验方法》确定的试验项目有：直接挡全节气门加速燃料消耗量试验、等速燃料消耗量试验、多工况燃料消耗量试验和限定条件下的平均使用燃料消耗量试验。在此仅介绍前两项内容。

①直接挡全节气门加速燃料消耗量试验。试验测试路段长度为 500 m。

汽车挂直接挡（没有直接挡可用最高挡），以 30 km/h 的初速度行驶，稳定通过 50 m 的预备段，在测试路段的起点开始，节气门全开，加速通过测试路段；测量并记录通过测试段的加速时间、燃油消耗量及汽车在测试段终点时的速度。

试验往返各进行 2 次，测得同方向加速时间的相对误差不大于 5%；取测得四次加速时间试验结果的算术平均值作为测定值，且符合该车技术条件的规定。

②等速行驶燃料消耗量试验。试验测试路段长度为 500 m。

汽车常用挡位，等速行驶，通过 500 m 的测试段，测量通过该路段的时间及燃油消耗量；试验车速从 20 km/h（最小稳定车速高于 20 km/h 时，从 30 km/h）开始，以 10 km/h 的整数倍均匀选取车速，直至最高车速的 90%，至少测定 5 个试验车速；同一车速往返各进行 2 次。

3）汽车燃油经济性的其他检测方法。限于试验条件，在汽车维修企业对汽车燃油经济性通常采用其他检测方法。

①给定路程测试法。在给定的一段路程（50～100 km 的公路或城市道路）出车前将油箱加满，记录好里程表的里程数，到达目的地后，再将油箱加满，此时的加油量即为本段路程的燃油消耗量。燃油消耗量与行驶里程之比再乘以 100，就可得出每百千米的燃油消耗量。

②车辆组合仪表显示油耗。目前大部分车型的组合仪表都具有显示即时油耗、平均油耗和续驶里程等信息的功能。它是发动机电控单元通过燃油油位、车速、发动机转速等传感器信息，计算出实际的燃油消耗量，随时提醒驾驶员汽车燃油消耗情况和可以继续行驶的里程，使驾驶员做到心中有数。此方法方便、直观，通过仪表即时显示，只是精度相对不高。

③诊断仪器显示油耗。将诊断仪器接在车辆的 OBD 诊断座上，行驶时诊断仪数据流可直接显示车辆即时油耗。

二、实施经济性能的路试检验

1. 经济性能路试的检验数据采集

提示：

如果没有专业的路试场地，请务必在良好的路面并确保安全进行路试！

对于基本型乘用车（轿车）发动机大修竣工后的燃油经济性能路试检验，通常用百千米燃油消耗量进行检验。在满足发动机燃油经济性能路试的检验条件前提下，用以下方法之一进行检验数据采集：

（1）给定路程测试法检验

采用"给定路程测试法"进行路试检验，并记录百千米燃油消耗量。

（2）车辆组合仪表显示油耗

在特定的平直路面进行路试检验，观察并记录组合仪表显示的百千米燃油消耗量。

（3）诊断仪器显示油耗

在特定的平直路面进行路试检验，观察并记录诊断仪显示的百千米燃油消耗量。

2. 经济性能的检验数据分析

在汽车结构已经确定的情况下，汽车燃油经济性与汽车的使用因素有很大关系，在使用因素中，其技术状况的变化是造成汽车燃油消耗量增加的主要因素。汽车发动机经过大修，燃油经济性能否达到正常范围，在很大程度上取决于发动机的技术状况，包括发动机各机构和系统的技术状况。路试后，根据表2-1-2分析发动机经济性能（百千米燃油消耗）路试检验数据。

表2-1-2 发动机经济性能路试检验数据

车型：迈腾B7；发动机排量：1.8 L；发动机形式：直列四缸/涡轮增压/16气阀/缸内直喷					
检验方法	车速	标准数据	路试数据	是否符合标准	备注
给定路程测试法		综合工况 6.4 L/100 km			模拟综合工况，平均车速 30~80 km/h
组合仪表显示					
诊断仪器显示					

如果路试检验结果不符合标准值，应分析故障原因，并提出解决建议。发动机技术状况对燃油经济性的影响及排除方法如下。

（1）发动机气缸的压缩压力

气缸压缩压力不足，说明气缸漏气，主要原因是气缸与活塞环磨损，气门与气门座不密封，气缸垫被烧坏等，因而，使发动机工作过程恶化，燃油消耗量增加。

检修方法：确认漏气部位，必要时拆检发动机。

（2）配气机构的配气相位

发动机的配气机构在使用过程中产生磨损，导致配气相位变化。当气门间隙变化或调整不当时，会引起发动机配气相位改变，使发动机动力性和燃油经济性下降。试验表明，气门间隙每减小0.1 mm，燃油消耗量增加2%~8%。

检修方法：调整配气机构，必要时更换损坏部件。

（3）燃油供给系统的技术状况

燃油供给系统供油压力，喷油器的喷油时间、喷油压力及雾化质量等，均应保持正常，否则将增加燃油消耗量。

检修方法：使用燃油压力表或诊断仪器数据流测试供油压力及喷油器相关参数，

必要时更换损坏部件。

（4）点火系统的技术状况

点火系统技术状况不良，不仅影响发动机的起动性能和动力性，还将增加发动机的油耗。试验表明，点火提前角相差1°，油耗增加约1%；火花塞电极间隙过大，会增加点火系统的负载，导致起动困难，高速时会发生断火现象，如果有一缸火花塞不工作，发动机燃油消耗量将大幅度增加。

检修方法：检测点火正时及火花强度，必要时更换损坏部件。

（5）发动机的工作温度

一般水冷发动机冷却液的正常工作温度为 75～95 ℃，高于或低于正常工作温度，都会使发动机燃油消耗量增加。冷却液温度低，汽油不易雾化，燃烧不完全，如温度过低，热量损失大，使发动机功率下降，燃油消耗量上升。发动机冷却液温度过高，容易产生早燃和爆燃，使充气系数降低，发动机工作恶化，会导致发动机动力性和燃油经济性大幅度下降。

检修方法：检查冷却系统工作情况，必要时更换损坏部件。

（6）电控燃油喷射系统技术状况

影响电控燃油喷射发动机燃油经济性的因素，主要是其进气系统、燃油系统和电控系统的各传感器、执行器和控制单元等技术状况的变化。

1）空气流量计和进气歧管绝对压力传感器。如果空气流量传感器或进气歧管绝对压力传感器损坏或性能发生变化，将把不能反映发动机的真实工况的错误信号发送给电控单元，影响电控单元对基本喷油量的确定，从而引起发动机燃油经济性的变化。

2）冷却液温度传感器和进气温度传感器。冷却液温度传感器和进气温度传感器出现故障，如传感器内部线路接触不良或断路、热敏元件性能变化，会出现传感器无信号或信号不准，导致发动机工作不正常，如发动机不能起动、运转不平稳、功率下降等，使油耗增加。

3）节气门位置传感器。线性式节气门位置传感器常见故障有传感器的电阻值不准确，造成输出的节气门位置信号不正确，引起发动机动力不足，油耗增加。

4）爆震传感器。爆震传感器出现故障，一直输出爆燃信号，控制单元控制推迟点火提前角，造成气缸内混合气燃烧不完全，发动机功率下降，使油耗增加。

5）氧传感器。氧传感器出现故障，不能检测排气管中氧浓度信息，控制单元就不能根据排气中氧浓度的变化来调整喷油量，造成发动机油耗和排气污染增加，发动机还会出现怠速不稳、缺火、喘振等现象。

6) 废气再循环阀。根据发动机结构不同，进入进气歧管的废气量一般废气再循环率（exhaust gas recirculation rate，简称 EGR 率）控制在 6%~23%，如果 EGR 率过大，随着 EGR 率的增加，会使发动机燃烧状况恶化和油耗增加。在使用中，如果废气再循环阀漏气，使 EGR 率过大，会引起发动机燃烧状况恶化，功率不足，为提高发动机动力性，必须加大油门，造成油耗增加。

7) 可变配气相位机构。具有可变配气相位机构的发动机，可根据发动机转速的变化对配气相位作出相应的实时调整，使气缸的充气量同时满足发动机低转速和高转速下的不同需要，从而提高发动机的动力性和燃油经济性。如果可变配气相位机构损坏，配气相位不能随发动机转速变化而调整，特别是发动机高速运转时进气门迟闭角不能加大，充气效率不能增加，使高速时充气量不足，引起混合气过浓，燃烧不完全，使油耗增加。

8) 废气涡轮增压器。废气涡轮增压器出现故障，会引起增压压力不够，其中增压器转速下降是主要原因，当轴承与转子轴磨损、涡轮或叶轮叶片变形、损坏或是转子体与壳体产生摩擦等原因。使转子体转速下降时，增压压力即随之下降；增压进气道堵塞或进入中冷器的进气连接软管松旷、破裂，也会造成增压压力下降；发动机进气管有泄漏处也会使增压压力不足。增压压力不足，会引起充气系数下降，造成发动机动力不足，油耗增加。

9) 电控点火系统。在电控点火系统中，点火控制包括点火提前角控制、通电时间控制与恒流控制和防爆燃控制。如果输送点火提前角主控信号和输送点火提前角修正信号的某些传感器性能发生变化或损坏，会使反馈给发动机控制单元的信号发生变化，控制单元输出的点火控制信号将偏离最佳值，引起发动机燃烧状况变差，燃油消耗增加。另外，点火系统的一些部件损坏，如火花塞电极损坏、高压线漏电，引起点火能量下降，也会使发动机燃烧状况变差，从而造成燃油消耗增加。

3. 填写检验报告，确认任务完成

1) 路试完成后，填写路试检验报告并签字确认，交付负责人进行下一步处理。
2) 在工作过程中遵循现场工作管理规范，完成"7S"管理规定的工作内容。

学习单元3 车辆转向性能路试

一、准备转向性能的路试检验

1. 工作场景

(1) 工作场景描述

你所在的维修企业完成一辆一汽大众迈腾 B7 的转向系统维修，要求进行转向性能的路试检验，你能完成这个任务吗？

(2) 工作任务解读

转向操纵系统技术状况的好坏，直接影响汽车的操纵稳定性和行驶安全性，汽车经长期运行后，转向系统各零件不可避免地会发生磨损、变形以及金属疲劳而产生裂纹。这些变化表现在行驶过程中的转向沉重、方向不稳、行驶跑偏、前轮摆振和轮胎异常磨损等故障，严重的话会引发安全事故。因此，对汽车转向操纵系统的检验很有必要。

检验汽车转向性能，需要了解汽车转向性能评价指标、检验技术，掌握检验汽车转向性能所需设备的使用方法。

车辆转向性能的检验方法分为台架检验法和道路检验法，本工作任务要求采用道路检验法（路试检验）。

2. 接受工作任务，明确任务内容

1) 从业务接待员（服务顾问）、车间主管或班组长处接受车辆检验任务。

2) 阅读维修工单，明确任务要求。

3. 进行工作任务准备

 提示：

请严格遵守维修车间安全及其他管理制度！

准备完成工作任务需要的场地、设备、工具及材料。

（1）个人防护装备

常规工装。

（2）车辆防护装备

1）车外防护三件套：左、右翼子板布和前格栅布。

2）车内防护三件套：地板垫、座椅套、转向盘套。

（3）车间设备

本次工作无须使用。

（4）检测设备/仪表

转向盘测力仪。

（5）拆装工具

本次工作无须使用。

（6）其他辅助材料

本次工作无须使用。

（7）技术资料及其他材料

对应车型维修手册、对应车型用户手册、其他必要的技术资料。

4. 转向性能路试技术规范

（1）转向操纵系统的基本要求

为确保车辆行驶安全，对汽车转向操纵系统应达到以下基本要求：

1）动力转向（或助力转向）的工作时刻应符合原厂规定的有关技术条件。

2）汽车应具有适度的不足转向特性，以使车辆具有正常的操纵稳定性。

3）转向轮转向后应能自动回正，在平坦、硬实、干燥和清洁的道路上行驶不得跑偏，转向盘不得有摆振或其他异常现象。

4）转向盘应转动灵活，操纵方便。车轮在转向过程中不得与其他部件有干涉现象。

5）转向节及转向臂，转向横、直拉杆及球节销应无裂纹和损伤，并且球节销不得松旷。对车辆进行改装或修理时，横、直拉杆不得拼焊。

6）转向节及转向臂，转向横、直拉杆及球节销是转向机构的重要部件，一旦损坏将使转向操纵失灵而导致重大恶性事故。所以必须经常检查转向机构，发现故障，要及时排除，以确保车辆运行安全。

（2）转向性能评价指标

汽车转向操纵性能的检测参数一般包括：转向盘最大自由转动量、转向盘最大转向力、最小转弯直径和最大转向角，转向轮横向侧滑量和车轮定位值等。

1）转向盘最大自由转动量。转向盘的最大自由转动量，是指汽车转向轮在保持直线行驶位置静止不动时，轻轻转动转向盘，使转向盘从一侧转到另一侧所转过的角度。该参数反映了转向盘转动至带动车轮转动之间所有传动部件的配合状况。转向盘的自由转动量过大，会使操纵系统反应迟缓；过小会使路面的反冲作用过大，造成驾驶员驾驶操纵不柔和，容易产生疲劳。因此，为确保行车安全，应对转向盘最大自由转动量定期进行检测、调整和维护，使其保持在规定范围之内。

2）转向盘最大转向力。转向盘的最大转向力，是指车辆在一定的行驶条件下，作用在转向盘外缘上的最大切向力。这个检测参数主要是用来检查转向系统中各零部件的配合状况。车辆在使用过程中，由于转向装置在装配时调整不当或使用中有关零部件的磨损、变形等原因引起转向沉重，容易使驾驶员疲劳或使车辆操纵失控，直接影响汽车的操纵稳定性和行车安全性。

3）最小转弯直径和最大转向角。汽车都采用前轮转向，在转向的每一时刻所有车轮都应围绕一个中心点做圆弧行驶，这个中心点称为瞬时转向中心，它的位置在与各车轮速度方向垂直的延长线的相交点上。汽车转向时，从瞬时转向中心到前外轮轮辙中心线的距离即转弯半径，通常用 R 表示。两倍转弯半径即为转弯直径，用 D 表示。

车辆的转弯直径越小，车辆转弯时所需场地面积就越小，机动性就越好。在转向时，外轮转角越大或轴距越小时，转弯直径就越小。对某定型汽车而言，轴距是一个定值，因此，在外轮转角达到最大值时，转弯直径最小。

实际上，汽车转向过程中，不是绕一个固定的圆心转动，这是由于车辆从直线行驶进入转弯行驶时，转向轮的转角开始由零变大，然后又从大变小，直到车辆恢复直线行驶为止。从整个转向过程看，转向轮的转角是随时变化的。

汽车的转弯直径对机动性有直接影响，机动性决定了驾驶员为装卸货物而移动车辆，或者在停车场地及维修车间内调车时所需场地面积、车道宽度及驾驶员的劳动强度。机动性还影响着车辆能够通过狭窄弯曲地带或绕开不可越过障碍物的能力。

转向轮的最大转向角直接影响到汽车转弯直径的大小，是转向系的重要参数之一。在汽车设计时，对转向轮的最大转向角都明确作出规定。一般在车辆的使用说明书或有关技术文件中，均可查到原厂规定的转向轮最大转向角。

4）转向轮横向侧滑量。由于前束与外倾角的存在，车辆行驶过程中，车轮与地面之间产生一种相互作用力，使转向轮在向前滚动的同时，还将产生横向滑移，这种滑移就是侧滑。为保证汽车转向轮无横向滑移的直线滚动，要求车轮前束与车轮外倾角有适当的匹配。当前束与车轮外倾角匹配不当时，车轮就可能在直线行驶过程中不作纯滚动，而产生横向滑移现象，当这种横向滑移现象过于严重时，将破坏车轮的附着条件，减弱汽车定向行驶能力，导致轮胎异常磨损。

5）车轮定位参数。车辆在使用中，由于车架、车轴、转向机构的变形与磨损，将改变原有参数值，致使车轮定位失准。正确的车轮定位参数，是车辆具有良好的转向操纵性能，保持直线行驶能力及避免车身振动、减少机件磨损的保证。车轮定位参数一般包括前轮前束、前轮外倾角、主销内倾角、主销后倾角、后轮前束和后轮外倾角等。定期对车轮定位参数进行检测，通过维护调修以维持正确的车轮定位参数，可及时消除车辆在行驶中（特别在高速行驶中）的不安全因素，从而提高汽车在行驶过程中的操纵稳定性和驾驶安全性，同时可以减少轮胎和悬架系统磨损，降低燃油消耗。

（3）转向性能检验方法

转向操纵系统性能指标参数大部分需要采用专用的台架设备检验，以下只介绍转向盘最大自由转动量和转向盘最大转向力的路试检验方法。

1）转向盘最大自由转动量。转向盘自由转动量是评价转向是否灵敏、操纵是否稳定的指标。转向盘自由转动量是否超过规定要求，判断方法如下：

①转向轮保持直线行驶位置静止不动时，转向盘左右转动的游动角度过大。

②在车辆行驶中，要用较大幅度转动转向盘，才能控制车辆的行驶方向，且在直线行驶时感到行驶不稳定。

2）转向盘最大转向力。转向盘操纵力是评价转向盘转动是否灵活、轻便的量化指标。转向盘操纵力大，即转向沉重，会增加驾驶员的劳动强度，影响行车安全。

转向盘最大转向力的路试检验比较接近道路实际行驶状况，但对场地、仪器及人员操作要求较高，检验方法如下：

在转向盘上安装转向盘测力仪，并将显示值窗口的数值调零，由检验员驾驶车辆，从起点以 10 km/h 的速度，在 5 s 之内从直线沿螺旋线过渡到直径为 24 m 的圆周上行驶，在这个过程中，读取施加于转向盘测力仪显示的最大切向力（或力矩），并通过公式换算出该车转向盘外缘的最大切向力。检测车辆正反两个方向转向时的转向力，取其较大值为检测结果。

根据 GB 17675—2021《汽车转向系　基本要求》的规定，M_1、M_2 类车辆在转向系完好时，转向操纵力不得大于 150 N，M_3 类车辆不得大于 200 N。

二、实施转向性能的路试检验

1. 转向性能路试的检验数据采集

提示：

如果没有专业的路试场地，请务必在良好的路面并确保安全进行路试！

对于基本型乘用车（轿车）转向系统维修竣工后的转向性能，应采用专用的台架设备检验，如果需要进行路试检验，限于维修企业的设备条件，可以采用转向盘最大自由转动量和转向盘最大转向力相结合进行检验。

（1）转向盘最大自由转动量检验

由汽车维修企业有资质和有经验的试车员（质量检验员）在平坦、硬实、干燥和清洁的水泥或沥青道路上进行路试检验，检验车辆是否行驶跑偏。如果跑偏，进一步确认转向盘自由转动量过大的方法如下。

1）架起汽车转向轮，左右转动转向盘，当用力转动时，拉杆才同步运动，说明拉杆球节连接处磨损而旷量过大。

2）若拉杆不动，则说明转向器齿轮的磨损过大。

（2）转向盘最大转向力检验

参照转向盘最大转向力的路试检测方法，由汽车维修企业有资质和有经验的试车员（质量检验员）在平坦、硬实、干燥和清洁的水泥或沥青道路上进行路试检验，检验车辆转向助力系统工作情况，并记录转向盘测力仪显示的最大切向力。

2. 转向性能路试的检验数据分析

（1）转向盘最大自由转动量检验数据分析

如果路试时，车辆行驶跑偏，说明转向盘自由转动量过大，主要有以下原因。

1）转向机齿轮、转向机传动轴花键套、转向节十字轴及轴承、转向系传动机构球节及球节销等严重磨损。

2）转向机紧固螺栓、转向节连接或 U 型螺栓、转向盘中心螺栓等松动。

3）转向机内摇臂轴齿轮啮合间隙过大。

4）转向机摇臂轴与摇臂的安装不当、磨损松旷等。

由于转向系统涉及行车安全，对于损坏部件应进行更换。

(2)转向盘最大转向力检验数据分析

如果转向盘测力仪显示的最大切向力大于 150 N，或是转向沉重，主要有以下几个原因：

1）转向系统传动部件润滑不良，传动部件锈蚀。
2）横拉杆、直拉杆的球节与球节销磨损严重或配合间隙调整不当（过紧或过松）。
3）转向机内部齿轮啮合间隙过小。
4）转向轮定位参数值发生变化，如后倾角变大、前束值变小等。
5）车桥、车架或车身发生严重变形，或传动杆件在运动中有干涉现象。
6）转向轮的轮胎气压不足等。

3. 填写检验报告，确认任务完成

1）路试完成后，填写路试检验报告并签字确认，交付负责人进行下一步处理。
2）在工作过程中遵循现场工作管理规范，完成"7S"管理规定。

学习单元 4 车辆制动性能路试

一、准备制动性能的路试检验

1. 工作场景

（1）工作场景描述

你所在的维修企业完成一辆一汽大众迈腾 B7 的制动系统维修，要求进行制动性能的路试检验，你能完成这个任务吗？

（2）工作任务解读

汽车制动性能是指汽车行驶时，能在短距离内停车且维持行驶方向稳定和在坡道上长时间保持停住的能力。汽车的制动性能是汽车重要的使用性能之一。制动性能的好坏直接关系到行车安全，性能良好和可靠的制动系统可保证行车安全，避免交通事故。反之，很容易造成交通事故，同时，制动性能的好坏还影响到汽车动力性的发挥。

为防止或减少交通事故，必须加强对汽车制动装置的安全检验，保证汽车制动装置良好、可靠、符合相关国家标准，提高人员与车辆的安全性。

检验汽车制动性能，需要了解汽车制动性能评价指标、检验技术，掌握检验汽车制动性能所需设备的使用方法。

车辆制动性能的检验方法分为台架试验法和道路试验法，本工作任务要求采用道路试验法（路试检验）。

2．接受工作任务，明确任务内容

1）从业务接待员（服务顾问）、车间主管或班组长处接受车辆检验任务。
2）阅读维修工单，明确任务要求。

3．进行工作任务准备

提示：

请严格遵守维修车间安全及其他管理制度！

准备完成工作任务需要的场地、设备、工具及材料。

（1）个人防护装备

常规工装。

（2）车辆防护装备

1）车外防护三件套：左、右翼子板布和前格栅布。
2）车内防护三件套：地板垫、座椅套、转向盘套。

（3）车间设备

举升机。

（4）检测设备/仪表

五轮仪（第五轮仪）、制动减速度仪、卷尺。

（5）拆装工具

本次工作无须使用。

（6）其他辅助材料

本次工作无须使用。

（7）技术资料及其他材料

对应车型维修手册、对应车型用户手册、其他必要的技术资料。

4. 制动性能路试技术规范

(1) 制动系统的基本要求

汽车制动系统技术状况的变化直接影响汽车行驶的安全性,因此国家相关标准对汽车的制动性能提出了严格的要求。要求汽车必须设置行车制动、应急制动和驻车制动装置,应能保证汽车行车制动、应急制动和驻车制动的其中一个或两个系统的操纵机构的任何部件失效时,仍具有应急制动功能。

为了保证汽车具有良好的制动性能,制动系统应达到以下基本要求。

1) 制动性能良好。即制动距离、制动力、制动减速度和制动协调时间应符合要求。

2) 制动稳定性良好。即制动不跑偏,不侧滑。用制动距离检验制动性能时,要求车辆的任何部位不能超过规定的试车道宽度;在制动检验台上进行性能检验时,左右轮制动力差符合规定的标准。

3) 操纵轻便。即操纵制动系统的力不能过大,应符合标准规定。

4) 工作可靠。即制动系统的零部件必须十分可靠,并保证在遇到特殊情况时能够有足够的应急制动性能。

(2) 制动性能评价指标

汽车制动性能检测指标应能全面评价汽车的制动性,充分反映汽车制动系统的技术状况。在用汽车制动性能的检测指标主要有:汽车制动力、制动距离、充分发出的平均减速度、制动协调时间及制动稳定性。

1) 汽车制动力。汽车在制动过程中人为地使汽车受到一个与其行驶方向相反的外力,汽车在这一外力作用下迅速地降低车速以至停车,这个外力称为汽车制动力。

当汽车质量一定时,汽车制动力越大,则汽车的制动减速度就越大,汽车的制动性能就越好。因此,常用汽车制动力作为台架检测制动性能的指标。汽车制动力能反映汽车制动系统的技术状况,能体现汽车制动过程的实质,它是评价汽车制动性能最本质的检测指标。

2) 制动距离。制动距离与行车安全有直接关系,它是评价汽车制动性能最直观的检测指标。驾驶员可按预计停车地点来控制制动强度。

制动距离是在指定的道路条件下,机动车在规定的初速度下急踩制动时,从脚接触制动踏板(或手触动制动手柄)时起至车辆停止驶过的距离。

制动距离与制动过程的地面制动力以及制动传动机构与制动器工作滞后时间有关,而地面制动力与检验时在制动踏板上的踏板力或制动系统的压力(液压或气压)以及路面的附着条件有关,因此,测试制动距离时必须对制动踏板力或制动系统的压力以及轮胎与地面的附着条件作出相应的规定。

在检测条件一定时，制动距离的长短能反映制动系统的技术状况，其制动距离越短，则汽车制动性能越好。因此，常用制动距离作为路试检测制动性能的指标。

3）充分发出的平均减速度。充分发出的平均减速度是指汽车在规定的初速度下急踩制动时，测试计算得到的减速度。

充分发出的平均减速度在车辆制动过程中较为稳定，能真实反映汽车制动系统的实际情况。制动时，汽车充分发出的平均减速度越大，说明汽车制动力越大，汽车的制动性能越好。

充分发出的平均减速度与地面制动力及车辆总质量有关，对某一具体车辆而言，充分发出的平均减速度与地面制动力是等效的。因此，常用充分发出的平均减速度作为路试检测制动性能的指标。

4）制动协调时间。制动协调时间是指在急踩制动时，从脚接触制动踏板（或手触动制动手柄）时起至车辆减速度（或制动力）达到标准规定的充分发出的平均减速度（或制动力）的75%时所需的时间。

制动协调时间是制动器制动时间和滞后时间的主要部分，其长短反映了制动系统传动间隙消除的快慢和制动力增长的速度。制动时，制动协调时间越短，则制动距离越短，汽车制动性能越好。由于制动协调时间只反映制动过程的局部信息，因此，制动协调时间不能单独作为制动性能的检测指标，而只能作为制动性能的辅助检测指标。

5）制动稳定性。制动稳定性是指汽车在制动过程中维持直线行驶的能力。制动稳定性差的汽车，路试时会产生偏离规定通道宽度的现象。台架检测时会出现左右车轮制动器制动力增长快慢不一致或左右车轮制动力不等的现象。因此，路试时制动稳定性的检测指标是试车道的宽度；台试时制动稳定性的检测指标是同轴左、右车轮的制动力差值。

（3）路试制动性能检测设备

路试法检测汽车制动性能常用的仪器主要有五轮仪和制动减速度仪。五轮仪用来在汽车进行路试时测量行程、速度和时间等参数。制动减速度仪通过测量制动减速度来检测汽车制动性能。

1）五轮仪。在路试检验汽车制动性能时，使用五轮仪可以测出制动初速度、制动距离和制动时间等参数。五轮仪一般由传感器和记录仪两部分组成，并附带一个脚踏开关。传感器部分和记录仪部分由导线相连，脚踏开关带有触点的一端套在制动踏板上，另一端插接在记录仪上。五轮仪的结构如图2-1-1所示。

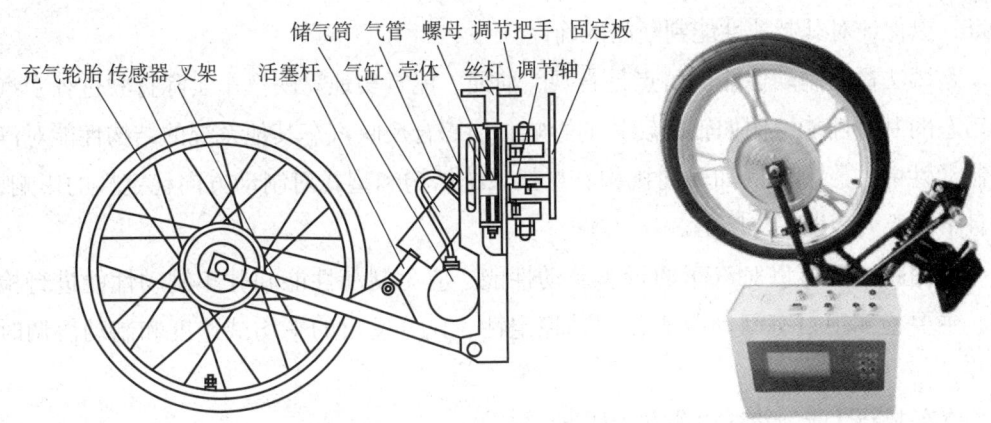

图 2-1-1　五轮仪的结构

传感器部分的作用是将汽车行驶的距离变为电信号输出，一般由充气轮胎、传感器、减振器、连接装置和对地压力调节机构等组成。充气轮胎通过支架与连接装置安装在汽车的侧面或尾部的车身上，在减振器压簧的作用下，充气轮胎紧贴地面，并随汽车的行驶做纯滚动。当充气轮胎在路面上滚动一圈时，汽车就行驶了充气轮胎周长的距离。在充气轮胎中心处安装传感器，检测时，传感器将轮胎滚动距离转换成电信号传送给记录部分。记录部分的作用是对传感器送来的电信号和内部产生的时间信号进行控制、计数，并计算出车速，根据设定的制动初速度测量制动距离和制动时间，并将结果显示出来。

2）制动减速度仪。制动减速度仪也称制动性能测试仪（见图 2-1-2），以检测制动稳定减速度和制动时间为主，用于整车道路试验。目前使用的减速度仪都是微机式智能化仪器，一般由仪器部分和传感器部分组成，并附带一个脚踏开关。仪器部分和传感器部分既可以制成整体式，装在一个壳体内；也可以制成分体式，两者用导线相连接。该种仪器小巧轻便，便于携带，不用五轮作传感器，并且对制动初速度和路面不平度要求也不高，因而使用较为方便。

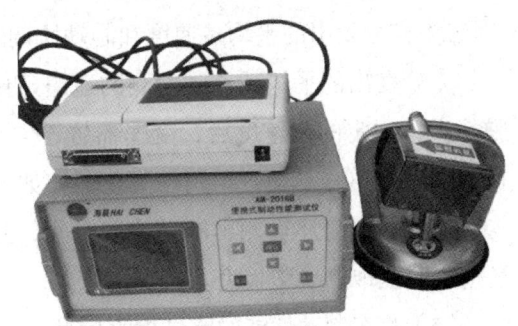

图 2-1-2　制动减速度仪的结构

（4）路试制动性能检测方法

汽车制动性能除通过制动检验台检测制动力进行评价外，还可以通过道路试验检测制动距离和制动减速度进行评价。一般情况下，汽车制动性能检测时用台试检测，但对台试检测结果发生争议时，可以用路试检测进行复检，并以满载状态路试的结果为准,以保证对其制动性能判断的准确性。

路试法检测制动性能的特点是直观、简便,能真实地反映汽车实际行驶过程中汽车动态的制动性能,例如轴荷转移的影响;能综合反映汽车其他系统的结构性能对汽车制动性能的影响,例如转向机构、悬架系统结构和型式对制动方向稳定性的影响,而且不需要大型设备与厂房。

采用路试法可以对汽车的行车制动性能、应急制动性能和驻车制动性能进行检测。主要检测项目有制动距离和制动稳定性、充分发出的平均减速度和制动协调时间等。

汽车制动性能的路试检测方法如下:

1)制动距离和制动稳定性的检测。

道路条件:路试检测制动距离应在平坦、硬实、清洁、干燥且轮胎与地面间的附着系数不小于0.7的水泥或沥青路面上进行。

车辆准备:在被测汽车的制动踏板上安装提供信号的踏板套,在汽车适当位置装上速度计或五轮仪等检测仪器。

检测过程:将被测汽车沿着试车道的中线行驶至高于规定的初速度后,变速器置于空挡(自动变速器可置于D挡),当滑行到规定初速度时,急踩制动,使汽车停住,测出汽车的制动距离,同时,检查制动时汽车是否超出试车道边线。对除气压制动外的汽车还应同时测取制动踏板力。

2)充分发出的平均减速度和制动协调时间的检测。

充分发出的平均减速度检测的道路条件与制动距离检测相同。检测时,将汽车行驶至高于规定的初速度后,变速器置于空挡(自动变速器可置D挡),当滑行到规定初速度时,急踩制动,利用检测仪器(如速度计或第五轮仪)测取汽车充分发出的平均减速度,同时还可测出制动协调时间,并检查制动稳定性。对除气压制动外的汽车还应同时测取制动踏板力。

(5)汽车制动性能的路试检测标准

1)行车制动检测标准。

①制动距离法检测。汽车在规定的初速度下的制动距离和制动稳定性要求应符合表2-1-3的规定。对空载检验的制动距离有质疑时,可用表2-1-3规定的满载检验制动距离要求进行。制动过程中汽车的任何部位(不计入车宽的部位除外)不允许超出表2-1-3规定的试验通道宽度的边缘线。

表 2-1-3　制动距离和制动稳定性要求

机动车类型	制动初速度（km/h）	满载检验制动距离要求（m）	空载检验制动距离要求（m）	试验通道宽度（m）
三轮汽车	20	≤5.0		2.5
乘用车	50	≤20.0	≤19.0	2.5
总质量不大于 3 500 kg 的低速货车	30	≤9.0	≤8.0	2.5
其他总质量不大于 3 500 kg 的汽车	50	≤22.0	≤21.0	2.5
其他汽车、汽车列车	30	≤10.0	≤9.0	3.0

②制动减速度法检测。

a. 充分发出的平均减速度。汽车、汽车列车在规定的初速度下急踩制动踏板时充分发出的平均减速度及制动稳定性要求应符合表 2-1-4 的规定。对空载检验的充分发出的平均减速度有质疑时，可用表 2-1-4 规定的满载检验充分发出的平均减速度进行。

b. 制动协调时间。对液压制动的汽车不应大于 0.35 s，对气压制动的汽车不应大于 0.60 s，对汽车列车、铰接客车和铰接式无轨电车不应大于 0.80 s。

c. 制动稳定性。汽车在规定的初速度下急踩制动踏板时，车辆任何部位（不计入车宽的部位除外）不允许超出表 2-1-4 规定的试验通道宽度的边缘线。

表 2-1-4　制动减速度和制动稳定性要求

机动车类型	制动初速度（km/h）	满载检验充分发出的平均减速度（m/s²）	空载检验充分发出的平均减速度（m/s²）	试验通道宽度（m）
三轮汽车	20	≥3.8		2.5
乘用车	50	≥5.9	≥6.2	2.5
总质量不大于 3 500 kg 的低速货车	30	≥5.2	≥5.6	2.5
其他总质量不大于 3 500 kg 的汽车	50	≥5.4	≥5.8	2.5
其他汽车、汽车列车	30	≥5.0	≥5.4	3.0

③制动踏板力或制动气压要求。

a. 满载检验时，气压制动系统：气压表的指示气压≤额定工作气压；液压制动系统：踏板力，乘用车≤500 N；其他机动车≤700 N。

b.空载检验时，气压制动系统：气压表的指示气压≤600 kPa；液压制动系统：踏板力，乘用车≤400 N；其他机动车≤450 N。

2）应急制动检测标准。

汽车（三轮汽车除外）在空载和满载状态下，按表2-1-5所列初速度进行应急制动性能检测，应急制动性能应符合表2-1-5的要求。

表2-1-5 应急制动性能要求

机动车类型	制动初速度（km/h）	制动距离（m）	充分发出的平均减速度（m/s²）	允许操纵力（N）	
				手操纵	脚操纵
乘用车	50	≤38.0	≥2.9	≤400	≤500
客车	30	≤18.0	≥2.5	≤600	≤700
其他汽车（三轮汽车除外）	30	≤20.0	≥2.2	≤600	≤700

3）驻车制动检测标准。

在空载状态下，驻车制动装置应能保证汽车在坡度为20%（对总质量为整备质量的1.2倍以下的汽车为15%）轮胎与路面间的附着系数不小于0.7的坡道上正、反两个方向保持固定不动，其时间不应少于5 min。对于允许挂接挂车的汽车，其驻车制动装置必须能使汽车列车在满载状态下时停在坡度为12%的坡道（坡道上轮胎与路面间的附着系数不应小于0.7）上。

二、实施制动性能的路试检验

1. 汽车制动性能路试的检验数据采集

 提示：

如果没有专业的路试场地，请务必在良好的路面并确保安全进行路试！

对于基本型乘用车（轿车）制动系统维修竣工后的制动性能，可以采用路试法对汽车的行车制动性能进行检验。

（1）制动距离路试检验

由汽车维修企业有资质和经验的试车员（质量检验员），在规定的路面，参照试验方法进行路试检验。

要求：制动初速度 50 km/h，采集空载检验的制动距离。

（2）制动稳定性路试检验

由汽车维修企业有资质和经验的试车员（质量检验员），在规定的路面，参照试验方法进行路试检验。

要求：检查制动时汽车是否超出试车道边线。

2. 检验数据分析

（1）制动性能数据分析

路试后，根据表 2-1-6 分析车辆行车制动性能路试检验数据。

表 2-1-6　车辆行车制动性能路试检验数据

车型：迈腾 B7；发动机排量：1.8 L；发动机形式：直列四缸 / 涡轮增压 /16 气阀 / 缸内直喷					
路试项目	制动初速度	标准数据	路试数据	是否符合标准	备注
制动距离	50 km/h	≤19.0 m			
制动稳定性	50 km/h	不超出 2.5 m			
其他制动相关故障情形					依据路试实际情况

（2）制动系统故障分析

在路试检验汽车制动性能时，制动系统的常见故障形式有制动失效、制动不灵、制动跑偏和制动拖滞。

1）制动失效。

故障原因：

①制动主缸内无制动油液或制动油液严重不足。

②制动主缸密封件脱落或破裂。

③制动管路破裂或接头处严重泄漏。

④制动踏板至主缸的连接部位脱落；制动摩擦片表面有油污。

诊断方法：

①踩下制动踏板，如无连接感，则制动踏板至主缸之间的连接脱开。在车下检视，即可发现脱开部位。

②连续踩几下制动踏板，踏板不升高，同时又感到无阻力，应先检查制动主缸是否缺油，再检查前、后制动管路有无漏油和损坏部位，通常根据油迹可诊断故障所在。

③踩下制动踏板，稍有阻力感，则为主缸无油或缺油所致。

④踩下制动踏板，有阻力感，但踏板位置保持不住，有明显的下沉现象，则多为主缸密封件破裂所致。

⑤如上述情况良好，则故障可能是主缸密封件脱落或破裂，可分解制动主缸确诊。当制动主缸密封件破裂时，应更换其密封件。

⑥如上述情况良好，则故障可能是制动摩擦片表面有油污，可分解制动器确诊。

2）制动不灵。

故障原因：

①制动踏板自由行程过大。

②制动管路和轮缸内有空气。

③制动管路或管路接头漏油。

④制动主缸、轮缸的密封件、活塞、缸壁磨损过甚；制动主缸、轮缸的密封件老化、发黏、发胀，使制动时阻滞力大。

⑤制动主缸阀门损坏或补偿孔、通气孔堵塞；制动摩擦片与制动鼓（盘）的间隙过大，或接触不良。

⑥制动摩擦片硬化、铆钉外露或有油污；制动鼓（盘）磨损过甚或制动时变形严重。

⑦增压器、助力器效能不佳或失效。

⑧制动油量不足或制动管路不畅通。

诊断方法：

①检查储油罐的油液是否太少或无油，若油液过少，说明制动系统内可能有漏油故障，可加满制动液后再诊断。

②连续踩几下制动踏板，踏板逐渐升高，如果升高后不抬脚继续踩，感到有弹力，说明制动液压系统内有空气。

③一脚制动不灵，连踩几脚制动踏板，踏板位置逐渐升高并且效果良好，说明踏板自由行程过大或制动摩擦片与制动鼓（盘）间隙过大。

④连踩几下制动踏板，踏板位置能逐渐升高，但升高后不抬脚继续踩，踏板则下沉至很低位置，说明制动系统中有漏油之处，可能是制动主缸、轮缸、管路、管路接头漏油或制动主缸、轮缸磨损严重、密封件破裂损坏或主缸出油阀关闭不严。

⑤当踩下制动踏板时，踏板位置很低，再踩几下踏板，位置还不能升高，一般为主缸通气孔或补偿孔堵塞。

⑥当踩下制动踏板时，踏板高度符合要求，也深感有力且不下沉，但制动效果不好，则为车轮制动器故障，多为摩擦片硬化、铆钉头露出、摩擦片油污、制动鼓（盘）

磨损及变形引起；若踏板高度合适，但踩踏板时感到很硬，则故障可能是制动液脏污、管路内壁积垢太厚、油管凹瘪、软管内孔不畅通或增压器、助力器效能不佳所致。

3）制动跑偏。

故障原因：

①左右轮制动摩擦片与制动鼓（盘）间隙不同，接触面积相差过大。

②左右轮制动摩擦片材质各异、新旧程度不同或安装修复质量不一样。

③左右轮制动蹄复位弹簧拉力相差过大。

④左右轮胎气压不一致、直径有差异、轮胎新旧不一及磨损程度不同。

⑤个别轮缸活塞运动不灵活、密封件发胀、油管堵塞或有空气。

⑥个别车轮摩擦片油污、硬化或铆钉外露。

⑦个别制动鼓失圆或制动盘产生严重翘曲变形。

⑧车身变形以及前、后车轴不平行或两边减振弹簧刚度不等。

诊断方法：

①进行路试。先进行减速制动，若汽车向左跑偏，则说明右边车轮制动迟缓或制动力不足；若汽车向右跑偏，则说明左边车轮有故障。再进行紧急制动，并观察车轮抱死后在地面上的印迹。若同一轴两边车轮印迹不能同时发生，其中印迹短的车轮为制动迟缓，印迹轻的为制动力不足。

②找出制动迟缓或制动力不足的车轮后，应仔细检查该轮制动管路有无碰瘪、漏油的现象，检查该轮的轮胎气压是否正常，轮胎磨损是否严重。

③若上述目检正常，则可对该轮的轮缸进行放气，放气时若发现有空气或放完后制动跑偏现象消除，则故障在该轮的轮缸内或管路内有气阻。

④若无气阻现象，则检查并调整该轮制动摩擦片与制动鼓（盘）之间的间隙。调整后若制动跑偏现象消除，则说明故障在该轮的制动器间隙调整不当。

⑤若上述制动器间隙符合要求，则应分解制动器和轮缸进行深入检查。检查制动器的技术状况，如制动盘或制动鼓是否变形严重，摩擦片是否有硬化现象或有油污等；检查轮缸活塞和密封件的形态是否正常，油管是否畅通等，以确诊故障部位。

⑥若上述均正常，而故障现象依旧存在，则说明制动跑偏的故障不在制动系统本身，而故障可能是由车身变形或其他系统（悬架系统转向系统行驶系统）的工作条件恶化所致。

4）制动拖滞。

故障原因：

①制动踏板无自由行程；制动踏板复位弹簧脱落、拉断、过软或踏板轴锈蚀、卡

住而回位困难。

②制动主缸、轮缸密封件发胀、发黏或活塞移动不灵活。

③主缸活塞复位弹簧折断、预紧力太小。

④制动鼓严重变形，制动摩擦片与制动鼓间隙过小，制动蹄复位弹簧过软；制动油管碰瘪、堵塞或制动液太脏、太稠而使回油困难。

⑤真空助力器的空气阀漏气。

诊断方法：

①汽车行驶一段里程后，用手触摸各车轮制动鼓。若个别车轮制动鼓发热，则故障在该车轮制动器；若全部车轮的制动鼓都发热，则进行下一步诊断。

②全部制动鼓发热时，应首先检查制动踏板自由行程。若自由行程符合要求，则检查制动主缸。可将主缸储油罐盖打开，并连续踩下和放松制动踏板，看其能否回油。若不能回油，说明回油孔堵塞；若回油缓慢，说明密封件、皮圈发胀或复位弹簧无力，则故障在制动主缸。同时还应观察制动踏板的回位情况，若制动踏板不能迅速回位，说明复位弹簧过软或折断。若制动主缸回油正常，制动踏板回位正常。则进行下一步诊断。

③进行车轮转动试验。松开制动踏板，让全部车轮悬空并用手转动车轮，若某个车轮的转动阻力很大，则说明对应车轮的制动摩擦片与制动鼓/盘间隙过小或调整不当；若全部车轮的转动阻力都较小（处于正常状态），则检查制动真空助力器，方法如下：将汽车变速器置于空挡，使发动机处于怠速运转，在松开制动踏板的情况下，再次用手转动车轮，若此时阻力增大，则说明汽车制动拖滞的故障是由真空助力器的空气阀漏气所致。

④若故障在单个车轮制动器，应先拧松放气螺钉，若制动液急速喷出，制动蹄回位，则为油管堵塞致使轮缸不能回油所致。若制动蹄仍然不能回位，则应调整摩擦片与制动鼓之间的间隙。

⑤经上述检查调整均无效，则应拆下制动器检查轮缸活塞、密封件、复位弹簧、制动鼓、制动摩擦片状况以及制动蹄片支承销的活动情况。

3. 填写检验报告，确认任务完成

1）路试完成后，填写路试检验报告并签字确认，交付负责人进行下一步处理。

2）在工作过程中遵循现场工作管理规范，完成"7S"管理规定的工作内容。

学习单元 5　车辆滑行性能路试

一、准备滑行性能的路试检验

1. 工作场景

（1）工作场景描述

你所在的维修企业完成一辆一汽大众迈腾 B7 的底盘系统大修，要求进行滑行性能的路试检验，你能完成这个任务吗？

（2）工作任务解读

汽车滑行性能是指汽车变速器挡位处于空挡时的滑行能力。

滑行性能常用来检测汽车底盘的综合技术状况，当汽车车轮定位正确、制动器摩擦蹄片与制动盘/鼓间隙合适、轮胎气压正常，各相对运动零部件表面光洁、间隙恰当并保证充分润滑，底盘行驶阻力减小，滑行距离明显增加。

检验汽车滑行性能，需要了解汽车滑行性能评价指标、检验技术，掌握检验汽车滑行性能所需设备的使用方法。

车辆滑行性能的检验方法分为台架试验法和道路试验法，本工作任务要求采用道路试验法（路试检验）。

2. 接受工作任务，明确任务内容

1）从业务接待员（服务顾问）、车间主管或班组长处接受车辆检验任务。

2）阅读维修工单，明确任务要求。

3. 进行工作任务准备

 提示：

请严格遵守维修车间安全及其他管理制度！

准备完成工作任务需要的场地、设备、工具及材料。

（1）个人防护装备

常规工装。

（2）车辆防护装备

1）车外防护三件套：左、右翼子板布和前格栅布。

2）车内防护三件套：地板垫、座椅套、转向盘套。

（3）车间设备

本次工作无须使用。

（4）检测设备/仪表

五轮仪、速度计、拉力传感器。

（5）拆装工具

本次工作无须使用。

（6）其他辅助材料

本次工作无须使用。

（7）技术资料及其他材料

对应车型维修手册、对应车型用户手册、其他必要的技术资料。

4. 滑行性能路试技术规范

（1）滑行性能评价指标

反映汽车滑行性能的参数有滑行距离和滑行阻力。

1）滑行距离是指汽车加速至某一预定车速后摘挡，利用汽车具有的动能行驶的距离。

2）滑行阻力是指汽车空挡、制动解除时，汽车由静止至起先移动所需的推力或拉力。汽车传动系统的传动效率越高，汽车的滑行阻力越小，滑行距离越长，汽车的滑行性能就越好。因此，可利用汽车的滑行性能来评价汽车传动系统的总体技术状况。

（2）滑行性能检测方法

1）滑行距离的检测方法。滑行距离可用路试法或台架法（底盘测功机）检测。路试检测方法如下：

①车辆空载，保证轮胎气压符合规定；试验开始前，车窗、空调系统及前照灯的罩盖应处于关闭位置；采用适当的方式使车辆达到正常运行温度。

②在纵向坡度不超过1%的平坦、干燥和清洁的硬路面上，且风速不大于3 m/s 时，进行路试。

③当被测车辆行驶速度高于规定车速后，变速器挡位置于空挡，开始滑行，在规

定车速时用速度计或五轮仪测量滑行距离。

④在试验路段来回各进行一次滑行距离检测，取两次检测的算术平均值作为检测结果。

在汽车空载、轮胎气压符合规定值时，以 30 km/h 的初速滑行距离应满足表 2-1-7 的要求，否则说明传动系统技术状况不良。

表 2-1-7 车辆滑行距离要求

汽车整备质量 m（kg）	驱动轴数	初速（km/h）	滑行距离（m）
$m<1\,000$	单轴	30	≥130
	双轴	30	≥104
$1\,000 \leqslant m \leqslant 4\,000$	单轴	30	≥160
	双轴	30	≥120
4 000	单轴	30	≥180
	双轴	30	≥144
5 000	单轴	30	≥230
	双轴	30	≥184
8 000	单轴	30	≥250
	双轴	30	≥200
11 000	单轴	30	≥270
	双轴	30	≥214

2）滑行阻力的检测方法。检测时，车辆应空载，轮胎气压应符合规定。先将被测车辆停在平坦、干燥和清洁的硬路面上，解除制动，变速器挡位置于空挡，然后通过拉力传感器拉被测车辆。当被测车辆从静止开始移动时，记录传感器的拉力值，该值即为汽车的滑行阻力。汽车滑行阻力应符合下述公式要求，否则说明传动系技术状况不良。

$$P_s \leqslant 1.5\% \, m \cdot g$$

式中 P_s——滑行阻力，N；

m——汽车的整备质量，kg；

g——重力加速度，9.8 m/s^2。

 提示：

汽车滑行距离或汽车滑行阻力中随意一项符合要求，则汽车滑行性能合格。

二、实施滑行性能的路试检验

1. 滑行性能路试的检验数据采集

提示：

如果没有专业的路试场地，请务必在良好的路面并确保安全进行路试！

对于基本型乘用车（轿车）底盘系统大修竣工后，需要进行路试检验车辆的滑行性能。根据国家相关标准，可以根据条件选择滑行距离或滑行阻力任一种检验方法。

（1）滑行距离检验

由汽车维修企业有资质和经验的试车员（质量检验员）进行路试检验。

1）确定道路符合要求。

2）确定车辆符合要求。

3）根据试验方法，在试验路段来回各进行一次滑行距离检测，记录检测结果。

（2）滑行阻力检验

由汽车维修企业有资质和经验的试车员（质量检验员）进行路试检验。

1）确定道路符合要求。

2）确定车辆符合要求。

3）根据试验方法进行滑行阻力检测，记录检测结果。

2. 滑行性能路试的检验数据分析

（1）滑行距离检验数据分析

路试后，根据表 2-1-8 分析车辆滑行距离路试检验数据。

表 2-1-8　车辆滑行距离路试检验数据

车型：迈腾 B7；整备质量：1 445 kg；驱动轴数：单轴					
滑行距离标准值（m）	滑行距离检测值第 1 次（m）	滑行距离检测值第 2 次（m）	滑行距离平均值（m）	是否符合标准	备注
≥270					

滑行距离数据分析如下：

1）滑行距离影响因素。滑行距离的长短，与空挡滑行后的检测车速、汽车检测的总质量、汽车驱动轴数、轮胎气压以及其他检测条件有关。空挡滑行后的检测车速越高，则汽车的惯性越大，滑行距离越长。为了正确反映汽车的滑行性能，应严格限制检测车速。

2）汽车检测的总质量越大，则汽车的惯性越大，滑行距离越长。为了正确反映汽车的滑行性能，应严格限制汽车的检测质量，并按汽车整备质量大小进行分级评定。

3）汽车驱动轴数越多，则汽车滑行的行驶阻力越大，滑行距离越短。因此检测时应留意被测车辆的驱动轴数目。

4）轮胎气压越低，则汽车滑行的行驶阻力越大，滑行距离越短。为了正确反映汽车的滑行性能，应严格限制汽车的轮胎气压，使其符合标准。

5）其他检测条件：若各车轮的轮毂轴承预紧度调整过紧或不正常，则会导致滑行距离缩短，从而不能正确评价传动系统技术状况，因此检测时应检查各车轮的转动状况是否正常。

（2）滑行阻力检验数据分析

路试后，根据表 2-1-9 分析车辆滑行阻力路试检验数据。

表 2-1-9　车辆滑行阻力路试检验数据

车型：迈腾 B7；整备质量：1 445 kg；驱动轴数：单轴			
滑行阻力标准值	滑行阻力检测值（N）	是否符合标准	备注
$P_s \leq 1.5\% \, m \cdot g$ $=1.5\% \times 1\,445 \text{ kg} \times 9.8 \text{ m/s}^2$ $=212.4 \text{ N}$			

滑行阻力数据分析如下：

滑行阻力影响因素，滑行阻力事实上反映的是汽车的滚动阻力。它主要与汽车检测的总质量、路面状况及轮胎气压有关。

1）汽车检测的总质量越大，则汽车的滚动阻力越大。因此，其检测标准中应反映汽车的质量。

2）路面质量越好，则滚动阻力系数越小，汽车的滚动阻力越小；路面越平，越能反映汽车的滑行性能。因此，检测滑行阻力时应选择路面平整的沥青或混凝土路面。

3）轮胎气压不正确，会影响轮胎的变形程度，从而改变汽车的滚动阻力。轮胎气压越低，轮胎变形越大，则轮胎的滚动阻力系数就越大，汽车的滚动阻力也就越大。因此，检测时应严格限制汽车的轮胎气压，使其符合标准。

3. 填写检验报告，确认任务完成

1）路试完成后，填写路试检验报告并签字确认，交付负责人进行下一步处理。

2）在工作过程中遵循现场工作管理规范，完成"7S"管理规定的工作内容。

课程 2-2　台架检验

学习内容

学习单元	课程内容	培训建议	课堂学时
（1）发动机综合性能检测	1）准备发动机综合性能的检测 2）实施发动机综合性能的检测	（1）方法：讲授法、观摩法 （2）重点与难点：发动机综合分析仪的数据比对	4
（2）发动机无负荷功率检测	1）准备发动机无负荷功率的检测 2）实施发动机无负荷功率的检测	（1）方法：讲授法、观摩法 （2）重点与难点：发动机无负荷功率检测的技术规范	4
（3）车辆喇叭声级和车辆噪声检测	1）准备车辆喇叭声级和车辆噪声的检测 2）实施车辆喇叭声级和车辆噪声的检测	（1）方法：讲授法、观摩法 （2）重点与难点：车辆喇叭声级和车辆噪声检测的技术规范	4
（4）车辆前照灯性能检测	1）准备前照灯性能的检测 2）实施前照灯性能的检测	（1）方法：讲授法、观摩法 （2）重点与难点：前照灯性能检测的技术规范	4
（5）车辆制动性能检测	1）准备车辆制动性能的检测 2）实施车辆制动性能的检测	（1）方法：讲授法、观摩法 （2）重点与难点：车辆制动性能检测的数据采集	4
（6）车辆排放性能检测	1）准备车辆尾气排放性能的检测 2）实施车辆尾气排放性能的检测	（1）方法：讲授法、观摩法 （2）重点与难点：尾气排放技术的标定	4

学习单元 1　发动机综合性能检测

一、准备发动机综合性能的检测

1. 工作场景

（1）工作场景描述

你所在的维修企业刚刚完成一辆上汽通用别克凯越的 1.5 L 四缸电控汽油喷射发动机大修，要求进行发动机综合性能检测，你能完成这个任务吗？

（2）工作任务解读

发动机是汽车的动力源，汽车的基本技术性能都直接或间接地与发动机的相关性能相联系，因此发动机综合性能的检测对整车性能的了解至关重要。

发动机大修竣工以后，需要对发动机采用发动机综合分析仪进行发动机综合性能检测。如果没有发动机综合分析仪，则必须采用各种仪器设备，分别对机械、进气、燃油、点火、排放等系统进行性能检测，并综合判断发动机工作性能。

2. 接受工作任务，明确任务内容

1）从业务接待员（服务顾问）、车间主管或班组长处接受车辆检验任务。

2）阅读维修工单，明确任务要求。

3. 进行工作任务准备

提示：

请严格遵守维修车间安全及其他管理制度！

准备完成工作任务需要的场地、设备、工具及材料。

（1）个人防护装备

常规工装。

（2）车辆防护装备

1）车外防护三件套：左、右翼子板布和前格栅布。

2）车内防护三件套：地板垫、座椅套、转向盘套。

（3）车间设备

本次工作无须使用。

（4）检测设备/仪表

发动机综合分析仪。

（5）拆装工具

本次工作无须使用。

（6）其他辅助材料

本次工作无须使用。

（7）技术资料及其他材料

对应车型维修手册、对应车型用户手册、其他必要的技术资料。

4. 发动机综合分析仪介绍

发动机综合性能检测与发动机台架试验不同，后者是发动机与汽车拆离，以测功机吸收发动机的输出功率对功率、扭矩、油耗和排放等最终性能指标进行定量测定；而发动机综合分析仪（综合性能检测装置）是集传感技术、动态数据采集技术、信号处理于一体的高科技产品。该仪器主要在汽车维修企业和综合性能检测线就车对柴油发动机以及电控汽油发动机的点火、供油、冷却、润滑、电控系统、传感器波形、动力性能、油耗、排放等系统进行动态检测和故障分析，为发动机技术状态判断和故障诊断提供科学依据。

（1）发动机综合分析仪的结构与工作原理

图 2-2-1 所示为发动机综合分析仪的外形。发动机综合分析仪主要由信号提取系统、信号预处理系统采控与显示系统组成。

1）信号提取系统。信号提取系统的任务是检测汽车的参数值，由于被测点的机械结构和参数性质不同，信号检测装置必须具有多种型式以适应不同的测试部位。多数汽车发动机综合分析仪采用的信号检测系统是由不同型式的插接头和探头组成，图 2-2-2 所示为发动机综合分析仪的信号提取系统。

信号提取系统按插接头和探头接触形式不同，可分为以下四类。

第一类为直接接触类。如蓄电池夹 1、4，点火线圈接线夹 2、3，万用表正负极传感器测试接头探针 9，测定发电机充电电流的鳄鱼夹 10 等。

模块 2　汽车大修竣工检验

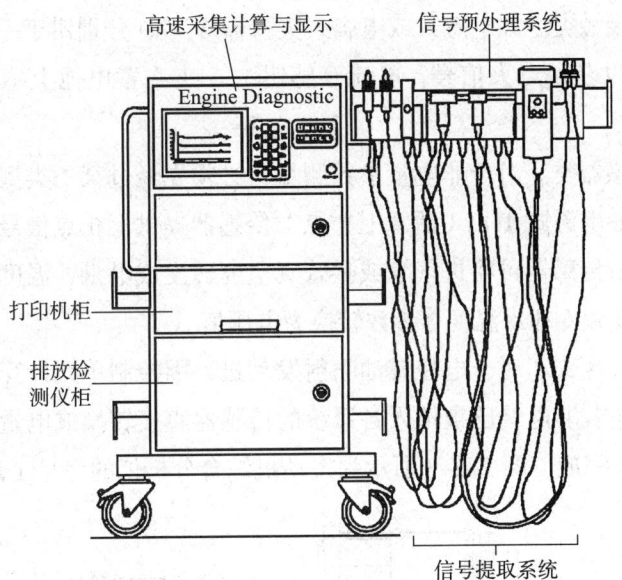

图 2-2-1　发动机综合分析仪的外形

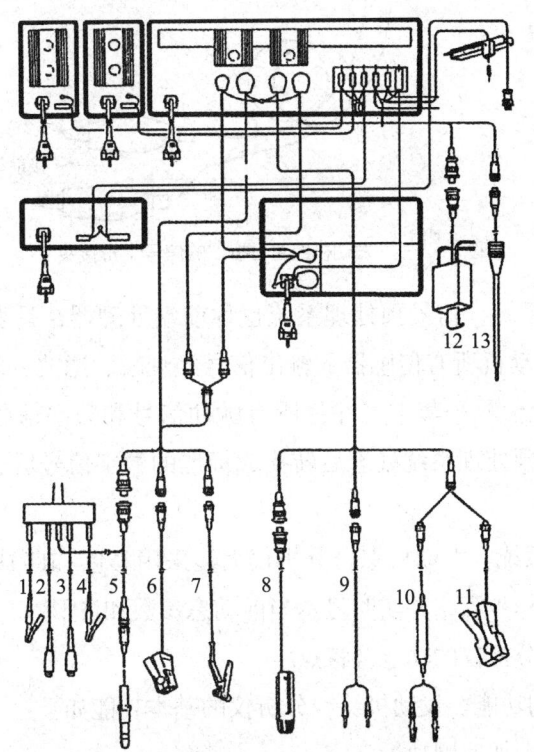

1、4—蓄电池夹；2、3—点火线圈接线夹；5—活塞上止点传感器；6、7—电感式、电容式夹持器；
8—频闪灯；9—探针；10—鳄鱼夹；11—电流互感钳；12—压力传感器；13—温度传感器

图 2-2-2　发动机综合分析仪的信号提取系统

第二类为非接触类。如电感式或电容式夹持器 6、7，分别钳于一缸点火线和点火线圈高压线上，以获得点火信号；电流互感钳 11，夹在蓄电池上感应出起动电流的大小。

第三类为传感器类。对于非电量参数测量，必须先经过某一类型的传感器将非电量转变成电量，如电磁式 TDC（活塞上止点）传感器提供上止点信号，频闪灯可寻找点火提前角，压力传感器可将进气管或喉管真空度转变成电量，温度探头中的热敏电阻，可将机油温度和冷却水温度等参数转换为电压值。

第四类为 T 形接头。对于电控燃油喷射发动机，因控制单元计算喷油脉宽和自动控制过程的需要，各非电量已被植入各系统的传感器直接转换成电量，它们的提取可用不同的转接头来完成。图 2-2-3 所示为发动机综合分析仪的信号 T 形接头。

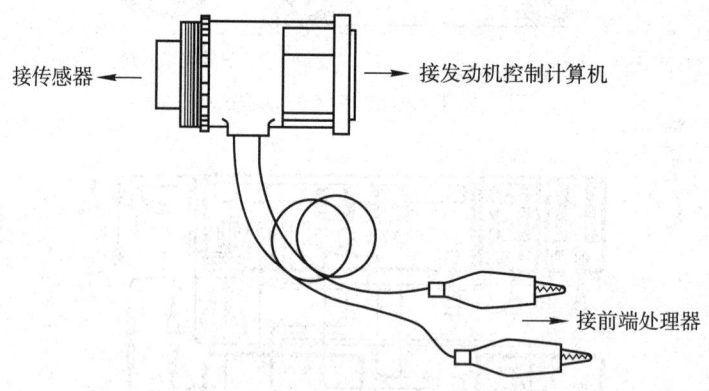

图 2-2-3　发动机综合分析仪的信号 T 形接头

2）信号预处理系统。信号预处理系统也称前端处理器，是发动机综合分析仪的关键部分，它可将发动机所有传感器的输出信号经衰减、滤波、放大、整形后，输入分析仪计算机多功能信号采集卡。并将所有脉冲信号和数字信号直接输入分析仪的 CPU，信号通过信号预处理系统处理后转换成标准的数字信号后送入分析仪的计算机进行处理。

3）采控与显示系统。发动机综合分析仪大多采用彩色 CRT 或 LCD 显示器，能显示操作菜单，提示操作步骤，并实时显示当前动态参数和波形。

（2）发动机综合分析仪的功能及特点

1）综合分析仪的功能。发动机综合分析仪的基本功能如下：

①无外载测功（即加速测功）。

②汽油机点火系统检测，初级、次级点火波形的采集显示，闭合角、点火提前角、重叠角的时间和波形检测。

③机械和电控（包括柴油机）喷油过程各个参数的检测（压力波形、喷油雾化、脉宽、喷油提前角等）。

④进气歧管真空度波形检测与分析。

⑤各缸工作均匀性检测，各缸压缩压力判断。

⑥起动、充电参数的检测（电压、电流、转速）。

⑦电控燃油喷射系统各传感器参数的检测。包括转速、温度、进气管真空度、节气门位置、爆燃信号、空气流量、喷油脉冲、氧传感器等。

⑧其他功能。仪器采集的信号回放与分析功能；数字示波器及万用表功能；汽油机废气分析仪、柴油机烟度计联机功能。

2）综合分析仪的特点。发动机综合分析仪是所有汽车检测设备中功能最多、检测项目和涉及系统最广的装置，因而它的结构较复杂，技术含量也较高。区别于故障诊断仪（解码器）和一般发动机单项性能的检测仪，发动机综合分析仪具有如下特点：

①动态测试。仪器的传感系统和信号采集与记忆系统能迅速准确地获取发动机每个瞬间的实时动态参数值，这些动态参数是对发动机工作性能和技术状况进行有效判断的重要依据。

②通用性。仪器测试过程不依据被检车辆的数据卡（即测试软件），只针对发动机基本结构和工作原理进行测试，因此检测结果具有良好的普遍性，检测方法也具有最广泛的通用性。

③主动性。仪器不仅能适时采集发动机的动态参数，还能主动地发出指令干预发动机工作，以完成某些特定的试验程序，如断缸试验等。

（3）发动机综合分析仪的使用方法

以下以博世（BOSCH）公司的FSA740发动机综合分析仪（见图2-2-4）为例，介绍发动机综合分析仪使用方法。

1）发动机综合分析仪的软件结构。操作发动机综合分析仪之前，必须先了解仪器对应其功能的软件结构。

①第一层：应用程序。包括：车型（查询汽车品牌的车型资料功能）、诊断（诊断分析功能）、数字示波器（波形分析功能）、设置（仪器自身的功能设置及售后服务技术支持）。

②第二层：检测程序。包括：诊断功能中的发动机检测、万用表、电子系统检测、发动机分析、尾气检测、症状分析等功能；数字示波器功能中的点火系统检测、万用表功能、

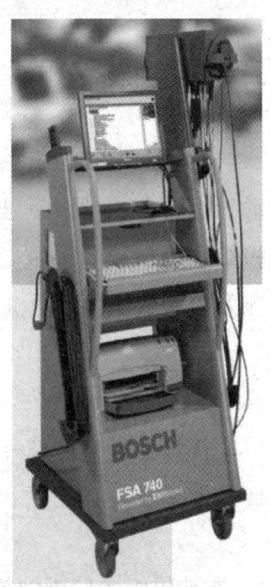

图2-2-4 博世公司的FSA740发动机综合分析仪

特性曲线绘制等功能；设置功能中的尾气分析、仪器显示、仪器调试及售后的管理员、客户服务部联系等功能。

③第三层：检测步骤、诊断软件及技术资料。第二层检测程序下的具体检测步骤，例如发动机检测中的各系统（点火等）及部件（启动机等）的检测步骤等，万用表中的测量功能，电子系统检测、尾气检测的诊断软件；发动机分析、症状分析的技术资料。

2）发动机综合分析仪的操作方法。发动机综合分析仪操作简单，开启仪器电源后，可根据仪器显示屏上的提示进行操作。

①每一层次都可用菜单选择。

②所有的应用程序、检测程序、检测步骤都可直接选择。

③可用快捷键直接选择特殊功能和子程序功能；快捷键在屏幕上以明确的符号显示。

④每个测试步骤都可以用"i"键调出帮助信息。

⑤扩充功能无须改变操作结构。

图 2-2-5 所示为 FSA740 发动机综合分析仪的显示屏主菜单界面。

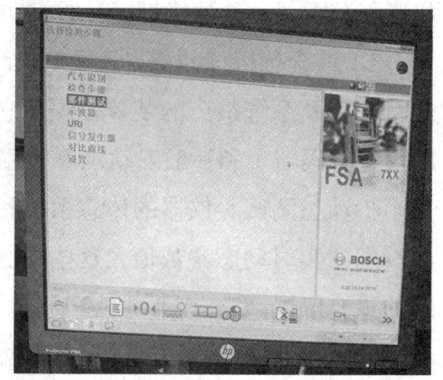

图 2-2-5 FSA740 发动机综合分析仪的显示屏主菜单界面

二、实施发动机综合性能的检测

发动机电控系统检测中，点火波形的检测由于涉及高压及信号采集困难，是除发动机综合分析仪及示波器外的其他设备没法完成的项目，因此点火波形的检测是发动机综合分析仪的最重要功能。以下介绍使用发动机综合分析仪进行点火系统的波形检测及检测数据（点火波形）分析。

 提示：

请阅读对应品牌型号发动机综合分析仪的说明书，掌握其功能及使用方法，并参照提示步骤操作。

1. 发动机综合分析仪的点火波形检测

发动机点火波形可以用发动机综合分析仪或专用的示波器检测。检测仪器可以将点火系统电压随曲轴转角或凸轮轴转角的变化关系用波形直观表示出来，便于观察和分析。

当发动机综合分析仪或示波器信号采集接线夹连接在运转的汽油机点火系统电路上时，仪器屏幕上将显示出点火系统中电压随时间变化的曲线，即点火波形。仪器屏幕显示的波形，在垂直方向上表示电压，在水平方向上表示时间，基线的上方为正电压，下方为负电压。

图2-2-6所示为发动机点火次级信号接线方法；图2-2-7所示为发动机综合分析仪屏幕点火波形显示图。

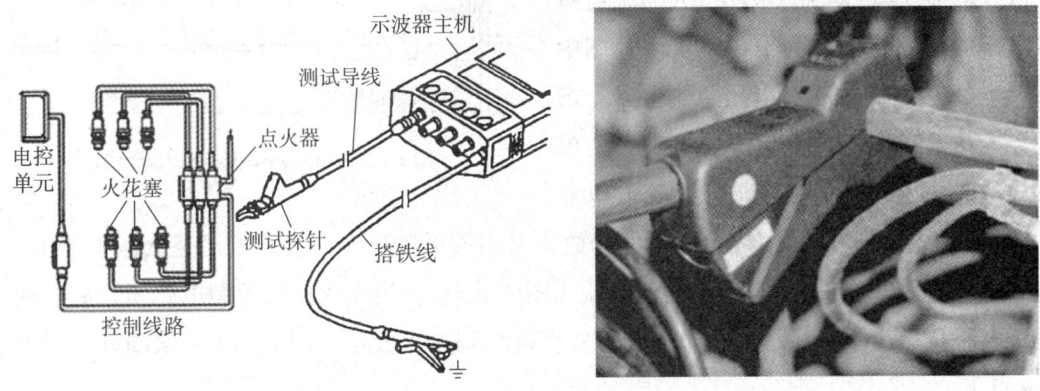

图2-2-6　发动机点火次级信号接线方法

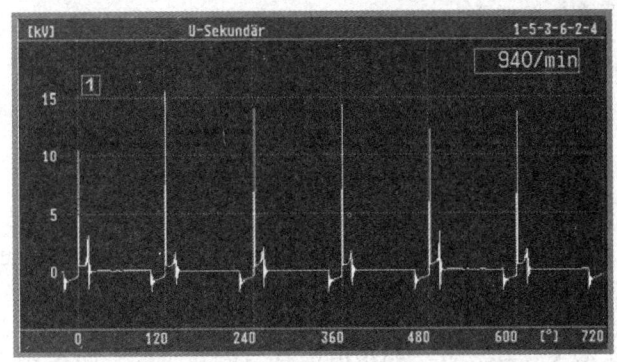

图2-2-7　发动机综合分析仪屏幕点火波形显示图

2. 发动机综合分析仪的点火波形分析

无论是传统触点式点火系统，还是无触点电子点火系统或控制单元（计算机）控制点火系统，都是由点火线圈通过互感作用把低压电转变为高压电，经火花塞跳火点燃混合气做功。点火系统低压、高压的变化过程是有规律的，因此，把实际测得的点火波形与正常工作情况下的点火波形进行比较分析,可判断点火系统的技术状况。

（1）标准点火波形

根据发动机点火系统的工作原理可知,点火波形分为初级点火波形和次级点火波形,发动机综合分析仪或示波器可以采集单缸点火波形或多缸平列点火波形（即同时显示多个气缸点火波形,显示的波形数量取决于发动机气缸数量或采集信号接线夹数量）。

1）单缸初级点火波形。图 2-2-8 所示为标准单缸初级点火波形图。当点火低压控制电路断开（图中 a 点）,初级电压的迅速增高（为 100～200 V,图中 b 点）,从而导致次级电压急剧上升,击穿火花塞间隙（图中 b 点）。火花塞两极放电时,出现高频振荡波,火花放电完

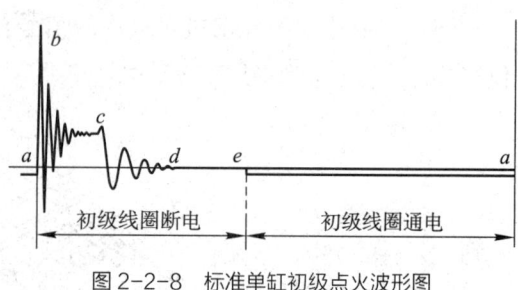

图 2-2-8 标准单缸初级点火波形图

毕后,由于点火线圈中残余能量的释放,又出现低频振荡,其波幅迅速衰减（图中 c 点）,直至初级电压趋向于蓄电池电压（图中 d 点）。当点火低压控制电路闭合后,初级电压几乎为零,显示如一条直线,一直延续到点火低压控制电路下一次断开（图中 e 点）。

2）单缸次级点火波形。图 2-2-9 所示为标准单缸次级点火波形图。标准次级点火波形上各点、段的含义如下：

① a 点：点火低压控制电路断开,点火线圈初级突然断电,次级电压急剧上升。

② ab 段：火花塞击穿电压,称为点火线。击穿电压可达 18～30 kV 甚至更高。

③ bc 段：电容放电阶段电压。

④ cd 段：火花塞电极间的混合气被击穿后,维持火花放电所需电压,称为火花线。

⑤ de 段：火花消失后,点火线圈中剩余磁场能量维持的衰减振荡（第一次振荡）。

⑥ e 点：点火低压控制电路导通,点火线圈初级电路突然闭合,初级电流增加,引起次级电压突然增大。在 a 点,初级电流是急剧减少的,而在 e 点,初级电流是逐渐增加的,因此,两点干预次级电压的方向相反,大小也不相同。

⑦ efg 段：点火低压控制电路导通后,因初级电流突然增加,在次级绕组中引起闭合振荡（第二次振荡）。

⑧ 随着初级电流变化率减小,次级电压即成为一条水平线（g 点到下一个 a 点）。

3）双缸点火波形。图 2-2-10 所示为标准双缸点火的次级点火波形图。双缸点火系统中两缸共用一个点火线圈,将会发生一个缸在循环中点火两次,一次在压缩行程

末期，如图 2-2-10a 所示，是有效点火，该工况下因气缸内充入新鲜可燃混合气，电离程度低，因此击穿电压和火花电压较高；另一次是在排气行程末期，如图 2-2-14b 所示，是无效点火，该工况下因气缸内为燃烧废气，电离程度高，因而击穿电压及火花电压较低，检测时应加以区分。

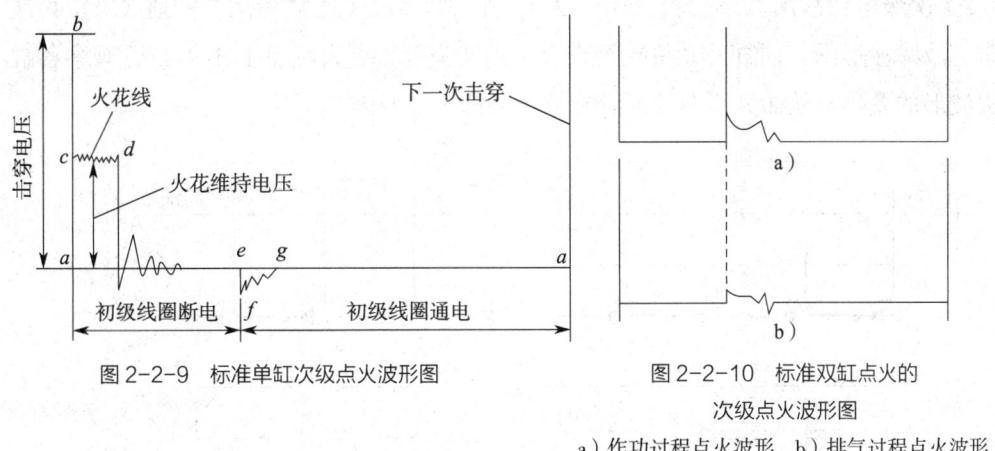

图 2-2-9　标准单缸次级点火波形图

图 2-2-10　标准双缸点火的次级点火波形图

a）作功过程点火波形　b）排气过程点火波形

（2）故障波形分析

如果用发动机综合分析仪或示波器测得的实际次级点火波形与标准波形比较存在差异，说明点火系统有故障。

1）波形上的故障反映区。图 2-2-11 所示为次级点火故障反应区。传统点火系统点火波形（以次级波形为例）有四个故障反映区。

①C 区域为点火区：初级电路切断时，点火线圈初级绕组内电流迅速降低，所产生的磁场迅速衰减，在次级绕组中

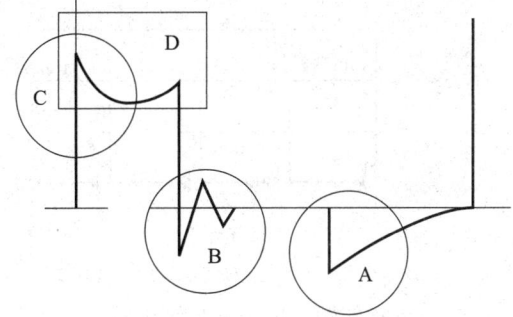

图 2-2-11　次级点火故障反应区

产生高压（15~20 kV），火花塞间隙被击穿，击穿电压一般为 4~8 kV。火花塞电极被击穿放电后，次级点火电压随之下降。该区域异常说明电容器或初级电路控制不良。

②D 区域为燃烧区：火花塞电极间隙被击穿后，电极间形成电弧使混合气点燃，火花放电过程一般持续 0.6~1.5 ms，在次级点火波形上形成火花线。该区域异常说明点火高压线或火花塞不良。

③B 区域为振荡区：火花塞放电终了，点火线圈中的能量不能维持火花放电，残余能量以阻尼振荡的形式消耗殆尽。此时，点火波形上出现具有可视脉冲的低频振荡。

该区域异常说明点火线圈或电容器工作不正常。

④ A 区域为闭合区：初级电路再次闭合，次级电路感应出 1 500~2 000 V 与蓄电池电压相反的感应电压。在点火波形上出现迅速下降的垂直线，然后上升过渡为水平线。该区域异常通常是点火线圈或高压线工作不正常。

2）次级电压故障波形分析。图 2-2-12 所示为多缸（四缸为例）平列次级点火波形常见故障波形图。四缸发动机次级点火平列波为例（点火顺序 1-3-4-2），观察各缸点火波形的差异，从而分析及诊断存在故障的部位及原因。

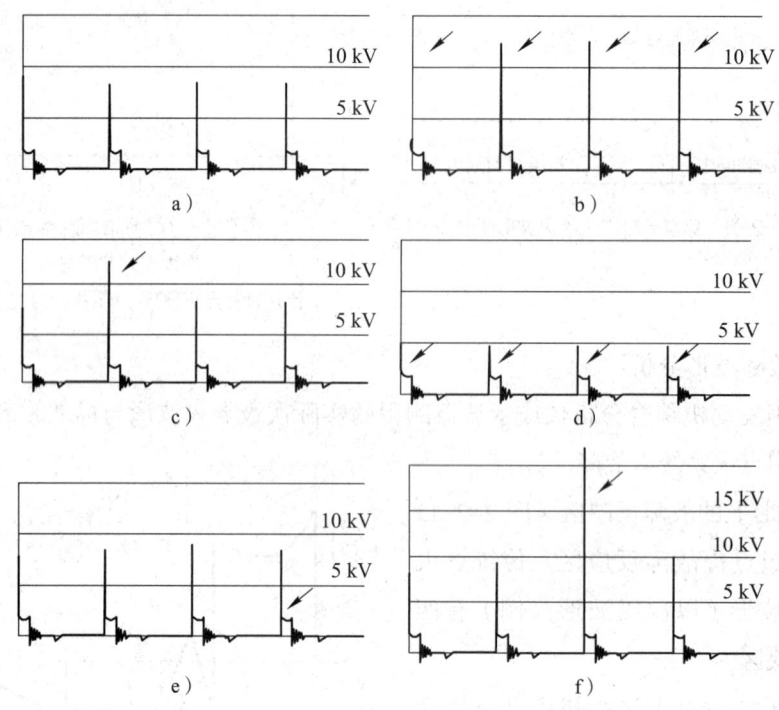

图 2-2-12　多缸平列次级点火波形常见故障波形图

a）正常波形　b）各缸击穿电压均高于标准值波形　c）某个缸（第 3 缸）击穿电压偏高波形　d）各缸击穿电压偏低波形　e）某个缸（第 2 缸）击穿电压过低波形　f）某个缸（第 4 缸）击穿电压过高波形

图 2-2-12a 正常波形：点火系统正常工作时的次级平列波，其击穿电压符合原厂规定，约为 8 kV，且各缸击穿电压相差小于 2 kV，基本一致。

图 2-2-12b 各缸击穿电压均高于标准值波形：各缸击穿电压均高于标准值，说明其高压电路电阻过大，多为点火线圈的高压线插孔有积炭，各缸火花塞间隙偏大，高压线内阻值过高（断路、接插不牢固）等。

图 2-2-12c 某个缸（第 3 缸）击穿电压偏高波形：第 3 缸击穿电压偏高，说明该缸的高压电路电阻过大，可能是该缸火花塞间隙偏大，该缸高压线接触不良等。

图 2-2-12d 各缸击穿电压偏低波形：各缸击穿电压过低，说明点火系统存在故障，可能是点火线圈故障，或低压电路故障，也可能是火花塞脏污，火花塞电极间隙太小等。

图 2-2-12e 某个缸（第 2 缸）击穿电压过低波形：第 2 缸击穿电压过低，说明该缸的高压电路存在短路故障，可能是该缸火花塞间隙太小，火花塞脏污，以及该缸的高压线绝缘损坏或火花塞的瓷芯破裂有漏电现象等。

图 2-2-12f 某个缸（第 4 缸）击穿电压过高波形：第 4 缸击穿电压过高，为 4 缸高压线脱落而开路所致。有时为诊断点火系统性能，特意从火花塞上拔掉某个缸高压线进行单缸开路高压测量，此时，该缸的击穿电压达到 20～30 kV。否则，说明高压线绝缘不良或点火线圈、电容器的性能不佳。

3. 填写检测报告，确认任务完成

1）检测完成后，填写检测报告并签字确认，交付负责人进行下一步处理。
2）在工作过程中遵循现场工作管理规范，完成"7S"管理规定的工作内容。

学习单元 2　发动机无负荷功率检测

一、准备发动机无负荷功率的检测

1. 工作场景

（1）工作场景描述

你所在的维修企业完成一辆上汽通用别克凯越的 1.5 L 四缸电控汽油喷射发动机大修，要求进行发动机无负荷功率检测，你能完成这个任务吗？

（2）工作任务解读

发动机的有效功率是评价发动机动力性的主要指标。发动机的有效功率是指发动机动力输出轴上输出的功率，是发动机的一项综合性指标，通过检测，可掌握发动机的技术状况，确定发动机是否需要大修或鉴定发动机的维修质量。

2. 接受工作任务，明确任务内容

1）从业务接待员（服务顾问）、车间主管或班组长处接受车辆检验任务。

2）阅读维修工单，明确任务要求。

3. 进行工作任务准备

提示：

请严格遵守维修车间安全及其他管理制度！

准备完成工作任务需要的场地、设备、工具及材料。

（1）个人防护装备

常规工装。

（2）车辆防护装备

1）车外防护三件套：左、右翼子板布和前格栅布。

2）车内防护三件套：地板垫、座椅套、转向盘套。

（3）车间设备

本次工作无须使用。

（4）检测设备 / 仪表

底盘测功机、便携式无负荷测功仪。

（5）拆装工具

本次工作无须使用。

（6）其他辅助材料

本次工作无须使用。

（7）技术资料及其他材料

对应车型维修手册、对应车型用户手册、其他必要的技术资料。

4. 汽车底盘测功机介绍

（1）汽车底盘测功机的功能

汽车底盘测功机是一种不解体检验汽车性能的检测设备，它通过室内台架，模拟汽车在道路上行驶的工况，检测汽车整车动力性，还可以测量油耗及多工况排放指标。

汽车底盘测功机具有如下功能：

1）汽车驱动轮输出功率（外特性和部分特性）、输出扭力（扭矩）的检测。

2）车速表、里程表误差的检测。

3）汽车加速性能、滑行性能的检测。

4）汽车传动系统阻滞力的检测。

5）汽车油耗检测的加载及控制。

6）汽车排气污染物检测的加载及控制。

（2）汽车底盘测功机的基本结构

汽车底盘测功机一般包括：框架、滚筒装置、功率吸收装置（电涡流测功器）、测量装置（压力传感器和速度传感器）、控制与指示装置和辅助装置等，其结构示意图如图 2-2-13 所示。

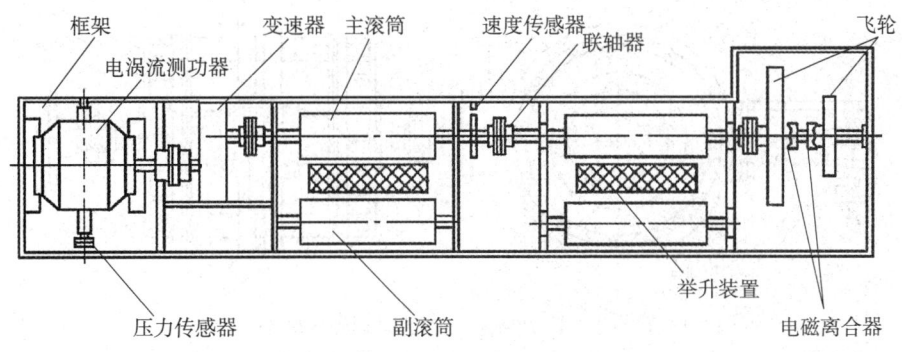

图 2-2-13　底盘测功机结构示意图

1）框架。框架是底盘测功机的基础，坐落在地坑内。

2）滚筒装置。滚筒装置相当于连续移动的地面，当进行测功试验时被测车辆的驱动轮驱动滚筒旋转。

汽车维修企业和汽车综合性能检测站，一般使用双滚筒底盘测功机。支撑汽车两边驱动轮的滚筒均为主、副两个滚筒的测功机，与测功器相连的滚筒为主滚筒，左右两个主滚筒之间装有联轴器，左右两个副滚筒处于自由状态。滚筒均经过平衡测试，通过滚动轴承安装在框架上以保证滚筒在高速旋转过程中不发生振动。

底盘测功机滚筒表面状况常采用表面未经处理的光制滚筒和表面喷涂有耐磨硬质合金材料的喷涂滚筒。表面未经处理的光制滚筒表面光滑，附着系数低，车轮在滚筒上运转平稳，滚动阻力波动小，但在测试驱动轮输出功率时滑移率较大，轮胎容易发热。喷涂滚筒接近于水泥路面的附着系数，可减少轮胎的滑拖，减少滚动阻力的损失。

3）功率吸收装置。底盘测功机的功率吸收装置，又称为测功器，是一个加载装置，用来模拟车辆在行驶过程中可能受到的各种阻力，使车辆如同在道路上行驶。汽车综合性能检测线和汽车维修企业使用的底盘测功机多采用电涡流测功器。

电涡流测功器是利用电磁感应形成电涡流而产生制动力矩给车辆加载。根据电涡流测功器的冷却方式可分为水冷式电涡流测功器和风冷式电涡流测功器。

水冷式电涡流测功器结构复杂,安装不便,尤其在北方,冬季气温低,需对冷却水管路采取保暖措施,防止水管冻裂损坏,同时对冷却水也有严格要求,以防水管结垢、堵塞或锈蚀,目前推广应用并不普遍。

风冷式电涡流测功器结构简单,价格便宜,安装和使用方便,但冷却效率低,功率吸收装置不宜长时间运行,一般在高转速、大负荷下工作时间不宜超过 5 min。目前汽车综合性能检测线大部分采用风冷式电涡流测功器,其基本结构如图 2-2-14 所示。

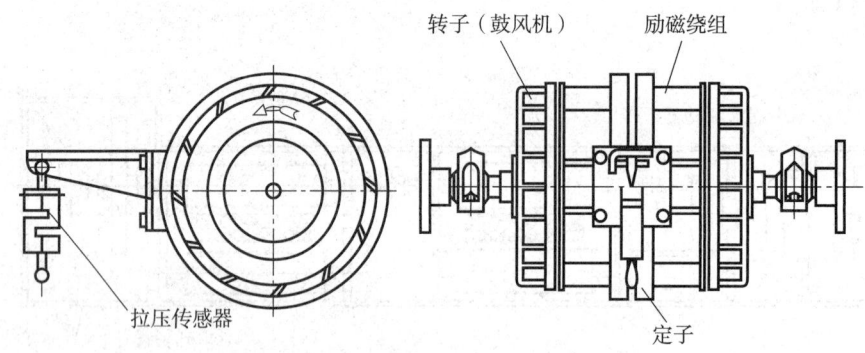

图 2-2-14　风冷式电涡流测功器的基本结构

电涡流测功器主要由转子和定子两大部分组成。转子和主滚筒相连,而定子是可以自由摆动的,在定子四周装有励磁绕组,转子在磁场中转动。当励磁绕组通以直流电时,磁力线在定子、涡流环、空气隙和转子之间构成回路,磁通的大小与励磁绕组的组数及所通过的电流大小有关。转子外圆制成凸凹不同的形状,由于通过齿顶和凹槽的磁通不一样,凸出部分比凹陷部分通过的磁通多,当转子旋转时,引起磁通的变化,从而在固定的涡流环中产生涡流。这种涡流产生的磁场又产生一个与转子旋转方向相同的转矩,由于作用与反作用的关系,转子便获得一个与自身转动方向相反的转矩。因转子与滚筒相连,就等于给滚筒施加了一个阻力,用这个阻力模拟汽车在道路上的行驶阻力。这个对转子起制动作用的力矩,使浮动的定子顺着旋转方向摆动,制动力矩的大小可以通过控制励磁电流来调节。

4)测量装置。测量装置主要包括测力装置(压力传感器)和测速装置(速度传感器)。

测力装置用于测量汽车驱动轮施加在底盘测功机上的驱动力。底盘测功机的压力传感器检测的信号经计算机处理后,显示出汽车驱动轮与滚筒切线方向的瞬时驱动力值。

测速装置是为了底盘测功机在检测驱动轮输出功率、加速性能、滑行性能及油耗、排气污染物时,测量试验车速而设置的。速度传感器能将滚筒的转动转变为电信号,该信号经放大送入处理装置,换算为车速,并在指示装置显示出来。

5)控制与指示装置。底盘测功机的控制装置和指示装置一般制成柜式一体结构,指示装置通常采用智能型数字显示仪表,也就是一个单片机系统,来自传感器的信号经放大、A/D转换或滤波整形后,输入单片机处理,再输出显示测量结果。控制柜面板,如图2-2-15所示。控制柜上的按键、显示窗、旋钮、功能灯、报警灯、指示灯等,用来控制检测过程,显示测试结果。

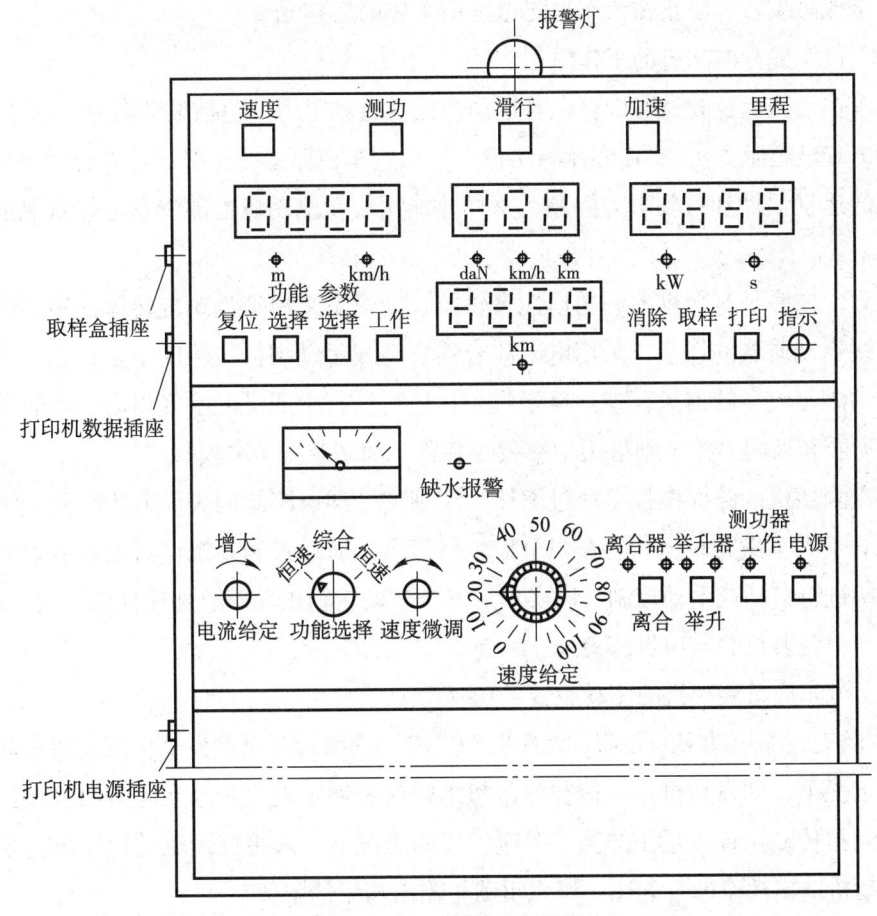

图2-2-15 控制柜面示意图

6)辅助装置。辅助装置包括举升装置、飞轮、反拖装置和安全保障装置。

①举升装置。为了方便车辆进出底盘测功机,在主、副滚筒之间设有举升装置。

②飞轮。为了更准确地进行汽车加速性能和滑行性能的检测,底盘测功机配备有飞轮,模拟汽车的旋转惯量。飞轮组由滚动轴承支承在底盘测功机框架上,通过离合

器与主滚筒相连。飞轮的质量一般按照被测汽车的总质量选取,飞轮的个数越多,则惯性模拟精度越高。

③反拖装置。反拖装置是采用反拖(变频)电动机带动底盘测功机的功率吸收装置、滚筒及汽车车轮、汽车传动系的一种装置,由反拖电动机、滚筒、扭矩仪等组成。有了反拖装置,可测定在不同车速条件下,底盘测功机自身传动系统所消耗的功率;测定汽车车轮在滚筒上运转时,在不同车速下所消耗的功率;测定汽车在底盘测功机上运转时,汽车传动系统在不同车速下所消耗的功率。

④安全保障装置。为了保护检测设备和被检车辆及操作人员的安全,底盘测功机设有安全保障装置,防止在汽车检测过程中车体前后移动。

(3)汽车底盘测功机的工作原理

汽车在道路上行驶过程中存在着运动惯性、行驶阻力(包括滚动阻力、加速阻力、空气阻力和坡道阻力),要在底盘测功机上模拟汽车道路运行工况,首先要解决模拟汽车整车的运动惯性和行驶阻力问题,这样才能用底盘测功机检测汽车运行状况的动态性能。

为此,在底盘测功机上利用惯性飞轮的转动惯量来模拟汽车旋转体的转动惯量及汽车直线运动质量的惯量,采用电磁离合器自动或手动切换飞轮的组合,在允许的误差范围内满足汽车的惯量模拟。至于汽车在运行过程中所受的空气阻力、非驱动轮的滚动阻力及爬坡阻力等,则采用功率吸收装置(加载装置)来模拟。

底盘测功机的路面模拟是通过滚筒来实现的,即以滚筒的表面取代路面,滚筒的表面相对于汽车做旋转运动。在安全措施保障下,通过控制系统可对加载装置及惯性模拟系统进行自动或手动控制,以实现对汽车驱动轮输出功率、加速性能、滑行性能、车速表和里程表校验等项目的检测。

(4)汽车底盘测功机的驱动轮输出功率检测

1)驱动轮输出功率的限值。汽车驱动轮输出功率检测是在发动机额定扭矩和额定功率的工况下,即发动机全负荷与额定扭矩转速和额定功率转速相对应的直接挡(无直接挡时指传动比最接近1的挡)车速构成的工况下,采用校正驱动轮输出功率与相应的发动机输出功率的百分比,作为驱动轮输出功率的限值。

基本型乘用车(轿车)的动力性按额定扭矩工况进行检测和评价,其他车辆应按动力性规定的两种合格条件中任选一种工况进行检测和评价。

由于额定功率工况规定的直接挡检测速度比较高,在底盘测功机上用高速进行检测,存在一定的危险性,尤其对前驱动基本型乘用车(轿车)而言,直接挡车速要达到95 km/h,在这样高的车速下测试,可能会对车辆造成损坏,所以,一般动力性检测都选用在额定扭矩工况下的驱动轮输出功率检测的方法,并用额定扭矩工况的限值对动力性进行判定。另外,底盘测功机实测的驱动轮输出功率并不是校正驱动轮输出功率,它是在实际环境下测得的功率,必须将其校正到标准环境状态下的校正驱动轮输出功率后,再与发动机相应的输出功率比较后的比值与限值进行判定。

允许值的限值是对一般营运车辆动力性的最基本也是最低的合格要求,如果动力性达不到允许值的要求,则说明该车动力性不合格,应对该车的发动机或传动系进行检查维护后,再重新检测,一定要合格后才能投入营运工作。

2)驱动轮输出功率检测前的准备工作。

①车辆装备应符合制造厂技术条件的规定,车辆空载,外部保持清洁。

②车辆使用的燃料和润滑油牌号、规格应符合制造厂技术条件的规定,机油压力正常。

③轮胎规格和气压应符合制造厂的规定。胎冠花纹深度不得小于 16 mm,胎面和胎壁上不得有暴露出轮胎帘布层的破裂和割伤。轮胎花纹中不得夹有石子。

④测试前,车辆应进行预热行驶,使其运动部件润滑油、冷却液等达到制造厂技术条件规定的温度状态。车辆应无明显的油、水、气泄漏现象。

⑤测试前应检查、调整底盘测功机各运动部件及电气控制系统,使其处于完好状况。必要时,对底盘测功机进行检定和校准。

⑥测试前,利用车辆带动底盘测功机空运转 10~30 min,以使底盘测功机各运动部件的润滑和工作温度正常。

⑦设置左右挡轮、系留装置、车偃、发动机与车轮冷却风机等安全防护装置。

3)驱动轮输出功率检测方法。

①根据被检车辆的车型、燃油,在底盘测功机上设定检测车速。

②根据显示屏显示的被检车辆的牌号,将车辆驱动轮置于底盘测功机滚筒上,非驱动轮前抵上车偃(或用系留装置拉住车辆),举升器下降。

③操作员系好安全带,并根据显示屏指令操作,检测过程中,车辆前方不得站人。

④操作员应逐级起步换挡提速至直接挡,并以直接挡的最低车速稳定运转。

⑤显示屏指令"设定车速值"时,操作人员将加速踏板踩到底,并保持不动,底盘测功机加载,直至车速稳定在设定的检测车速值 ±0.5 km/h 范围内。

⑥测试车速在设定车速范围内稳定 15 s 后,计算机连续自动采集实际车速值、驱动轮输出功率及扭矩值,在测试全过程中,实际检测车速和设定车速的允差为 ±0.5 km/h,扭矩波动幅度应小于 ±4%。

⑦读取检测数据,操作员挂空挡,松开加速踏板,车轮继续带动滚筒旋转约 1 min

以上,确保电涡流测功器散热。

⑧根据现场环境状态,计算机对实测驱动轮输出功率进行校正后,并将校正后的驱动轮输出功率与发动机额定扭矩功率或发动机额定功率的比值进行判定。

⑨举升器举起,车辆驶出底盘测功机。

二、实施发动机无负荷功率的检测

1. 发动机无负荷功率检测

(1)发动机有效功率的检测方法

发动机有效功率的检测可分为稳态测功和动态测功两种方法。

1)稳态测功。稳态测功是指发动机在节气门开度、转速一定和其他参数都保持不变的稳定状态下,在测功器上测定发动机功率的一种方法。通过测量发动机的输出转矩和转速计算出发动机的有效功率,公式为

$$P_e = \frac{M_e n}{9\,550}$$

式中　P_e——发动机功率,kW;

　　　n——发动机转速,r/min;

　　　M_e——发动机输出扭矩,N·m。

常见的稳态测功器有水力测功器、电力测功器和电涡流测功器。由于稳态测功时,需要对发动机施加外部负荷,所以也称为有负荷测功或有外载测功。

2)动态测功。动态测功是指发动机在低速运转时,突然全开节气门或使加速踏板位置为最大,使发动机加速运转,用加速性能的好坏直接反映最大功率。动态测功不需给发动机施加外部负荷,发动机只需克服自身运动部件的惯性力矩,因此又称为无负荷测功或无外载测功。

(2)发动机无负荷测功的原理

为了检测发动机的动力性,要求在不解体条件下,通过间接的方法,判断发动机的动力性能。无负荷测功就是常用的一种方法,它不需要大型固定设备,仪器轻便,测试快速简单,适用于现场测量,但这种方法测量精度低,重复性差。

无负荷测功又称加速测功,其测试原理基于一种动力学方法。当发动机与传动系统脱开,并将发动机急加速到节气门最大开度时,发动机克服本身的惯性力矩,迅速达到空载最大转速。对于某一结构的发动机,其运动件的转动惯量可以认为是一定

值,这就是发动机加速时的惯性负载,因此,只要测出发动机在指定转速范围内急加速时的平均加速度,即可得知发动机的有效功率,或者通过测量某一定转速时的瞬时加速度,也可以确定出发动机瞬时功率的大小。瞬时加速度愈大,则发动机功率愈大。

(3)发动机无负荷测功仪使用方法

1)测试前的准备。

①调整发动机的配气机构、供油系统、点火系统,使之处于完好技术状况。

②预热发动机至正常工作温度(80~90℃),保持发动机怠速在规定范围内稳定运转。

③接通电源,预热仪器并调零,把传感器按要求连接在规定部位。

2)使用方法。

①仪器自校、预热。便携式无负荷测功仪面板如图2-2-16所示。按照使用说明书,仪器预热30 min,然后进行自校,把计数检查旋钮1拨向"检查"位置,左边时间(T)表头指针1 s摆动一次。把旋钮1拨向"测试"位置,把旋钮3拨向"自校"位置,再缓慢旋转"模拟转速"旋钮2,注意转速(n)表头指针慢慢向右偏转(模拟增加转速)。当指针偏转至起始转速n=1 000 r/min位置时,门控指示灯即亮。继续增加模拟转速至n_2=2 800 r/min时"T"表即指示出加速时间,以表示模拟速度的快慢。按下"复零"按钮,仪器表针回零,门控指示灯熄灭,表示仪器调整正常。否则,微调n_1、n_2电位器。

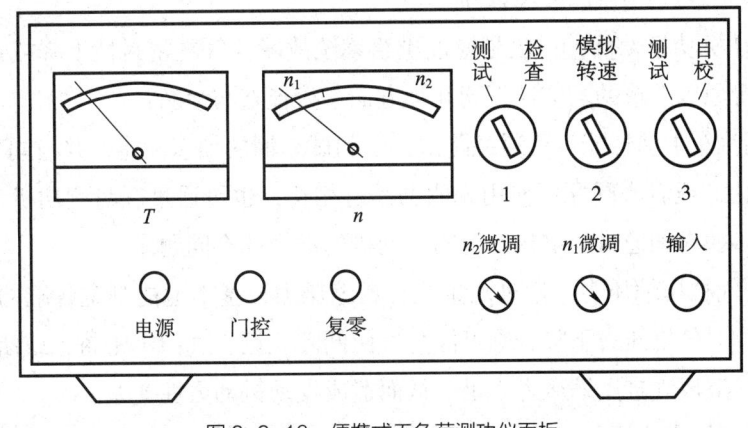

图2-2-16 便携式无负荷测功仪面板

②预热发动机,安装转速传感器。预热发动机至正常工作温度(80~90℃),并使发动机怠速正常。变速器空挡,然后把仪器转速传感器两个接线卡分别接在点火线

圈低压接柱和搭铁线路上。

③测加速时间。操作者在驾驶室内迅速地把加速踏板踩到底,发动机转速迅速上升,当"T"表指针显示出加速时间(或功率)时,应立即松开加速踏板,切忌发动机长时间高速空转。记下读数,仪器复零。重复操作三次,读数取平均值。

袖珍式无负荷测功仪带有伸缩天线,可收取发动机运转时的点火脉冲信号,而不必与发动机采取任何有线连接。使用时,用手拿着该测功仪,只要面对发动机侧面拉出伸缩天线,发动机突然加速运转,即可遥测到加速时间和转速,然后翻转测功仪,查看壳体背面印制的主要机型的功率、时间对照表,便可得知发动机功率的大小。

有些无负荷测功仪还配备有检测柴油机的传感器,以便对柴油机的功率进行检测。

2. 发动机无负荷功率的检测数据分析

(1) 汽车动力性能不足的原因分析

根据汽车动力性能检测结果,可分析判断动力性能是否达到规定的限值,如检测结果不合格,动力性能明显下降,原因主要有两方面:一是发动机技术状况不良,本身输出功率低;二是传动系统损失功率大,致使驱动轮输出功率不足。发动机的功率可用前述无负荷测功的方法来检查,传动系统的功率损失可用下面两种方法来检查:一是在制动检验台上检测车轮的阻滞力;二是在底盘测功机上做滑行性能试验,如果滑行距离符合规定,说明底盘技术状况基本合格。

(2) 发动机功率不足的故障诊断

如果发动机功率偏低,一般是燃油供给系统故障、气缸密封性下降或点火系统技术状况不良等原因造成的。应从下列几个方面进行检查与诊断:

1) 检测汽车加速性能。可通过路试方法测试车辆的加速性能,并与同类车的加速性能进行对比,或者查阅原厂使用说明书是否相符,也可通过底盘测功机对其加速性能进行检测。如果加速时间增长,说明发动机的动力性有问题。

2) 检查气缸压缩压力。通过测量气缸压缩压力,基本上能判定各缸的工作状况。如发现某缸相对气缸压力下降,则可能是气门间隙失调,气门不密封,或活塞环漏气,气缸垫损坏,造成气缸压缩压力不足,从而造成发动机动力性变差。

3) 检查各缸点火系统工作状况。如果气缸压力正常,应逐缸检查各缸点火状况,判断是否某缸工作不良,可从发动机运转的平稳性、敲缸声来加以判断,采用逐缸断火法可迅速查找出工作不良的气缸。进一步检查是否火花塞(或喷油器)不良引起发动机动力不足。

4)如果以上检查都正常,则应继续检查发动机的点火正时和喷油正时。如点火时间过早,在加速时会有爆燃声,而点火时间过迟,则发动机起动困难,发动机水冷却液温度偏高。

5)空气滤清器堵塞严重,会严重影响吸入的空气量,影响到充气系数或过量空气系数,不但会造成发动机输出功率不足,还会影响到燃料经济性和排气污染物的排放。

3. 填写检验报告,确认任务完成

1)检验完成后,填写检验报告并签字确认,交付负责人进行下一步处理。

2)在工作过程中遵循现场工作管理规范,完成"7S"管理规定的工作内容。

■ 学习单元3　车辆喇叭声级和车辆噪声检测

一、准备车辆喇叭声级和车辆噪声的检测

1. 工作场景

(1)工作场景描述

你所在的维修企业完成一辆一汽大众迈腾 B7 的喇叭维修,准备参加年检,要求进行车辆喇叭声级检测,你能完成这个任务吗?

(2)工作任务解读

为了保护环境和人们的身心健康,在有关环保和机动车噪声法规中,明确规定了噪声标准,其中包括噪声评价指标、检测仪器设备和检测方法等。

2. 接受工作任务,明确任务内容

1)从业务接待员(服务顾问)、车间主管或班组长处接受车辆检验任务。

2)阅读维修工单,明确任务要求。

3. 进行工作任务准备

提示：

请严格遵守维修车间安全及其他管理制度！

准备完成工作任务需要的场地、设备、工具及材料。

（1）个人防护装备

常规工装。

（2）车辆防护装备

1）车外防护三件套：左、右翼子板布和前格栅布。

2）车内防护三件套：地板垫、座椅套、转向盘套。

（3）车间设备

本次工作无须使用。

（4）检测设备/仪表

声级计、卷尺。

（5）拆装工具

本次工作无须使用。

（6）其他辅助材料

本次工作无须使用。

（7）技术资料及其他材料

对应车型维修手册、对应车型用户手册、其他必要的技术资料。

4. 汽车噪声的评价指标和声级计介绍

（1）汽车噪声的评价指标

1）噪声的声压和声压级。声压是指声波作用于大气，使大气压强发生变动的变动量，声压的单位用 Pa 表示。声音的强弱取决于声压，声压越大听到的声音越强。由于用声压的绝对单位来表示和度量声音的强弱很不方便，于是引入声压级参数，单位为分贝（dB）。一般情况下，人耳听觉范围内的声压级为 0～120 dB。

2）噪声的频率和响度级。人耳对声音的感觉不仅与声压有关，而且与频率有关。人耳可闻声音的频率范围为 20～20 000 Hz。一般的声源并不是仅发出单一频率的声音，而是发出具有很多频率成分的复杂声音。声音听起来之所以会有很大的差别，就是因为它们的组成成分不同造成的。为此要全面了解一个声源的特性，仅知道它在某一频率下的声压级是不够的,还必须知道它的各种频率成分和相应的声音强度。

由于频率不同,听起来并不一样响。相反,不同频率的声音,虽然声压级也不同,但是有时听起来却一样响,用声压级测定的声音强弱与人们的生理感觉往往不一样。因而,对噪声的评价常采用与人耳生理感觉相适应的指标,这个指标就是响度级,其单位用"PHON(方)"来表示。选取 1 000 Hz 的纯音作为基准音,其噪声听起来与该纯音一样响,该噪声的响度级就等于这个纯音声压级的分贝数,例如 40 dB 定为 40 PHON。

(2)声级计简介

声级计是一种能把噪声以近似人耳听觉特性测定其噪声级的仪器。声级计的外形如图 2-2-17 所示。

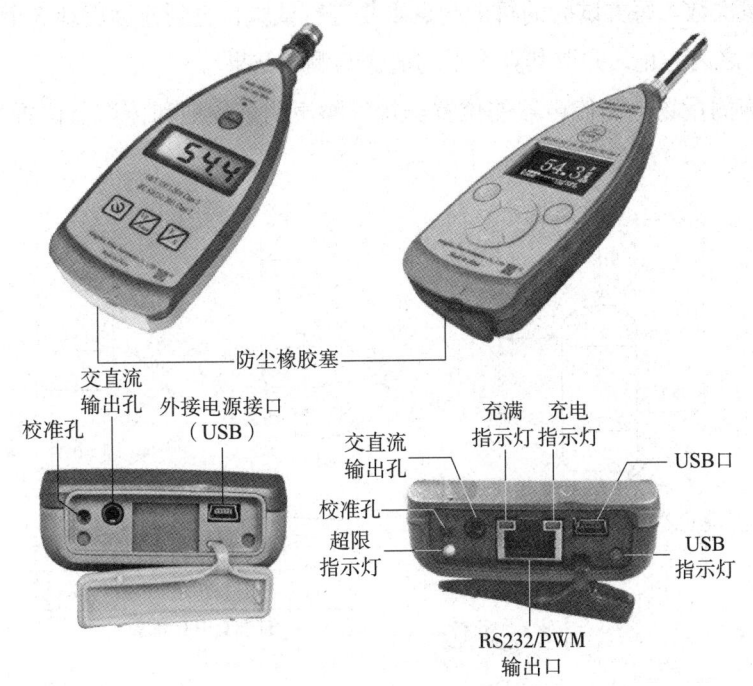

图 2-2-17　声级计的外形

二、实施车辆喇叭声级和车辆噪声的检测

1. 汽车喇叭声级和车辆噪声检测

根据相关国家标准的规定,对于在用汽车,从汽车定置噪声、客车车内噪声、驾

驶员耳旁噪声和喇叭声级四个方面，对汽车噪声进行控制，并规定了噪声的限值和测量方法。

（1）定置噪声

汽车定置噪声是指被检车辆定置（不行驶）在测量场地上，发动机处于空载运行状态，按规定的方法（A 计权声级）测得的噪声，基本型乘用车限值为 85 dB（A）。

测量程序如下：

1）车辆位置和状态。

①车辆尽量置于测量场地的中央，变速器挂空挡，拉紧驻车制动器，离合器接合。

②发动机罩、车窗与车门应关闭，车辆的空调器及其他辅助装置应关闭。

③测量时，发动机冷却液温度、机油油温应符合汽车制造厂的规定。

2）测量次数。每类试验的每个测点重复进行试验，直到连续出现 3 个读数的变化范围在 2 dB 之内为止，并取其算术平均值作为测量结果。

3）噪声测量场地和传声器的位置。排气噪声测量场地和传声器位置如图 2-2-18 所示。

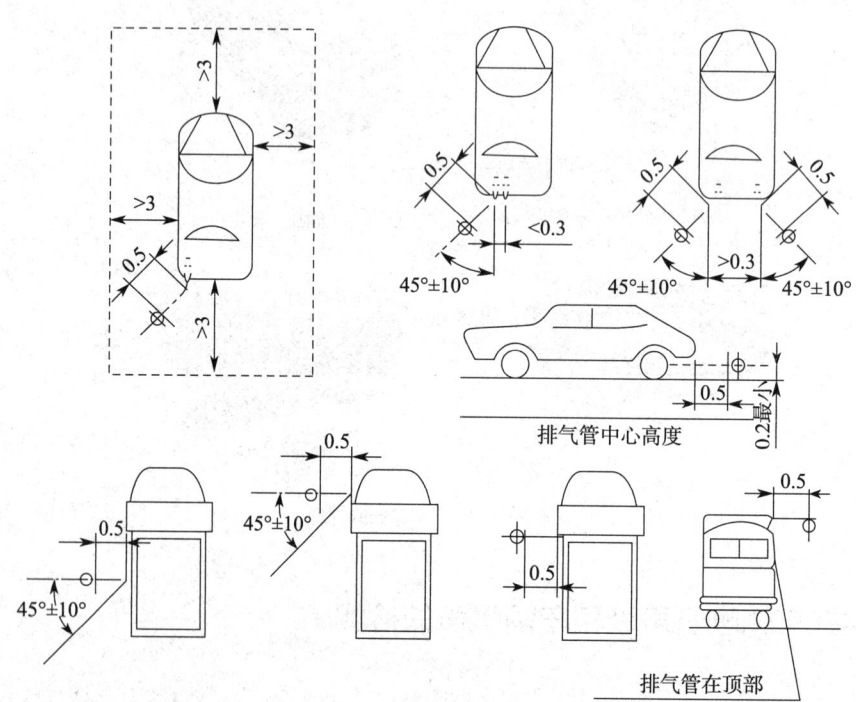

图 2-2-18　排气噪声检测场地和传声器位置（单位：m）

①传声器与排气口端等高，在任何情况下，距地面不得小于 0.2 m。

②传声器的参考轴应与地面平行，并和通过排气口气流方向且垂直地面的平面，

成 45°±10° 夹角。传声器朝向排气口，距排气口端 0.5 m，放在车辆外侧。

③车辆装有两个或更多的排气管，且排气管之间的间隔不大于 0.3 m，并连接于一个消声器时，只需取一个测量位置。传声器应选择位于最靠近车辆外侧的排气管。如果两个或两个以上的排气管同时在垂直于地面的直线上，则选择离地面最高的一个排气管。

④装有多个排气管，并且各排气管的间隔又大于 0.3 m 的车辆，对每一个排气管都要测量，并记录其最高声级。

⑤排气管垂直向上的车辆，传声器放置高度应与排气管口等高，传声器朝上，其参考轴应垂直地面。传声器应放在离排气管较近的车辆一侧，并距排气口端 0.5 m。

⑥车辆由于设计原因（如备胎、燃油箱、蓄电池等）不能满足前文①和②中的放置要求时，应画出测点图，并标注传声器选择的位置。传声器朝向排气口，放在尽可能满足上述条件，并距最近障碍物大于 0.2 m 的地方。

4）发动机运转条件。发动机的转速取 $3/4\ n \pm 50$ r/min（n 为汽车制造厂家规定的发动机额定转速）。

5）测量方法。测量时，当发动机稳定在上述转速后，测量由稳定转速尽快减速到怠速过程的噪声，记录最高声级值。

（2）客车车内噪声

根据国家相关标准的规定，客车以 50 km/h 的速度匀速行驶时，客车车内噪声声级不大于 79 dB（A）。

1）车内噪声测量条件。包括测量道路条件、车辆条件、车辆运行条件和测点位置。

①测量道路条件。汽车车内噪声一般受道路表面结构的粗糙度影响很大，平滑路面可以产生平稳的车内噪声。因此，试验路段应该是硬路面，必须尽可能平滑，不得有接缝、凹凸不平或类似的表面结构，否则，将会增加汽车内部的声压级。道路表面必须干燥，不得有雪、污物、石块、树叶等杂物。

②车辆条件。

a. 发动机和轮胎条件：在测量过程中，发动机的所有运行条件，如燃料、润滑油、点火正时或喷油时间等，都应该符合制造厂家的规定。在测量开始前，发动机应该稳定在正常的工作温度范围内，或以中等速度行驶一段路程。所采用的轮胎应该与制造厂家规定的型号一致。轮胎气压必须符合制造厂家的规定要求。

b. 车辆在测试噪声时，必须是空载（除驾驶员、测量人员和测试装备外，不得有其他负荷）。只有汽车的标准装备、测试装备和必不可少的人员方可留在车内。在公共交通用车且座位在 8 个以上的车辆中，在车内的人员不得超过 3 人。

c. 车门窗、辅助装置、可调节的座椅的进风口及出风口，如有可能，都必须关上。辅助装置，如刮水器、暖风装置、风扇以及空调等，在测量试验过程中不得开启。

③车辆运行条件。从车辆匀速行驶、全加速行驶和车辆定置三种运行条件中选出可以代表被检车车内噪声的运行条件。

a. 匀速行驶。从 60 km/h 或最高车速 40%（取两者较小值）到 120 km/h 或最高车速的 80%（取两者较小值）范围内，至少以等间隔的 5 种车速进行 A 计权声级测量。

b. 全加速行驶。当汽车达到稳定的初始工作状态（变速器处于最高挡位，发动机应有一个最低的初始转速），须尽可能快地使节气门全开，同时启动记录装置开始记录，直到发动机转速达到（汽车制造厂）规定额定转速的 90% 或达到 120 km/h 车速（取两者较小值），记录停止。

c. 车辆定置。变速器置于空挡。使发动机在低速空转，然后，将节气门尽可能快地完全打开，使发动机加速到最高空转，并在此位置上至少持续 5 s。

④测点位置。

a. 一个测量点须选在驾驶员座位处。对于基本型乘用车（轿车）来说，也可以在后排座位上追加一个测量点。对于客车，应该考虑在中间和后部追加测量点，沿汽车纵向轴线附近。

b. 传声器离车厢壁或座椅垫的距离必须大于 150 mm。传声器应以最大灵敏度的方向水平指向测量位置坐着或站立的乘客视线方向。

座位处的传声器位置如图 2-2-19 所示。传声器的垂直坐标是（无人）座椅的表面与靠背表面的交线以上（750±10）mm 处，水平坐标应在座椅的中心面（或对称面）上。在驾驶员座位上，水平横坐标向右到座位中心面的距离为（200±50）mm。

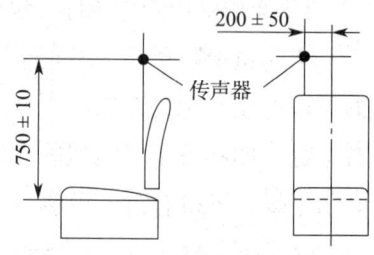

图 2-2-19 座位处的传声器位置
（单位：mm）

2）车内噪声测量方法。

①对匀速行试验，至少要在车内噪声测量条件中所规定的 5 种车速下记录 A 计权声级的数值。客车只测以 50 km/h 车速匀速行驶时的车内噪声。

②对于节气门全开加速试验，应记录在所规定的加速范围内出现的 A 计权声级最大值，并应在报告中加以说明。

③对于定置噪声试验，应记录怠速时 A 计权声级读数和节气门全开过程中最大声级读数，并应在报告中加以说明。

（3）驾驶员耳旁噪声

根据相关国家标准的规定，汽车驾驶员耳旁噪声声级应不大于 90 dB（A）。

驾驶员耳旁噪声测量方法如下：

①测点位置。测量汽车驾驶员耳旁噪声一般选在驾驶员的右耳附近，声级计按图 2-2-19 所示测点位置放置，声级计的传声器应朝向驾驶员耳朵方向。

②测量时车辆状态。测量汽车驾驶员耳旁噪声时，车辆应处于静止状态且变速器置于空挡，发动机应处于额定转速状态，车辆门窗应紧闭。

③环境噪声应低于被测噪声值至少 10 dB（A）。

④声级计应置于"A"计权、"快"挡。

（4）喇叭声级

为了使汽车喇叭起到警示功能，喇叭声级不能过低，但同时为减少喇叭噪声对城市环境的影响，喇叭声级应作适当控制。根据国家相关标准的规定，喇叭声级应在 90～115 dB（A）的范围内。

喇叭声级测量方法如下：

汽车喇叭声的测点位置如图 2-2-20 所示。测量汽车喇叭声级时，应将声级计置于汽车前 2 m、离地高 1.2 m 处，其传声器朝向汽车，轴线与汽车纵轴线平行。

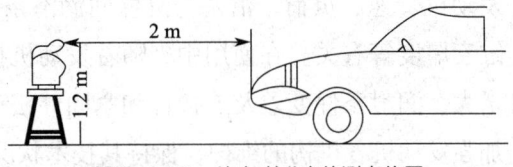

图 2-2-20　汽车喇叭声的测点位置

测量时应注意不被偶然的其他声源峰值所干扰。测量次数宜在 2 次以上，并注意监听喇叭声是否悦耳。

2. 汽车噪声的检测数据分析

汽车噪声是由汽车产生的不同频率、不同声强组合在一起而形成的杂乱的声音。按照噪声产生的过程，可将汽车噪声源大致分为两类：一类是与发动机运转有关的噪声，主要包括发动机运转时发出的燃烧噪声、机械噪声、进排气噪声、风扇噪声，以及发动机运转时所带动的各种附件（如压缩机、发电机等）发出的噪声；另一类是与汽车行驶有关的噪声，主要包括传动机构（变速器、传动轴及驱动桥）的机械噪声、车轮的噪声、制动器噪声、车身振动及车身和空气作用所发出的噪声。汽车的这些噪声源主要引起车外噪声和车内噪声，车外噪声是交通噪声的重要公害源，车内噪声关系到车辆乘坐的舒适性。为此，如果车辆噪声检测超出限值，有必要对引起汽车噪声超限的因素进行分析。

（1）发动机噪声

1）燃烧噪声。燃料的不正常燃烧会使燃烧噪声增大。发动机燃烧噪声是混合气燃烧时，使气缸内压力急剧上升产生的动负荷和冲击波引起的高频振动，经气缸盖、气缸套、活塞、连杆、曲轴及主轴承传播而辐射出来的噪声。

汽油机的正常燃烧噪声，在发动机噪声中占次要的地位。但是，对爆燃和表面点火等不正常燃烧所产生的噪声，必须给予重视。当爆燃时，气缸内的气体压力急剧上升，产生"敲缸"，其主要是由汽油品质不良和点火提前角过大等因素造成的。对于压缩比高的汽油机，由于积炭多，产生过热，引起表面点火，从而导致气缸内压力剧增，这样，就会产生"工作粗暴"现象，只要清除燃烧室积炭，即可消除这种不正常燃烧噪声。

2）机械噪声。发动机机械噪声是发动机运转过程中，由于气体压力及机件的惯性作用，使相对运动零件之间产生撞击和振动而形成的噪声。主要包括：活塞连杆组噪声（活塞、连杆、曲轴等运动件撞击气缸体产生的噪声）、配气机构噪声（气门开闭冲击声、配气机构冲击声和气门弹簧振动声）、柴油机供给系统噪声（喷油泵噪声、喷油器噪声和喷油管噪声）及其他机械噪声（发动机噪声、压缩机噪声和液压泵噪声）。

活塞连杆组噪声是发动机最主要的机械噪声源。其噪声大小与活塞和缸壁间隙、发动机转速、负荷、活塞与缸壁间润滑条件、活塞的结构及材料、活塞环数及张力、缸套厚度等有关。在使用中，随着发动机技术状况的变化，如因磨损使各配合副间隙增大，润滑条件变差及连接件和紧固件松动等，都会使机械噪声增大，因此，使用中加强发动机各机构的维护，保持其技术状况良好，可以避免机械噪声的增大。

配气机构噪声是由于气门开启和关闭产生的撞击以及系统振动而形成的噪声。气门运动速度、气门间隙、配气机构结构形式、零部件刚度及质量等是影响配气机构噪声的主要因素。

柴油机供油系统噪声主要是由于喷油泵、喷油器和高压油管系统振动引起的。其中喷油泵形成的噪声是主要的机械噪声。为降低喷油泵噪声，需提高泵体刚度，采用特种金属或塑料材料，采用隔声罩等。

3）进、排气噪声。进、排气噪声是由于发动机在进、排气过程中的气体压力波动和气体流动所引起的振动而产生的噪声。按照噪声形成的机理，它们都属于空气动力噪声。其中排气噪声是仅次于发动机本体噪声并与风扇噪声同等重要的噪声源，有时往往比发动机本体噪声高 $10 \sim 15$ dB（A）。进气噪声比排气噪声小，但是它所特有的低频成分可使车身发生共振，是产生车内噪声的原因之一。进、排气噪声主要包括从吸气、排气部位放射出的空气声，进、排气系统零件表面激发声及排气系统的漏气声。

降低进、排气噪声的主要措施是保持消声器的消声效果良好。如果消声器损坏，会使其消声效果变差，造成排气噪声增大。此外，在使用过程中，要注意进、排气系统的紧固作业和接头的密封状况，以减小表面辐射噪声和漏气噪声。

4）风扇噪声。冷却风扇噪声是发动机重要的噪声源。因此，在车辆的使用中，应经常检查风扇和导风罩是否松动，风扇叶片是否变形，如有松动和变形，应予紧固和校正，保持风扇、散热器和导风罩的相对位置关系。

（2）传动机构噪声

1）变速器噪声。变速器噪声主要是因齿轮振动引起的噪声，以及轴承运转声、润滑油搅拌声、发动机振动传至变速器箱体而辐射的噪声等。齿轮机构噪声由齿轮啮合时所产生的噪声和齿轮固有振动噪声所组成。影响齿轮噪声的因素主要有：齿轮的运转状况，齿轮的设计参数，齿轮的加工精度等。选择合适的齿轮材料，设计固有的振动频率高、密封性好、隔热声性能强的齿轮箱等均可减少变速器噪声。

2）传动轴噪声。传动轴噪声主要表现为汽车行驶中传动轴发出周期性响声，且车速越高，响声越严重，甚至引起车身发生抖动，驾驶员握转向盘的手有麻木感，这是由于传动轴变形、轴承松旷及装配不良等因素造成的。提高装配精度，检查平衡片有无脱落，避免超速行驶，可减少传动轴噪声。

3）驱动桥噪声。驱动桥噪声在汽车行驶时车后部发出较大的响声，且车速越高，响声越大。主要是齿隙不合适、齿轮装配不当、轴承调整不当等原因造成的。

（3）制动噪声

制动噪声是汽车制动过程中由制动器摩擦引起制动器等部件振动发出的声响，通常称为制动尖叫声。特别是制动器由热态转为冷态时更容易产生这种噪声。该高频噪声不仅影响汽车的舒适性，还会给驾驶员带来不必要的担心。

鼓式制动器比盘式制动器产生的噪声大，通常发生在制动蹄摩擦片端部和根部与制动接触的情况下。其噪声大小取决于制动蹄摩擦片长度方向上的压力分布规律，以及受制动系统及零部件刚度的影响。

（4）轮胎噪声

轮胎噪声包括：轮胎花纹噪声、道路噪声、弹性振动噪声以及轮胎旋转时搅动空气引起的风噪声。影响轮胎噪声的因素主要有：轮胎花纹、车速及负荷、轮胎气压、装配情况、轮胎磨损程度、路面状况等。

花纹噪声和道路噪声都是轮胎和路面相互作用而产生的噪声。汽车行驶时，轮胎接地部分胎面花纹沟槽内的空气以及路面的微小凹凸与地面间的空气，在轮胎离开地面时受到一种类似于泵的挤压作用引起周围空气压力变化从而产生噪声。弹性振动噪声是由于轮胎不平衡、胎面花纹刚度变化或路面凹凸不平原因激发胎体振动而产生的噪声。

3. 填写检验报告，确认任务完成

1）检验完成后，填写检验报告并签字确认，交付负责人进行下一步处理。

2）在工作过程中遵循现场工作管理规范，完成"7S"管理规定的工作内容。

学习单元 4　车辆前照灯性能检测

一、准备前照灯性能的检测

1. 工作场景

（1）工作场景描述

你所在的维修企业完成一辆一汽大众迈腾 B7 的前照灯维修，准备参加年检，要求进行车辆前照灯性能检测，你能完成这个任务吗？

（2）工作任务解读

前照灯是汽车在夜间或在能见度较低的条件下，为驾驶员提供行车道路照明的重要设备，而且也是驾驶员发出警示，进行联络的灯光信号装置。所以前照灯必须有足够的发光强度和正确的照射方向。

前照灯维修、更换，或者由于在行车过程中汽车受到震动，可能引起前照灯部件的安装位置发生变动，从而改变光束的照射方向，同时，灯泡在使用过程中会逐步老化，反射镜也会受到污染而使其聚光的性能变差，导致前照灯的亮度不足。这些变化，都会使驾驶员对前方道路情况辨认不清，或在与对面来车交会时造成对方驾驶员眩目等，从而导致事故的发生。因此，前照灯维修、更换后，或车辆使用过程中应定期对前照灯的发光强度和光束照射位置进行检测、校正。

为了确保行车安全，国家相关标准中规定了汽车前照灯评价指标、检测仪器设备和检测方法等。

2. 接受工作任务，明确任务内容

1）从业务接待员（服务顾问）、车间主管或班组长处接受车辆检验任务。

2）阅读维修工单，明确任务要求。

3. 进行工作任务准备

提示：

请严格遵守维修车间安全及其他管理制度！

准备完成工作任务需要的场地、设备、工具及材料。

（1）个人防护装备

常规工装。

（2）车辆防护装备

1）车外防护三件套：左、右翼子板布和前格栅布。

2）车内防护三件套：地板垫、座椅套、转向盘套。

（3）车间设备

本次工作无须使用。

（4）检测设备/仪表

前照灯性能检测仪。

（5）拆装工具

本次工作无须使用。

（6）其他辅助材料

本次工作无须使用。

（7）技术资料及其他材料

对应车型维修手册、对应车型用户手册、其他必要的技术资料。

4. 汽车前照灯的评价指标和检测设备介绍

（1）汽车前照灯的评价指标

汽车前照灯评价指标包括发光强度和光束照射位置偏移量。

1）发光强度。发光强度表示光源在一定方向范围内发出的可见光辐射强弱的物理量，单位为坎德拉，简称"坎"，用符号 cd 表示。若一光源在给定方向上发出频率 540×10^{12} Hz 的单色辐射，且在此方向上的辐射强度为每球面度 1/683 W 时，则此光源在该方向上的发光强度为 1 cd。

照度表明受光物体被光源照明的程度，其单位为勒克斯，用符号 lx 表示。1 lx 等于 1.02 cd 的点光源在半径为 1 m 的球面上产生的光照度。在前照灯发光强度不变的情况下，被照物体离光源越远，被照明的程度越差，照度越小。若发光强度用 I（cd）表示,照度用 $E(\mathrm{lx})$ 表示,前照灯距物体的距离为 $s(\mathrm{m})$,则三者之间的关系为

$$E=\frac{I}{s}$$

GB 7258—2017《机动车运行安全技术条件》对汽车前照灯远光光束发光强度的要求见表 2-2-1。

表 2-2-1 前照灯远光光束发光强度检测标准 单位:cd

机动车类型	检查项目			
	新注册车辆		在用车辆	
	两灯制	四灯制	两灯制	四灯制
最大设计车速小于 70 km/h 的汽车	10 000	8 000	8 000	6 000
其他汽车	18 000	15 000	15 000	12 000

注:四灯制是指前照灯具有四个远光光束;采用四灯制的机动车其中两只对称的灯达到两灯制要求视为合格。

2)光束照射位置偏移量。前照灯应能防止眩目,以免夜间两车相会时,使对方驾驶员眩目,而造成交通事故。对前照灯光束照射位置偏移量的要求如下:

①前照灯远光束照射位置要求。GB 7258—2017《机动车运行安全技术条件》中规定:在空载状态下,对于能单独调整远光光束的汽车、摩托车前照灯,前照灯远光光束照射在距离 10 m 的屏幕上,其发光强度最大点的垂直方向位置,应不高于远光光束透光面中心所在水平面(高度值为 H)以上 100 mm 的直线,且不低于远光光束透光面中心所在水平面以下 $0.2H$ 的直线。

②前照灯近光束照射位置要求。GB 7258—2017《机动车运行安全技术条件》中规定:在空载状态下,汽车、摩托车前照灯远光光束照射在距离 10 m 的屏幕上,近光光束明暗截止线转角或中点的垂直方向位置,对近光光束透光面中心(基准中心,下同)高度小于或等于 1 000 mm 的机动车,应不高于近光光束透光面中心所在水平面以下 50 mm 的直线且不低于近光光束透光面中心所在水平面以下 300 mm 的直线;对近光光束透光面中心高度大于或等于 1 000 mm 的机动车,应不高于近光光束透光面中心所在水平面以下 100 mm 的直线且不低于近光光束透光面中心所在水平面以下 350 mm 的直线。

(2)汽车前照灯的检测设备介绍

前照灯检验仪是按一定测量距离放在被检车对面,用来检验前照灯发光强度和光轴偏斜量的专用设备。

1)前照灯检测仪的检测原理。前照灯检测仪的类型很多,但基本检测原理类似,一般均采用能把吸收的光能变成电流的光电池作为传感器,按照前照灯主光束照射光电池产生电流的大小和比例,来测量前照灯发光强度和光轴偏斜量。

①发光强度的检测原理。测量发光强度的电路由光度计、可变电阻和光电池等组成，如图 2-2-21 所示。按规定的距离使前照灯照射光电池，光电池便按受光强度的大小产生相应的光电流使光度计指针摆动，指示出前照灯的发光强度。

②光轴偏斜量的检测原理。测量前照灯光轴偏斜量的电路，如图 2-2-22 所示，由两对光电池组成，左右一对光电池 $S_{左}$、$S_{右}$ 上接有左右偏斜指示计，用于检测光束中心的左右偏斜量；上下一对光电池 $S_{上}$、$S_{下}$ 上接有上下偏斜指示计，用于检测光束中心的上下偏斜量。当光电池受到前照灯光束照射时，如果光束照射方向偏斜，将分别使光电池的受光面不一致，因而产生的电流大小也不一致。光电池产生的电流差值分别使上下偏斜指示计及左右偏斜指示计的指针摆动，从而检测出光轴的偏斜方向和偏斜量。

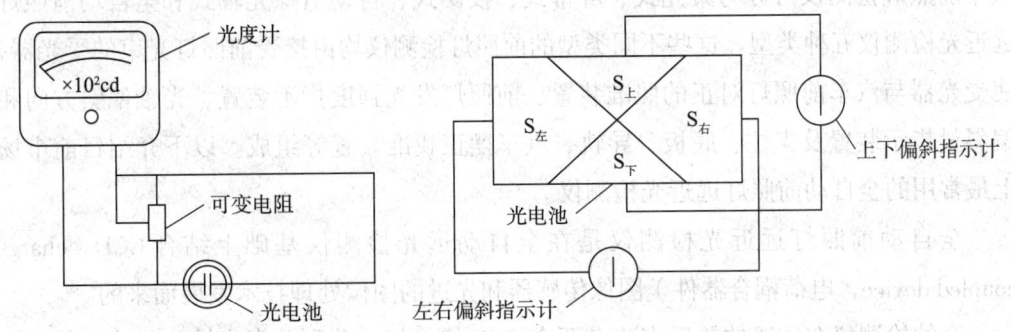

图 2-2-21 发光强度测量电路组成　　图 2-2-22 光轴偏斜量检测原理图

图 2-2-23 所示为光轴无偏斜量时的情况，这时上下偏斜指示计的指针和左右偏斜指示计的指针均竖直向下，即处于零位。图 2-2-24 所示为光轴有偏斜量时的情况，这时上下偏斜指示计的指针向"下"方向偏斜，左右偏斜指示计的指针向"左"方向偏斜。

若通过适当的调节机构，调整光线照射光电池的位置，使 $S_{左}S_{右}$ 和 $S_{上}S_{下}$ 每对光电池受到的光照度相同，此时每对光电池输出的电流相等，两偏斜指示计的指针均指向零位，调节量反映了光束中心的偏斜量。当偏斜指示计指针处于零位时，光电池受到的光照最强，四块光电池所输出电流之和表明了前照灯的发光强度。

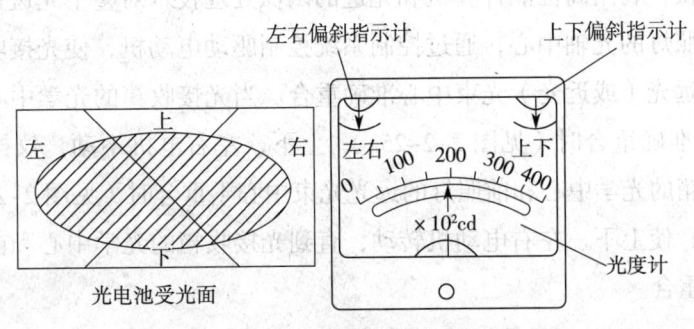

图 2-2-23 光轴无偏斜量时的情况

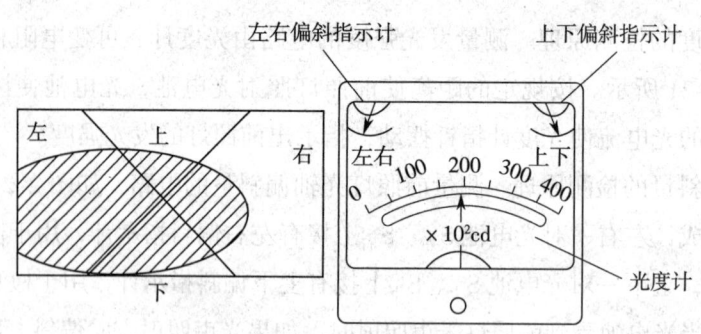

图 2-2-24 光轴有偏斜量时的情况

2）前照灯检测仪的类型与结构。根据前照灯检测仪的结构特征与测量方法，常用汽车前照灯检测仪可分为聚光式、屏幕式、投影式、自动追踪光轴式和全自动前照灯远近光检测仪五种类型。这些不同类型的前照灯检测仪均由接受前照灯光束的受光器、使受光器与汽车前照灯对正的照准装置、前照灯发光强度指示装置、光轴偏斜方向和偏斜量指示装置及支柱、底板、导轨、汽车摆正找准装置等组成。以下介绍目前市场上最常用的全自动前照灯远近光检测仪。

全自动前照灯远近光检测仪是在全自动远光检测仪基础上结合CCD（charge coupled device，电荷耦合器件）图像传感器和先进的图像处理技术发展而来的。

有的检测仪在透镜的前后安装有两个CCD摄像机，分别负责光轴的跟踪和前照灯配光性能和照射方向的分析。

有的检测仪在透镜后安装有一个CCD摄像机，用于前照灯配光性能和照射方向的分析，而光轴的跟踪仍沿用以前的光电池方法。

有的检测仪的立柱上装有扫描光电管阵列，其作用是扫描汽车前照灯的大概位置，以便光接收箱快速定位。

①前照灯光轴的定位原理。根据汽车前照灯远光或近光的配光特性、CCD测量技术特点和聚光透镜的聚光特性，可以对进入仪器光接收箱未进行聚光的汽车前照灯远光光束进行拍摄，利用高性能计算机和先进的图像处理技术对整个光斑进行量化分析处理，找出前照灯的光轴中心，通过控制系统控制驱动电动机，使光接收箱的光学中心和前照灯的远光（或近光）光束中心准确重合。当光接收箱的光学中心和前照灯的远光光束中心准确重合时（见图2-2-25a），上下、左右电机不动，仪器处于平衡状态；当光接收箱的光学中心和前照灯的远光光束中心不重合时（见图2-2-25b），计算机会发出指令，使上下、左右电动机转动，直到光接收箱的光学中心和前照灯的远光光束中心准确重合。

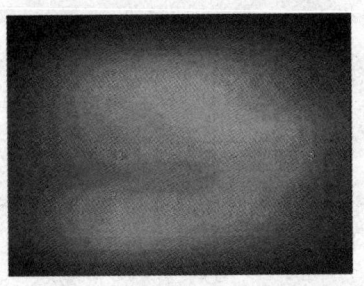 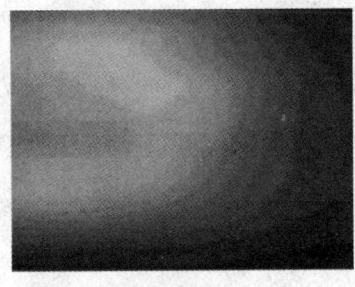

a) 重合时　　　　　　　　　b) 不重合时

图 2-2-25　远光光心未进行聚光时的灰度图像

②偏角和光强的测量。对准光轴后，CCD 对进入仪器光接收箱并且经过聚光镜聚光后，聚集在焦平面屏幕上的前照灯远光光斑进行拍摄，利用高性能计算机和先进的图像处理技术对整个焦平面光斑进行量化分析处理，找出其光束中心，不同的偏角的光束其光学中心成像在焦平面上的位置也不同，不同光强的点，其在图像上的灰度也不同，光强越强的点，光斑越白，光强越小的点，光斑越暗。前照灯检测仪可以测出汽车前照灯远光的角度和光强。当汽车前照灯远光的偏角为零度时，远光（或近光）灯光束经过聚光透镜聚光后，其成像在焦平面光学中心也在焦平面的中心，其成像在焦平面的光分布图如图 2-2-26a 所示。当汽车前照灯远光的偏角不为零度时，远光灯光束经过聚光透镜聚光后，其成像在焦平面光学中心，不在焦平面的中心，其成像在焦平面的光分布图，如图 2-2-26b 所示。

 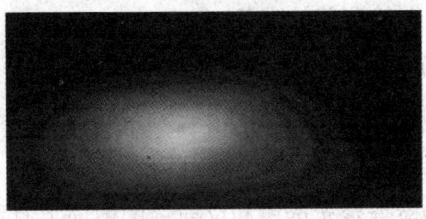

a) 偏角为零度时　　　　　　　　　b) 偏角不为零度时

图 2-2-26　聚光后焦平面的光分布图像

汽车前照灯的近光为非对称式，即光形分布有一条明显的明暗截止线。非对称式配光有两种：一种是在配光屏幕上，明暗截止线的水平部分在 V-V 线的左半边，右半边为与水平线向上成 15° 的斜线，如图 2-2-27a 所示；另一种是明暗截止线右半边为与水平线向上成 45° 的斜线至垂直距离 25 cm 转向水平的折线，由于明暗截止线呈 Z 形，亦称 Z 形配光，如图 2-2-27b 所示。

3）前照灯检测仪的保养。

①仪器的立柱应保持清洁，并每天加润滑油少许，以利滑行。

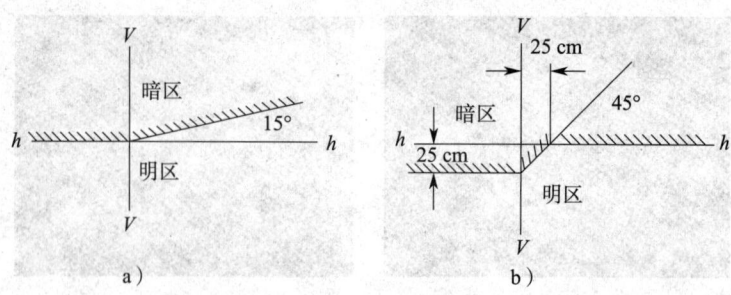

图 2-2-27 非对称式配光示意图

②导轨的表面应保持洁净，去除砂粒、油泥、小石子等。严禁加润滑油润滑导轨表面。

③每年对前照灯检测仪进行校准。

二、实施前照灯性能的检测

1. 汽车前照灯性能检测

 提示：

请参照前照灯检测仪厂家提供的技术说明书操作。

（1）检测前的准备

1）前照灯检测仪的准备。

①在不受光的情况下，调整光度计和光轴偏斜量指示计是否对准机械零点。若指针失准，可用零点调整螺钉调整。

②检查聚光透镜和反射镜的镜面上有无污物。若有，可用柔软的布料或镜头纸擦拭干净。

③检查水准器的技术状况。若水准器无气泡，应进行修理或更换。若气泡不在红线框内时，可用水准器调节器或垫片进行调整。

④检查导轨上是否沾有泥土等杂物。若有，应扫除干净。

2）被检车辆的准备。

①清除前照灯上的污垢。

②轮胎气压应符合汽车制造厂的规定。

③前照灯开关和变光器应处于良好状态。

④汽车蓄电池和充电系统应处于良好状态。

（2）检测方法

由于前照灯检测仪的厂牌、型式不同，其检测发光强度和光轴偏斜量的具体方法也不尽相同。这里仅就自动追踪光轴式前照灯检测仪的检测方法做介绍。

1）将被检汽车尽可能地与前照灯检测仪的轨道保持垂直方向驶近检测仪，使前照灯与检测仪受光器相距3 m。

2）用汽车摆正找准器使检测仪与被检汽车对正。

3）开亮前照灯，接通检测仪电源，用控制器的上下、左右控制开关移动检测仪的位置，使前照灯光束照射到受光器上。

4）按下控制器上的测量开关，受光器随即追踪前照灯光轴，根据光轴偏斜指示计和光度计的指示值，即可得出光轴偏斜量和发光强度值。

5）检测完一只前照灯后，用同样的方法检测另一只前照灯。检测结束，前照灯检测仪沿轨道或沿地面退回护栏内，将汽车驶出。

（3）前照灯检查注意事项

1）停车位置要准确，车身纵向中心线要垂直于前照灯检测仪的受光面，否则主要会影响光束左右偏测量的准确性。

2）初检与复检时尽量由同一检验员引车操作，驾驶员体重的变化会对光束上下偏测量的准确性和重复性造成影响，尤其对微型车影响较大。

3）前照灯检测仪正在移动或将要移动时，严禁车辆通过。

4）检测完毕后车辆要及时驶离，车身不得长时间挡住轨道。

2. 汽车前照灯性能的检测数据分析

前照灯检验不合格有两种情况：一是前照灯发光强度偏低；二是前照灯照射位置偏斜。

（1）前照灯发光强度偏低

1）左右前照灯发光强度均偏低。

①检查前照灯反光镜的光泽是否明亮，如昏暗或镀层剥落或发黑应予更换。

②检查灯泡是否老化，质量是否符合要求，如老化或质量不符合要求，光度偏低者应更换。

③检查蓄电池端电压是否偏低，如端电压偏低，应先充足电再检测。送检汽车普遍存在蓄电池电量不足，端电压偏低的现象。如由蓄电池供电，前照灯发光强度一般很难达到标准的规定；如由发电机供电则大部分汽车前照灯发光强度增加，多数可达

到标准规定。

2）左右前照灯发光强度不一致。

检查发光强度偏低的前照灯的反射镜是否灰暗，灯泡是否老化，质量是否符合要求，一般多为搭铁线路接触不良。

（2）前照灯光束照射位置偏斜

前照灯安装位置不当或因强烈震动而错位致使光束照射位置偏斜超标，应予以调整。前照灯光束照射位置偏斜的调整可在前照灯检测仪上进行。

根据检测标准，在检测调整光束照射位置时，对远、近双光束灯以检测调整近光光束为主。如果制造质量合格的灯泡，近光调整合格后，远光光束一般也能合格；若近光光束调整合格后，经复核远光光束照射方向不合格，则应更换灯泡。

3. 填写检验报告，确认任务完成

1）检验完成后，填写检验报告并签字确认，交付负责人进行下一步处理。

2）在工作过程中遵循现场工作管理规范，完成"7S"管理规定的工作内容。

学习单元5　车辆制动性能检测

一、准备车辆制动性能的检测

1. 工作场景

（1）工作场景描述

你所在的维修企业完成一辆一汽大众迈腾B7的制动系统维修，准备参加年检，要求进行制动性能的台架检验，你能完成这个任务吗？

（2）工作任务解读

车辆制动性能的检验方法分为台架检验法和道路检验法两种，本工作任务要求采用台架检验法。

2. 接受工作任务，明确任务内容

1）从业务接待员（服务顾问）、车间主管或班组长处接受车辆检验任务。

2）阅读维修工单，明确任务要求。

3. 进行工作任务准备

 提示：

请严格遵守维修车间安全及其他管理制度！

准备完成工作任务需要的场地、设备、工具及材料。

（1）个人防护装备

常规工装。

（2）车辆防护装备

1）车外防护三件套：左、右翼子板布和前格栅布。

2）车内防护三件套：地板垫、座椅套、转向盘套。

（3）车间设备

本次工作无须使用。

（4）检测设备/仪表

轴重检测台、滚筒反力式制动检验台。

（5）拆装工具

本次工作无须使用。

（6）其他辅助材料

本次工作无须使用。

（7）技术资料及其他材料

对应车型维修手册、对应车型用户手册、其他必要的技术资料。

4. 汽车制动性能的台试检测标准和检测设备介绍

（1）汽车制动性能的台试检测标准

GB 7258—2017《机动车运行安全技术条件》、GB/T 13594—2003《机动车和挂车防抱制动性能和试验方法》对台试检测制动性能规定如下：

1）行车制动检测标准。

①制动力。汽车、汽车列车在制动检验台上测出的制动力应符合表2-2-2的要

求。对空载检验制动力有质疑时，可用表 2-2-2 规定的满载检验制动力要求进行检验。

表 2-2-2　台试检测制动力要求

汽车类型	制动力总和与整车质量的百分比 /%		轴制动力与载荷的百分比 /%	
	空载	满载	前轴	后轴
三轮汽车	≥45	—	—	≥60
乘用车、总质量不大于 3 500 kg 的货车	≥60	≥50	≥60	≥20
其他汽车、汽车列车	≥60	≥50	≥60	—

注：用平板制动检验台检验乘用车时应按动态轴荷计算；空载和满载测试均应满足此要求。

②制动力平衡。在制动力增长全过程中同时测得的左右轮制动力差的最大值，与全过程中测得的该轴左右轮最大制动力中大者之比，对前轴不应大于 20%，对后轴（及其他轴）在轴制动力不小于该轴轴荷的 60% 时不应大于 24%；当后轴（及其他轴）制动力小于该轴轴荷的 60% 时，在制动力增长全过程中同时测得的左右轮制动力差的最大值不应大于该轴轴荷的 8%。

③制动协调时间。对液压制动的汽车不应大于 0.35 s；对气压制动的汽车不应大于 0.60 s；汽车列车和铰接客车、铰接式无轨电车的制动协调时间不应大于 0.80 s。

④车轮阻滞力。进行制动力检验时，各车轮的阻滞力均不应大于车轮所在轴轴荷的 5%。

2）驻车制动检测标准。当采用制动检验台检测汽车驻车制动装置的制动力时，汽车空载，乘坐一名驾驶员，使用驻车制动装置，驻车制动力的总和不应小于该车在测试状态下整车重量的 20%（对总质量为整备质量 12 倍以下的机动车为不小于 15%）。

3）台架检测有疑问时。当汽车经台架检测后对其制动性能有质疑时，可用规定的路试检测进行复检，并以满载路试的检测结果为准。

4）汽车制动完全释放时间。从松开制动踏板到制动消除所需时间不应大于 0.80 s。

（2）汽车台试制动性能的检测设备介绍

制动检验台根据不同分类方法有多种类型，按检验台测量原理不同，可分为反力式和惯性式两类；按检验台支承车轮形式不同，可分为滚筒式和平板式两类；按检验台检测参数不同，可分为测制动力式、测制动距离式和多功能综合式三类；按检验台测量装置至指示装置传递信号方式不同，可分为机械式、液压式和电气式三类；按检验台同时能测车轴数不同,可分为单轴式、双轴式和多轴式三类。国内汽车综合性能检测站所用制动检测设备多为反力式滚筒制动检验台和平板式制动检验台。

1)轴重检测台。利用制动检验台检测汽车制动性能时,其制动性能参数标准是以轴制动力占轴荷的百分比为依据的,因此必须在测得轴荷和轴制动力后才能评价轴制动性能是否符合要求。用于检测车轴轴载质量的设备,称为轴重检测台,又称轴重仪。

电子轴重仪一般由机械部分(包括承载装置和传感器装置)和显示仪表所组成。双载荷台板式轴重仪外形图如图2-2-28所示,检测线使用较多,它有左右两个秤体,分别安装在左右框架内,共用一个显示仪表,它能测量左、右车轮轮荷。

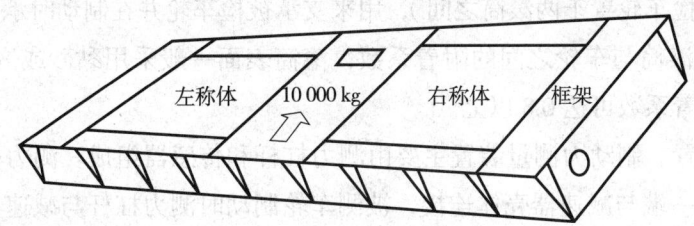

图2-2-28 双载荷台板式轴重仪外形图

2)反力式滚筒制动检验台。在诸多种类的制动检验台中,反力式滚筒制动检验台(测制动力式)得到广泛应用,特别是单轴反力式滚筒制动检验台应用最为普遍,国内外汽车检测站所用的制动检测设备多为这种形式。

①基本结构。单轴反力式滚筒制动检验台结构简图如图2-2-29所示。它由驱动装置、滚筒装置、测量装置、举升装置和指示与控制装置等组成。为使制动检验台能同时检测车轴两端左、右车轮的制动力,除框架、指示与控制装置外,其他装置是分别独立设置的。

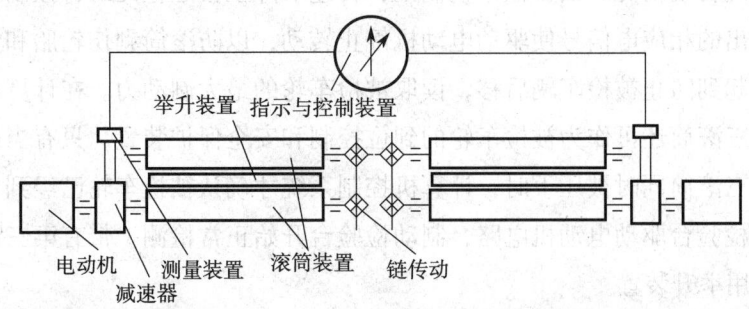

图2-2-29 单轴反力式滚筒制动检验台结构简图

a.驱动装置。驱动装置由电动机、减速器和链传动组成。电动机经过减速器减速后驱动主动滚筒,主动滚筒通过链传动带动从动滚筒旋转。减速器输出轴与主动滚筒同轴连接或通过链条、皮带连接，减速器壳体为浮动连接（即可绕主动滚筒轴自由摆动）。由于制动检验台测试车速较低，因此，驱动电动机的功率也较小。以国产的 10 t 滚筒反力式制动检验台为例，驱动电动机的功率一般为 2×11 kW。减速器的作用是减速增扭，其减速比根据电动机的转速和滚筒测试转速确定。由于测试车速低，滚筒转速也较低，一般在 40~100 r/min，因此要求减速器减速比较大，一般采用两级齿轮减速或一级蜗轮蜗杆减速与一级齿轮减速。

b. 滚筒装置。滚筒装置由四个滚筒组成，左右各一对独立设置，每个滚筒的两端分别用滚动轴承与轴承座支承在框架上，并且保持两滚筒轴线平行。滚筒相当于一个活动路面（被检车轮置于两滚筒之间），用来支承被检车轮并在制动时承受和传递制动力。为了增大滚筒与车轮之间的附着系数，滚筒表面一般采用黏砂或嵌砂喷焊处理，使滚筒表面附着系数可达 0.8 以上。

c. 测量装置。制动力测量装置主要由测力杠杆和传感器组成。测力杠杆一端与传感器连接，另一端与减速器壳体连接，被测车轮制动时测力杠杆与减速器壳体将一起绕主动滚筒（或绕减速器输出轴、电动机枢轴）轴线摆动，传感器将测力杠杆传来的、与制动力成比例的力（或位移）转变成电信号输送到指示、控制装置。

d. 举升装置（第三滚筒）。为了便于车辆出入制动检验台，在两滚筒之间设有举升装置。举升装置一般由举升器、举升平板和控制开关等组成，举升器有气压式、液压式和电动式等形式。通常反力式滚筒制动检验台在主、从动滚筒之间设置一个直径较小，既可自转又可上下移动的第三滚筒，平时由弹簧使其保持在最高位置。

第三滚筒上装有转速传感器，在进行制动力检测时，被检车辆的车轮置于主、从动滚筒上并同时压下第三滚筒，与其保持可靠接触，控制装置通过转速传感器即可得知被测车轮的转动情况。当被检车辆制动，转速下降至接近抱死时，控制装置根据转速传感器送出的相应电信号使驱动电动机停止转动，以防滚筒剥伤轮胎和保护驱动电动机，同时起到防止被检车辆后移，读取被检车轮的最大制动力。在计算机控制的检测线上，第三滚筒还可作为被检车轮的到位控制和安全保护装置，只有当两个车轮制动单元的第三滚筒同时被压下时，计算机控制系统才确认被检车轮已经到位，发出信号接通制动检验台驱动电动机电路，制动检验台开始正常检测。带有第三滚筒的制动检验台可不用举升装置。

e. 指示与控制装置。指示装置有指针式和数字显示式两种。指针式指示仪表有单针式和双针式两种。制动检验台控制装置一般采用电子式。为提高自动化与智能化程度，有的控制装置中配置了计算机。带计算机的控制装置多配置数字显示器，但也有配置指针式指示仪表的。带计算机的指示与控制装置主要由计算机、放大器、A/D 转换器、数字显示器和打印机等组成。目前指示装置向大型点阵显示屏或大表盘、大刻度方向发展，以使检测人员在较远距离处也能清晰读数。

②工作原理。进行车轮制动力检测时，被检汽车驶上制动检验台，车轮置于主从动滚筒之间，放下举升器（或压下第三滚筒，装在第三滚筒支架下的行程开关被接通）。通过延时电路起动电动机，经减速器、链传动和主、从动滚筒带动车轮低速旋转，待车轮转速稳定后驾驶员踩下制动踏板，车轮在车轮制动器的摩擦力矩作用下开始减速旋转。此时电动机驱动的滚筒对车轮轮胎周缘的切线方向作用制动力以克服制动器摩擦力矩，维持车轮继续旋转。与此同时车轮轮胎对滚筒表面切线方向附加一个与制动力方向反向等值的反作用力，在反作用力矩作用下，减速机壳体与测力杠杆一起朝滚筒转动相反方向摆动，如图 2-2-30 所示。测力臂一端的力或位移量经传感器转换成与制动力大小成比例的电信号。从测力传感器送来的电信号经放大滤波后，被送往 A/D 转换器转换成相应的数字量，经计算机采集、储存和处理后，检测结果由数码显示或由打印机打印出来。打印格式或内容由软件设计而定。一般可以把左、右轮最大制动力、制动力和、制动力差、阻滞力和制动力—时间曲线等一并打印出来。

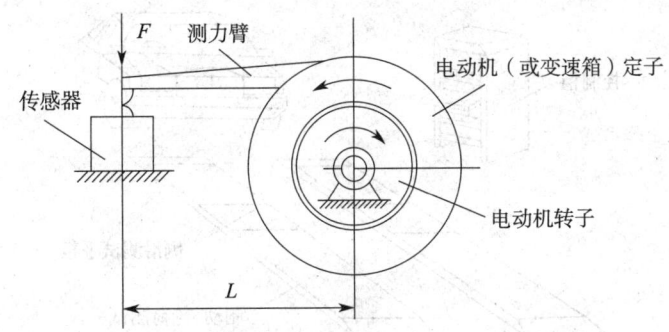

图 2-2-30　单轴反力式滚筒制动检验台制动力测试原理图

采用的反力式滚筒制动检验台对具有 ABS 的汽车制动系统的制动性能无法进行准确的测试。主要原因是这些检验台的测试车速较低，一般不超过 5 km/h，而 ABS 系统均在车速 10 km/h 以上起作用，所以在上述检验台上检测车轮制动力时，车辆的 ABS 不起作用，只相当于对普通的液压制动系统的检测过程。

有的反力式滚筒制动检验台可以选择每一车轮制动力测试单元的滚筒旋转方向。两个测试单元的滚筒既可以同向正转、同向反转，又可以一正一反转动。具有这种功能的制动检验台可以检测多轴汽车并装轴（如三轴汽车的中轴和后轴，其间设有轴间差速器）的制动力。测试时使左、右车轮制动测试单元的滚筒转动方向一正一反，只采集正转时的制动力数据，这样可以省去检验台前、后设置自由滚筒装置。这是因为驱动轴内有轮间差速器的作用，当左、右车轮反向等速旋转时差速器壳与主减速器将不会转动。所以，当被检测轴车轮被滚筒带动时，另一在试验台外的驱动轴将不会被驱动。而对于装有轴间差速器的双后轴汽车，可在一般的反力式滚筒制动台上逐轴测试每车轴的车轮制动力。

3) 平板式制动检验台。

①基本结构。平板式制动检验台由测试平板、测量显示系统和制动踏板力计组成，一般分为两条的测试平板共四块，且相互独立。平板式制动检验台结构简图如图 2-2-31 所示。

测试平板由面板、底板、钢球和力传感器等组成。底板作为底座固定在混凝土地面上，面板通过压力传感器和钢球支承在底板上，面板纵向则通过拉力传感器与底板相连。压力传感器用于测量作用于面板上的垂直力；拉力传感器则用于测量沿汽车行驶方向，轮胎作用于面板上的水平力，水平力和垂直力的大小变化分别对应于拉力传感器和压力传感器所输出的电信号的变化。拉力传感器和压力传感器输出的电信号由计算机采集、处理后，换算成制动力和轮荷的大小并分别在显示装置上显示出来。

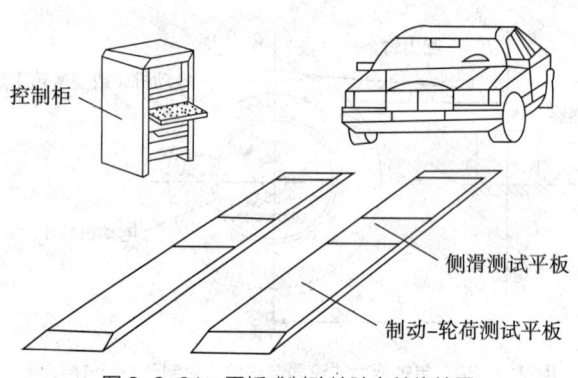

图 2-2-31 平板式制动检验台结构简图

②工作原理。在汽车设计上为满足行驶状态的制动要求，提高制动稳定性，减少制动时后轴车轮侧滑和汽车甩尾，前轴制动力一般占 50%~70%，后轴制动力相对较少。除此以外，还充分利用汽车制动时惯性力导致车辆重心前移轴荷发生变化的特点，使前轴制动力可达到静态轴重的 140%，上述制动特性只有在道路试验时才能体现，在反力式滚筒检验台上，由于受设备结构和检验方法的限制，前轴最大制动力是无法测量出来的。

平板制动检验台是一种低速动态检测车辆制动性能的设备，其检测原理基于牛顿第二定律"物体受到的合外力等于物体的质量乘以加速度"，即制动力等于质量乘以加速度（为负）。检测时只要知道轴荷与加速度即可求出制动力。从理论上讲制动力与检测时车速无关，与制动后的加速度相关。

检测时汽车以 5~10 km/h（或按出厂说明允许更高）的速度驶上平板，变速器置于空挡并紧急制动。汽车在惯性作用下，通过车轮在平板上附加与制动力大小相等方向相反的作用力，使平板沿纵向位移。经传感器测出各车轮的制动力、动态轮重，由数据采集系统处理计算出轮重、制动及悬架性能的各参数值，并显示检测结果。平板式制动检验台原理图如图 2-2-32 所示。

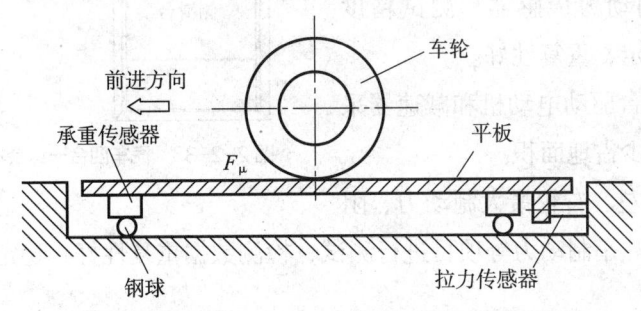

图 2-2-32 平板式制动检验台原理图

平板式制动检验台是一种新型的制动检测设备，它利用汽车低速驶上平板后突然制动时的惯性力作用，来检测制动效果。属于一种动态惯性式制动检验台，除了能检测制动性能外，还可以测试轮重、前轮侧滑和汽车的悬架性能，是一种综合性检验台。

这种检验台结构简单、运动件少、用电量少、日常维护工作量小，工作可靠性高。测试过程与实际路试条件较接近，能反映车辆的实际制动性能，即能反映制动时轴荷转移带来的影响，以及汽车其他系统（如悬架结构、刚度等）对汽车制动性能的影响。平板制动检验台不需要模拟汽车转动惯量，较容易将制动检验台与轮重仪、侧滑仪组合在一起，使车辆测试方便高效。但这种检验台存在测试操作难度较大（测试重复性主要取决于车况及检测员踩制动踏板快慢）、对不同轴距车辆适应性差、占地面积大、需要助跑车道等缺点。

4）四合一综合检验台。有的汽车维修企业、小型汽车检测站、汽车客运公司、教学科研单位等，配备四合一综合检验（测试）台对汽车安全性能指标进行检测，设置的主要检测项目有制动、轴重、侧滑、悬架。汽车四合一综合检验台结构示意图如图 2-2-33 所示。

四合一制动检验台的性能特点如下：

①具有大滚筒直径，高测试速度，主副滚筒均采用特殊工艺黏砂技术，当量附着系数为 0.75~0.9，并长期保持稳定，使用寿命超过 20 万次。

②采用新型第三滚筒机构，带缓冲装置、速度信号反馈装置、控制电机启动装置，

信号准确可靠，有效地避免了滚筒对汽车轮胎的磨损。

③第三滚筒表面滚花处理，避免打滑；第三滚筒回位阻尼装置，避免车辆进出制动台时第三滚筒回位冲击，损坏测速传感器。

④高精度制动力传感器，测试精度高，测试状态稳定，重复性好。

⑤制动检验台驱动电动机和减速器采用中置式布置减少占地面积。

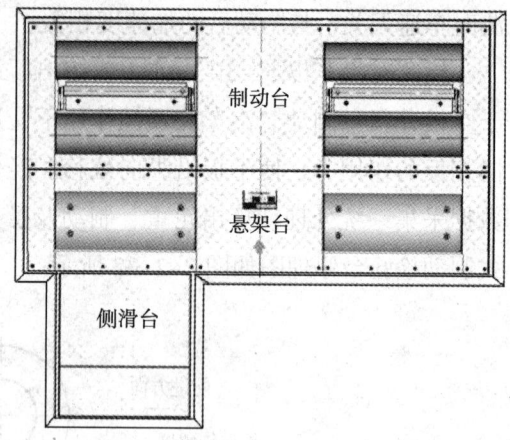

图2-2-33　汽车四合一综合检验台结构示意图

⑥可对汽车左、右轮最大制动力、阻滞力、过程差、驻车制动力等项目进行测试，检测数据重复性好、稳定性高。

二、准备车辆制动性能的检测

1. 汽车制动性能的台试检测

提示：

请参照设备厂家提供的技术说明书操作。

与路试法检测制动性能相比，检验台检测制动性能具有快速、经济、安全，不受外界自然条件的限制，以及检测重复性好和能定量地指示出各轮的制动力等优点，因而已成为检测的发展方向，在国内外获得了广泛应用。

（1）台试法制动性能的检测项目

1）制动力。制动器制动力是评价汽车制动性能的基本指标之一。通过对制动力的检测，不仅可以测得各车轮的制动力的大小，还可以了解汽车前后轴制动力合理分配，以及各轴两侧轮制动力平衡状况。若同时测得制动协调时间，便能全面检验车辆的制动性能。

由于制动力检测技术条件要求是以轴制动力占轴荷的百分比来评判的，对总质量不同的汽车来说是比较客观的标准。为此除了设置制动检验台外，还必须配置轴重计或轮重仪，有些复合式滚筒制动检验台装有轴重测量装置。其称重传感器（应变片式）通常安装在每一车轮测试单元框架的4个支承脚处。

2)制动力平衡。制动力平衡的检查通常是与制动力检查同时进行的,行车时,如果车辆出现明显的偏头或甩尾等现象,一般都是由制动力不平衡所引起的。

3)车轮阻滞力。车轮阻滞力是指行车和驻车制动装置处于完全释放状态,变速器处于空挡时,制动检验台驱动车轮所需的作用力。检测车轮阻滞力的目的是了解制动器是否拖滞,车轮阻滞力大小取决于轮毂总成、制动器总成、半轴总成的维护情况,只有对这些部位进行调整、润滑等维护作业才能有效减少车轮阻滞力。

4)制动协调时间。制动协调时间是以驾驶员踩下制动踏板的瞬间作为起始计时点。在制动测试过程中必须由驾驶员通过套装在汽车制动踏板上的脚踏开关向检验台指示,控制装置发出一个"开关"信号,开始时间计数,直至制动力与轴荷之比达到标准规定值75%的瞬间为止。这段时间即为制动协调时间,通常可以通过检验台的计算机执行相应程序来实现。

(2)用反力式滚筒制动检验台检测方法

1)准备工作。

①将制动检验台的指示与控制装置上的电源开关打开,按使用说明书的要求预热至规定时间。

②如果指示装置为指针式仪表,检查指针是否在零位,否则应调零。

③检查并清洁制动检验台滚筒上粘有的泥、水、砂、石等杂物。

④核实汽车各轴的轴荷,不得超过制动检验台允许载荷。

⑤检查并清除汽车轮胎粘有的泥、水、砂、石等杂物。

⑥检查汽车轮胎气压是否符合规定,否则应调整至规定气压。

⑦将制动踏板力计装到制动踏板上。

2)检测方法。

①升起制动检验台举升器。

②被检车辆正直居中行驶,各轴依次停放在轴(轮)重仪中间位置,并按仪器说明书规定的时间停放,分别测出轴重。

③汽车沿其纵向中心与滚筒轴线垂直的方向驶入制动检验台。先前轴,再后轴,使车轮处于两滚筒之间。

④汽车停稳后,变速器置于空挡位置,行车制动器和驻车制动器处于完全放松状态,根据需要,把制动踏板力计安装在制动踏板上。

⑤降下举升器,至举升器平板与轮胎完全脱离为止。

⑥起动电动机,在2s后开始采样并保持足够的采样时间(5s),测车轮阻滞力。

⑦根据提示,踩下制动踏板,测得左、右车轮制动力增长全过程的数值。一般在

15~30 s或第三滚筒发出车轮即将抱死的信号后,滚筒自动停转。

⑧升起举升器,驶出已测车轴,驶入下一车轴,按上述同样方法检测各车轮制动力。

⑨当与驻车制动器相关的车轴在制动检验台上时,检测完行车制动性能后应重新起动电动机,在行车制动器完全放松的情况下,用力拉紧驻车制动器操纵杆,检测驻车制动性能。

⑩所有车轴的行车制动性能及驻车制动性能检测完毕后,升起举升器,卸下踏板力计,汽车驶出制动检验台,关闭检验台总电源。

3)注意事项。

①车辆进入检验台时,轮胎不得夹有泥、砂等杂物,除驾驶员外不得有其他乘员。

②测制动时不得转动转向盘。

③在制动检验时,如果车轮在滚筒上抱死,制动力未达到要求时,可换用路试或其他方法检验。

④空载检验时,气压制动系统:气压表的指示气压≤600 kPa。液压制动系统:踏板力,乘用车≤400 N,其他机动车≤450 N。

(3)用平板式制动检验台检测

1)准备工作。

①将检验台指示与控制装置上的电源开关打开,预热到规定状态。

②检查并清洁制动检验台的测试平板,平板表面无水、油污等污染物。

③检验台仪表调零。

④检查并清洁被检汽车轮胎,轮胎气压、花纹深度应符合标准规定。清除轮胎花纹内或轮胎间嵌入的小石子等杂物。

⑤将制动踏板力计装到制动踏板上。

2)检测方法。

①将被测汽车停在距离检验台一个车位以外的位置,被检汽车对正检验台。

②以5~10 km/h的车速驶上测试平板。前轮驶上平板后踩下离合器,变速器置于空挡,在四个车轮分别驶上各自测试平板后,提示制动的指示灯闪亮。此时急踩制动踏板,使汽车停住。

③读取检测结果(车轮制动力和动态轮荷)。

④汽车重新起步,平稳驶离检验台。

⑤切断检验台电源。

3)注意事项。

①轴重大于检验台允许重量的汽车,请勿开上检验台。

②车辆进入检验台时,轮胎不得粘有泥沙等杂物;不应让油水、泥沙等污染测试板。

③空载检验时,气压制动系统:气压表的指示气压≤600 kPa。液压制动系统:踏板力,乘用车≤400 N;其他机动车≤450 N。

④不要在检验台上进行车辆维修作业。

（4）装备 ABS 车辆的检测

装备 ABS 的车辆,由于其特殊性,其制动性能检测的方法也与普通车辆不同。GB/T 13594—2003《机动车和挂车防抱制动性能和试验方法》规定了检测 ABS 系统的技术要求和方法。

1）技术要求。

①制动力。车辆在检验台上测出的制动力应符合表 2-2-3 的要求。

表 2-2-3　ABS 系统制动力要求

制动力总和与整车质量的百分比 /%	轴制动力总和与轴荷的百分比 /%
≥60	≥60

②制动力平衡要求。在制动力增长全过程中同时测得的左右轮制动力差的最大值,与全过程中测得的该轴左右轮最大制动力中大者之比,对前轴不得大于 20%;对后轴,在后轴制动力大于等于后轴轴荷的 60% 时不得大于 24%;当后轴制动力小于后轴轴荷的 60% 时,在制动力增长全过程中同时测得的左右轮制动力差的最大值不得大于后轴轴荷的 8%。

③制动协调时间。车辆在检验台上测出的制动协调时间不大于 0.6 s。

④车轮阻滞力。车辆在检验台上测出的车轮阻滞力不大于该轴轴荷的 5%。

⑤驻车制动性能。车辆在检验台上测出的驻车制动力的总和应不小于该车在测试状态下整车质量的 20%。

⑥车轮滑移率。车轮滑移率应在 15%～20% 的范围内。

2）检测条件。

①检验为空载检验。

②汽车制动踏板力或制动气压符合以下要求:

气压制动系统气压表的指示气压≤60 kPa。液压制动系统的踏板力:座位数不大于 9 座的载客汽车≤400 N;其他车辆≤450 N。

③轮胎充气至厂定压力值,误差不超过 +10 kPa;胎面花纹高度不低于 1.6 mm。

④检验台应具备受检车各轴各轮同时测量下列参数功能:

a. 各轮制动特性测量;

b. 制动力测量；

c. 制动力平衡测量；

d. 制动协调时间测量；

e. 车轮阻滞力测量；

f. 驻车制动力测量；

g. 滑移率测量。

3）制动能力检测。

①检测程序。检验台滚筒表面应清洁，没有松散物质及油污。检验员将车辆位置摆正，起动检验台，测取技术要求所规定的参数值，并记录车轮是否抱死。

在测量时，为了获得足够的附着力，以避免车轮抱死，允许在车辆上增加足够的附加质量或施加相当于附加质量的作用力（附加质量或作用力不计入轴荷）；也可采取防止车辆移动的措施。

②检验结果处理。当采取增加足够的附加质量或施加相当于附加质量的作用力方法之后，仍出现车轮抱死并在滚筒上打滑或整车随滚筒滚动向后移出的现象，而制动力仍未达到合格要求时，应改用国标规定的其他方法进行检验。

当车辆经台架检验后对其制动性能有质疑时，可用路试检验进行复检，并以满载路试的检验结果为准。

使用台架检测车辆制动力时，当检测结果为不合格且与标准规定值之差不超过标准规定值的15%时，在对车辆不进行任何调整的情况下，应重新进行检测。

4）车轮滑移率检测。

①检测程序。检验台滚筒表面应清洁，没有松散物质及油污。检验员将车辆位置摆正，起动检验台，使滚筒的线速度达到50 km/h以上；待滚筒的线速度稳定在（40±1.5）km/h时实施制动，测取所要求的参数值。

②检测结果处理。受检车辆每一车轮的滑移率均应在15%~20%的范围内。

2. 汽车制动性能的台试检测数据分析

在制动检验台上检测汽车制动性能时，制动系统的常见故障形式有制动力不足、同轴左右车轮制动力最大值差值过大、制动协调时间过长和车轮阻滞力过大等。

（1）各车轮制动力均偏低

1）液压制动系统。

①故障原因。

a. 制动踏板自由行程过大。

b. 主缸内油量不足，制动液变质或管路内壁积垢太厚、管道或管路接头漏油、制动液内有空气。

c. 制动主缸、轮缸的密封件、活塞、缸壁磨损过甚。制动主缸、轮缸的密封件老化、发黏、发胀，使制动时阻滞力大。制动主缸阀门内损坏或补偿孔、通气孔堵塞、活塞复位弹簧弹力不足。

d. 制动摩擦片与制动鼓（盘）的间隙过大或接触不良，制动摩擦片硬化、油污或铆钉外露。制动鼓磨损过甚或制动时变形严重。制动蹄与支承销的配合孔松旷或锈蚀。

e. 真空增压器、助力器效能不佳。

②诊断与排除方法。

a. 检查制动液是否不足或变质。

b. 车辆停止不动，用力踩下制动踏板，若踏板踩到底的位置太低，则可能自由行程太大，总泵存油不足，主缸平衡孔或通气孔堵塞，车轮制动器制动间隙过大。

c. 踏板位置太低，连续踩制动踏板无升高，则主缸通气孔或补偿孔堵塞。

d. 踏板位置能升高，但升高后不抬脚继续踩，有弹力，则油路内有空气。

e. 踩一次制动踏板时不灵，连踩踏板位置升高正常，这说明自由行程过大或制动摩擦片与制动鼓（盘）间隙过大。

f. 连踩几次制动踏板，踏板能升高，但升高后不抬脚继续踩，踏板无弹力且下沉到最低位置，说明制动系统有泄漏，可能是制动主缸密封件、轮缸、管路、管路接头漏油或制动主缸、轮缸磨损严重密封件破裂或密封不良。

g. 当踩下制动踏板，踏板高度符合要求，而深感有力不下沉，但制动效果不好，则为车轮制动器故障，如摩擦片硬铆钉头露出、摩擦片油污制动鼓（盘）磨损及变形。

h. 如果踏板高度符合要求，但踩踏板很硬，则制动液太稠、管路内壁积垢太厚、油管凹磨、软管内孔不畅或增压器、助力器效能不佳。

排除方法：根据检查结果补充或更换制动液、清洁管路、调整或更换损坏部件。

2）气压制动系统。

①故障原因。

a. 储气筒无气或气量不足：空气压缩机传动带折断或严重打滑；空气压缩机机械故障导致不供气；卸荷阀卡死在顶开进气阀位置上；空气压缩机向储气筒的供气管道破损、堵塞、冰阻或管道接头松脱、漏气严重；挂车制动分离开关未关或关闭不严；储气筒破裂，储气筒各功能阀失效、漏气。

b. 制动阀故障：制动阀进气阀卡住或关闭不严，压缩空气从排气口排出；制动阀进气阀不能打开；制动踏板传动机构折断；制动阀至制动气室的管道折断，接头松脱，或管道堵塞、冰阻等。

c. 制动气室故障：制动气室膜片破裂；制动气室壳体破损、接合面松动；制动气室推杆在壳体孔中卡死不能移动；调整臂调整不当导致制动气室推杆行程过小；制动气室推杆与调整臂连接销脱落，不能推动制动凸轮工作。

d. 车轮制动器故障：制动凸轮轴与支架衬套卡死，不能转动，或转角过小；制动蹄摩擦片、制动鼓（盘）磨损后间隙过大；制动蹄摩擦片大面积脱落，或严重烧蚀；制动鼓（盘）开裂、破碎；制动器过热或水湿。

②诊断与排除方法。

a. 发生车轮制动力偏低，首先查看气压表，检查储气筒气压，如气压低或无气压，则应检查以下项目：检查空气压缩机传动带；检查空气压缩机出气管道、接头；检查储气筒及储气筒上各功能阀。

b. 如果气压表指示正常，则踩下制动踏板同时注意观察气压变化，如气压下降极小或为零，说明制动阀开度极小或不能打开，应拆检制动阀。

c. 踩下制动踏板时，气压急剧下降并伴有漏气声，则应检查以下项目：检查制动阀到制动气室的管道、接头；检查制动气室壳体及膜片。

d. 踩下制动踏板，气压下降正常（40~50 kPa）且无漏气声，说明故障在车轮制动器，应检查以下项目：检查制动气室推杆运动是否卡滞，检查推杆行程；检查促动凸轮轴在支架运动是否灵活；拆检车轮制动器，检查制动鼓（盘）、制动蹄摩擦片、制动蹄轴。

排除方法：根据检查结果调整或更换损坏部件。

在严寒季节里，如果储气筒没有及时排水，容易造成水在管道内、控制阀上结冰而形成"冰阻"引起全车制动失效的故障，应引起注意。

（2）个别车轮制动力偏低

1）液压制动系统。主要原因是该车轮制动器故障，若同一制动回路两车轮制动力均偏小，则应检查该制动回路中有无空气或是否有不密封处。根据检查结果排放管路中的空气、调整或更换损坏部件。

2）气压制动系统。主要原因是该车轮制动间隙过大或制动器故障。若同一制动回路两车轮制动力偏低，主要原因是制动管路漏气或某一制动气室膜片破裂。根据检查结果调整或更换部件。

（3）同轴左右车轮制动力最大值差值过大

1）液压制动系统。

①故障原因。

a. 某轮缸的进油管被压扁、堵塞，或进油软管老化、发胀造成进油不畅、进油管接头松动漏油。

b. 某轮缸的缸筒、活塞、密封件磨损漏油，导致压力下降。

c. 制动系统某个管路支路或轮缸内有空气未排出。

d. 各车轮制动器的制动间隙、制动蹄摩擦片质量、制动蹄摩擦片与制动鼓接触贴合状况等相差过大。

e. 各车轮制动器的制动鼓直径，制动鼓的圆度、圆柱度，盘式制动器的制动盘厚度，制动盘偏摆等各项技术指标相差过大。

f. 各车轮制动器的制动鼓（盘）工作表面状况相差过大。

g. 各车轮制动器的制动蹄复位弹簧弹力相差过大。制动蹄轴与衬套的配合、磨损程度不一致。

②诊断与排除方法。

a. 根据检测结果，先检查故障车轮的管路、接头以及制动分泵有无因堵塞、压扁、松动或破裂而引起的漏油、不畅等现象。

b. 经检查一切正常，则检查各车轮的制动间隙是否符合技术规范要求，并调整为一致。

c. 如以上检查项目正常，则需拆检车轮制动器，检查制动蹄摩擦片、制动鼓、制动蹄轴与衬套配合及制动蹄复位弹簧并修理。

排除方法：根据检查结果调整或更换损坏部件。

2）气压制动系统。

①故障原因。

a. 某车轮制动器的制动气室进气管被压扁、锈蚀堵塞，或进气软管老化发胀、进气管接头松动、漏气。

b. 某制动气室壳体连接螺栓松动引起漏气，或制动气室的膜片老化、破裂。

c. 各车轮制动器的制动气室推杆行程不一致，或某制动气室推杆有卡滞现象。

d. 各车轮制动促动凸轮轴转角相差过大，或制动促动凸轮轴与支架配合、磨损程度不一致，某制动促动凸轮轴转动不灵活。

e. 各车轮制动器的制动间隙，制动蹄摩擦片的质量，以及制动蹄摩擦片与制动鼓的接触状况相差过大。

f. 各车轮的制动鼓直径、圆度、圆柱度等技术指标相差过大，各制动鼓工作表面状况相差过大。

g. 车轮制动器的蹄片复位弹簧弹力相差过大，制动蹄轴与衬套配合、磨损程度不一致。

②诊断与排除方法。

a. 根据检测结果，先检查故障车轮的管路、接头以及制动分泵（制动气室）有无因堵塞、压扁、松动或破裂而引起的漏气、不畅等现象。

b. 经检查一切正常，则检查各车轮的制动间隙，气压制动的制动气室推杆行程是否符合技术规范要求，并调整为一致。

c. 检查气压制动的制动气室推杆、制动促动凸轮轴是否有卡滞现象，应转动灵活。

d. 如以上检查项目正常，则需拆检车轮制动器，检查制动蹄摩擦片、制动鼓、制动蹄轴与衬套配合及制动蹄复位弹簧并修理。

排除方法：根据检查结果调整或更换损坏部件。

（4）各车轮制动协调时间过长

1）液压制动系统。

①故障原因。

a. 制动踏板自由行程过大。

b. 车轮制动间隙过大。

c. 制动回路中有空气。

②诊断与排除方法。

a. 主要检查制动踏板自由行程是否过大。

b. 若个别车轮制动协调时间过长，则主要检查该车轮制动间隙是否过大。

c. 若同一制动回路两车轮制动协调时间过长，则可能是该制动回路中有空气。

2）气压制动系统。

①故障原因。

a. 制动踏板自由行程是否过大。

b. 车轮制动间隙过大。

②诊断与排除方法。

a. 主要检查制动踏板自由行程是否过大。

b. 若个别车轮制动协调时间过长，则应主要检查该车轮制动间隙是否过大。

排除方法：根据检查结果调整或更换损坏部件。

（5）车轮阻滞力超限

1）液压制动系统。

①故障原因。

a. 液压制动总泵（主缸）故障：制动踏板没有自由行程，或踏板复位弹簧松脱、折断、太软；制动踏板轴锈蚀，磨损发卡，复位弹簧不能使其回位；制动液太脏或黏度太大，使得回油困难；制动总泵回油孔旁通孔堵塞；制动总泵活塞发卡、密封件发胀使其回位不灵活，堵住总泵回油孔；制动总泵活塞复位弹簧过软，或折断；制动总泵回油阀弹簧过硬。

b.液压制动分泵（轮缸）故障：制动分泵橡胶碗发胀、卡住、或密封件被粘住；制动分泵活塞变形磨损卡住；制动分泵进油口堵住不能回油；制动油管被压扁，或制动软管老化，内壁脱落堵塞导致回油不畅。

c.车轮制动器故障：制动蹄摩擦片与制动鼓（盘）间隙过小；制动蹄摩擦片与制动鼓（盘）烧结、粘住；制动蹄摩擦片脱落，其碎片夹在制动蹄摩擦片与制动鼓（盘）之间；制动蹄复位弹簧脱落、折断，或弹力过小；制动蹄轴与衬套配合间隙过紧、润滑不良锈蚀，引起回位转动困难；制动鼓失圆，制动盘翘曲变形。

d.制动伺服机构故障：真空增压器的加力气室膜片复位弹簧过软；真空增压器的控制阀膜片弹簧过软；真空增压器的制动液、空气阀与真空阀间距过大，使真空阀与阀座距离变小；真空增压器的控制阀活塞发卡或密封件发胀，使活塞运动不灵活；真空助力器的加力气室活塞复位弹簧过软；真空助力器的加力气室壳体变形使活塞复位困难。

e.制动拖滞故障的其他原因：轮毂轴承调整不当，使制动鼓歪斜与制动蹄摩擦片接触；行车制动兼驻车制动的制动蹄摩擦片未放松，或钢索调整不当。

②诊断与排除方法。

出现车轮阻滞力超限后，用手摸制动鼓温度，如各制动鼓均有过热现象，则为全车车轮阻滞力超限。其故障多为制动总泵工作不良。如仅有个别制动鼓有过热现象，则为个别车轮阻滞力超限，其故障多在制动分泵、车轮制动器或液压支路油管。

如故障是个别车轮阻滞力超限，往往带有制动跑偏或行驶跑偏的故障现象。

a.若全车出现车轮阻滞力超限，首先应检查液压制动总泵部分。检查项目：检查制动踏板自由行程，如不符合要求应调整；检查制动踏板轴及踏板复位弹簧有无锈蚀、发卡。

b.若踏板自由行程符合要求，可打开储液罐盖，踩放制动踏板，同时观察储液罐的回油情况：如回油缓慢，则应检查制动液黏度，以及制动液清洁程度；如看不到回油情况，则应检查制动总泵回油孔是否堵塞，总泵密封件是否退回不到位，堵住总泵回油孔。

c.如果制动液清洁、纯净，则应拆检制动总泵。检查项目：检查制动总泵活塞复位弹簧是否符合要求；检查制动总泵口油阀弹簧是否过硬；检查制动总泵橡胶碗、橡胶圈有无发胀、卡死。

d. 若制动总泵一切正常，则应检查液压制动伺服机构。检查项目：真空增压器加力气室膜片复位弹簧；真空增压器控制液；真空助力器加力气室活塞复位弹簧；真空助力器加力气室外壳有无变形。

e. 若仅有个别车轮制动器有制动拖滞，可顶起有故障的车轮，不踩制动踏板，旋松该车轮的制动分泵放气螺钉。如果制动液从排气螺钉处喷出后，车轮恢复旋转自如，则应检查该轮液压支路的油管有无夹扁、堵塞。

f. 如打开排气螺钉后，该车轮仍然转动困难，则需拆检该轮的车轮制动器。检查项目：检查制动间隙是否调整过小；检查制动蹄摩擦片是否脱落，有无碎片卡死在制动蹄与制动鼓之间；检查制动蹄轴是否锈蚀、磨损、转动不灵活；检查制动蹄复位弹簧是否脱落、折断；检查制动鼓的圆度、圆柱度，检查制动盘有无翘曲变形。

g. 如以上检查均符合要求，则需拆检该轮制动分泵。检查项目：制动分泵活塞、轮缸是否磨损过大，活塞是否在缸筒内卡住；制动分泵密封件是否发胀，使运动不灵活造成制动蹄不回位。

排除方法：根据检查结果调整或更换部件。

2) 气压制动系统。

①故障原因。

a. 气压制动总泵故障：制动踏板无自由行程或自由行程太小；制动阀排气间隙调整过小；制动阀排气阀座密封件发胀，堵塞排气口；气阀导向座锈蚀、发卡；制动踏板传动机构卡住不回。

b. 车轮制动器故障：制动气室推杆卡住不回；制动促动凸轮轴在支架衬套中因锈蚀卡住；制动促动凸轮轴支架固定螺栓松动，引起凸轮轴不同心而转动不灵活；制动蹄摩擦片与制动鼓间隙过大，凸轮转角过大"立"起来；制动蹄摩擦片与制动鼓间隙过小；制动蹄摩擦片与制动鼓烧结、粘住；制动蹄摩擦片脱落，其碎片夹在摩擦片与制动鼓之间；制动蹄复位弹簧脱落、折断或弹力过小；制动蹄轴与衬套配合间隙过小、锈蚀、润滑不良引起转动困难。

c. 其他原因引起车轮阻滞力超限：半轴套管与轮毂轴承配合松旷导致制动鼓偏斜；半轴套管与后桥壳配合松旷；轮毂轴承外圈与轮毂配合松旷，导致制动鼓偏斜；制动气室膜片老化、膨胀、变形；制动软管老化、发胀、堵塞；制动踏板轴发卡、踏板复位弹簧脱落、折断引起踏板不回位。

②诊断与排除方法。

气压制动车辆制动后抬起制动踏板时，如制动阀排气缓慢或不排气（排气声音小或听不到排气声），多属于制动阀故障，表现为整车车轮阻滞力超限，各车轮制动鼓均有发热现象。

如果制动阀排气声正常或断续排气而有阻滞力超限现象，一般为个别车轮阻滞力超限，其故障多发生在气压支路管道、制动气室以及车轮制动器，可以试摸各车轮制动鼓的温度差别来辅助诊断。如有个别车轮制动拖滞，往往会伴随出现制动跑偏或行驶跑偏的现象。

a. 若确定是全车车轮阻滞力超限，首先应检查制动踏板自由行程，以及制动踏板复位弹簧、制动踏板轴、制动阀摇臂。

b. 如果制动踏板自由行程符合要求，则应检查排气阀复位弹簧及排气阀橡胶座情况。

c. 如果以上项目检查符合要求，则应分解制动阀，检查制动阀的梃杆是否生锈或有污物造成卡住。

d. 如果是个别车轮阻滞力超限，可在踩制动踏板的同时，观察、比较正常车轮与故障车轮的制动气室推杆动作是否一致。如制动气室推杆回位迟滞，或不回位，则应检查制动促动凸轮轴与支架衬套是否润滑不良、磨损过多或是安装调整不当引起同轴度超差；如各制动气室推杆回位良好，则应检查故障车轮的制动鼓与制动蹄片间隙是否过大、过小。

e. 如果制动间隙正常，无变化，则应拆检车轮制动器。检查项目：制动蹄摩擦片有无黏结、烧死在制动鼓上；制动蹄摩擦片有无脱落或碎片夹在制动蹄与制动鼓之间；制动蹄轴与蹄铁衬套的配合间隙、润滑情况；制动凸轮转角是否过大；制动蹄复位弹簧情况；制动鼓圆度、圆柱度。

f. 如果架起车轮检查，车轮转动灵活、正常，而落下车轮后，车轮制动间隙有变化，则应检查以下各项：轮毂轴承外圈与轮毂轴承孔的配合情况；轮毂轴承内圈与半轴套管轴颈的配合情况；半轴套管与后桥壳配合情况；轮毂轴承预紧调整情况；半轴套管外端螺纹、轮毂轴承调整螺母、锁紧螺母的螺纹。

排除方法：根据检查结果调整或更换部件。

3. 填写检验报告，确认任务完成

1）检验完成后，填写检验报告并签字确认，交付负责人进行下一步处理。

2）在工作过程中遵循现场工作管理规范，完成"7S"管理规定的工作内容。

学习单元6 车辆排放性能检测

一、准备车辆尾气排放性能的检测

1. 工作场景

（1）工作场景描述

你所在的维修企业完成一辆一汽大众迈腾B7的发动机维修，准备参加年检，要求进行尾气排放检测，你能完成这个任务吗？

（2）工作任务解读

随着汽车保有量的增加，汽车排气污染物造成的环境污染情况日趋严重，检测并控制汽车排气污染物，对于保护人类生存环境具有重要意义，用尾气分析仪和烟度计检测汽车排气污染物浓度，控制排气污染物的扩散，将其限定在允许范围内，以达到环境保护的目的。

2. 接受工作任务，明确任务内容

1）从业务接待员（服务顾问）、车间主管或班组长处接受车辆检验任务。

2）阅读维修工单，明确任务要求。

3. 进行工作任务准备

提示：

请严格遵守维修车间安全及其他管理制度！

准备完成工作任务需要的场地、设备、工具及材料。

（1）个人防护装备

常规工装。

（2）车辆防护装备

1）车外防护三件套：左、右翼子板布和前格栅布。

2）车内防护三件套：地板垫、座椅套、转向盘套。

（3）车间设备

本次工作无须使用。

（4）检测设备/仪表

尾气分析仪、烟度计。

（5）拆装工具

本次工作无须使用。

（6）其他辅助材料

本次工作无须使用。

（7）技术资料及其他材料

对应车型维修手册、对应车型用户手册、其他必要的技术资料。

4. 汽车排放性能的检测标准和检测设备介绍

（1）汽油车排放污染物限值及检测方法

提示：

对于点燃式发动机（汽油机）汽车检验依据为国家标准 GB 18285—2018《汽油车污染物排放限值及测量方法（双怠速法及简易工况法）》。

根据国家标准的规定，对于在用汽油车排放性能（排放污染物控制）的检验项目包括外观检验、车载诊断系统（OBD）检查、排气污染物检测、燃油蒸发检测，以下只介绍排气污染物限值和检测方法，其他内容请阅读国家标准。

1）一般规定。

①单一燃料汽车，仅按燃用单一燃料进行排放检测；两用燃料汽车，要求使用两种燃料分别进行排放检测。

②有手动选择行驶模式功能的混合动力电动汽车应切换到最大燃料消耗模式进行测试，如无最大燃料消耗模式，则应切换到混合动力模式进行测试，若测试过程中发动机自动熄火自动切换到纯电模式，无须中止测试，可进行至测试结束。

2）双怠速法。按双怠速法进行检测，其检测结果应小于表 2-2-4 中规定的排放限值。其中：

①对以天然气为燃料点燃式发动机汽车，HC（碳氢化合物）为推荐性要求。

②排放检验的同时，应进行过量空气系数（λ）的测定。发动机在高怠速转速工况时，λ应在 1.00±0.05 之间，或者在制造厂规定的范围内。

③国六 a、国六 b 是为了让国五的车辆有个过渡期，国六分为国六 a 和国六 b。国六 a 的施行时间从 2019 年 7 月 1 日到 2021 年 7 月 1 日，国六 b 的施行时间从 2021 年 7 月 1 日到 2023 年 7 月 1 日。国六 a 的排放要求会低一点，而国六 b 才是真正的国六标准。

表 2-2-4　双怠速法检验排气污染物排放限值

类别	怠速		高怠速	
	CO/%	HC/10^{-6}	CO/%	HC/10^{-6}
限值 a（国六）	0.6	80	0.3	50
限值 b（国六）	0.4	40	0.3	30

3）稳态工况法。按稳态工况法进行检测，其检测结果应小于表 2-2-5 中规定的排放限值。其中：

①对以天然气为燃料点燃式发动机汽车，HC 为推荐性要求。

②应同时进行过量空气系数（λ）的测定。

表 2-2-5　稳态工况法检验排气污染物排放限值

类别	ASM5025			ASM2540		
	CO/%	HC/10^{-6}	NO/10^{-6}	CO/%	HC/10^{-6}	NO/10^{-6}
限值 a（国六）	0.50	90	700	0.40	80	650
限值 b（国六）	0.35	47	420	0.30	44	390

4）瞬态工况法。按瞬态工况法进行检测，其检测结果应小于表 2-2-6 中规定的排放限值。应同时进行过量空气系数（λ）的测定。

表 2-2-6　瞬态工况法检验排气污染物排放限值

类别	CO/(g/km)	HC+NO$_x$/(g/km)
限值 a（国六）	3.5	80
限值 b（国六）	2.8	40

5）简易瞬态工况法。按简易瞬态工况法进行检测，其检测结果应小于表 2-2-7 中规定的排放限值。其中：

①对以天然气为燃料点燃式发动机汽车，HC 为推荐性要求。

②应同时进行过量空气系数（λ）的测定。

表 2-2-7　简易瞬态工况法检验排气污染物排放限值

类别	CO/(g/km)	HC/(g/km)	NO$_x$/(g/km)
限值 a（国六）	8.0	1.6	1.3
限值 b（国六）	5.0	1.0	0.7

（2）柴油车排放污染物限值及检验方法

提示：

压燃式发动机（柴油机）汽车依据标准是 GB 3847—2018《柴油车污染物排放限值及测量方法（自由加速法及加载减速法）》。

根据国家标准的规定，对于在用柴油车排放性能（排放污染物控制）的检验项目包括外观检验、车载诊断系统（OBD）检查、排气污染物检测，以下只介绍排气污染物限值和检测方法，其他内容请阅读国家标准。

1）有手动选择行驶模式功能的混合动力电动汽车应切换到最大燃料消耗模式进行测试。

2）如无最大燃料消耗模式，则应切换到混合动力模式进行测试，若测试过程中发动机自动熄火自动切换到纯电模式，无须中止测试，可进行至测试结束。

按自由加速法或加载减速法进行检测，其检测结果应小于表 2-2-8 中规定的排放限值。

表 2-2-8　柴油车排气污染物限值判定

类别	自由加速法	加载减速法		林格曼黑度法
	光吸收系数 /m^{-1} 或不透光度 /%	光吸收系数 /m^{-1} 或不透光度 /%[1]	氮氧化物[2]/10^{-6}	林格曼黑度（级）
限值 a	1.2（40）	1.2（40）	1 500	1
限值 b	0.7（26）	0.7（26）	900	

注：①海拔高度高于 1 500 m 的地区加载减速法可以按照每增加 1 000 m 增加 0.25 m^{-1} 幅度调整，总调整不得超过 0.75 m^{-1}；
②2020 年 7 月 1 日前限值 b 过渡限值为 1 200×10^{-6}。

（3）汽车排放性能的检测设备介绍

1）四气体 / 五气体分析仪。目前用于汽油车排气污染物分析测试的仪器主要有：不分光红外线（NDIR）分析仪、氢火焰离子（FID）分析仪、化学发光（CLD）分析仪。四气体/五气体分析仪是根据汽车排放法规的要求，将各种尾气成分分析仪有机组合成一体的检测仪器。四气体分析仪可以对排放法规中规定的全部气体排放物进行分析测量，即用 NDIR 测量 CO 和 CO_2，用 FID 测量 HC，用 CLD 测量 NO_x。为适应电控燃油喷射发动机汽车检测需要，目前的汽车尾气分析仪大部分是五气体分析仪，增加了 O_2 的检测功能，用氧传感器测量 O_2，即能检测五种气体（CO、CO_2、HC、NO_x、O_2）成分的浓度，并通过对排气中的 CO、HC、CO_2、O_2 浓度进行计算可得出相应的空燃比的值。因 CLD 法测量 NO_x 浓度的设备结构复杂，现在的五气体分析仪通常不用 CLD 法，而多采用 NDIR 测量 NO_x 浓度，但其测量的精度较低。图 2-2-34 是常见的尾气分析仪。

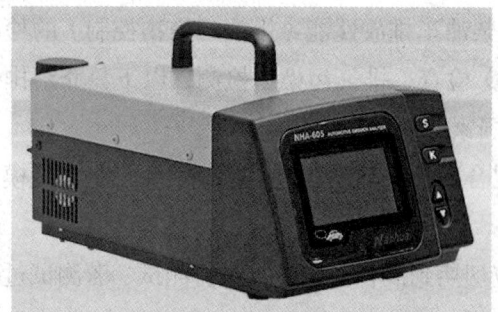 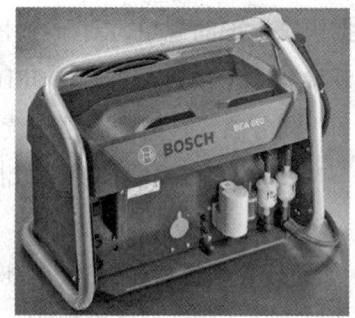

图 2-2-34 常见的尾气分析仪

2）烟度计。用于柴油机排气烟度分析测试的仪器有滤纸式烟度计、不透光烟度计，如图 2-2-35 所示。

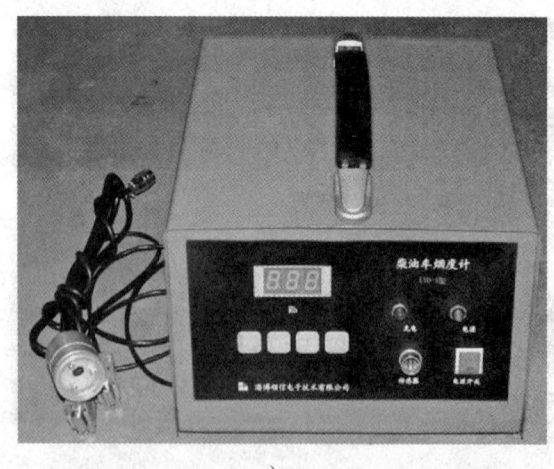 

a) b)

图 2-2-35 滤纸式和不透光式烟度计
a) 滤纸式 b) 不透光式

二、实施车辆尾气排放性能的检测

1. 汽车排放性能的检测

（1）汽油车排放污染物检测及结果判定

1）排放污染物检测要求。按国家标准 GB 18285—2018《汽油车污染物排放限值及测量方法（双怠速法及简易工况法）》规定，自 2019 年 5 月 1 日起，在全国范围内进行的汽车环保定期检验应采用标准规定的简易工况法进行，对无法使用简易工况法的车辆，可采用标准规定的双怠速法进行。具体操作步骤请参阅国家标准内容及尾气分析仪操作步骤提示。

2）排放污染物检测结果判定。按 GB 18285—2018《汽油车污染物排放限值及测量方法（双怠速法及简易工况法）》规定，汽油车排放污染物检测结果判定如下：

①如果检测结果中任何一项污染物不满足限值要求，判定车辆排放检验不合格。

②如果双怠速法过量空气系数超出标准中要求的控制范围，也判定车辆排放检验结果不合格。

③2011 年 7 月 1 日以后生产的轻型汽车，以及 2013 年 7 月 1 日以后生产的重型汽车，如果 OBD 检查不合格时，判定排放检验结果不合格。

④检验完毕后，应签发机动车环保检验报告。

⑤排放检验过程中，禁止使用降低排放控制装置功效的失效策略，所有针对污染控制装置的篡改都属于排放检验结果不合格。

（2）柴油车排放污染物检测及结果判定

1）排放污染物检测要求。按 GB 3847—2018《柴油车污染物排放限值及测量方法（自由加速法及加载减速法）》规定，自 2019 年 5 月 1 日起，在全国范围内进行的汽车环保定期检验应采用标准规定的加载减速法进行，对无法使用加载减速法的车辆，可采用本标准规定的自由加速法进行。具体操作步骤请参阅国家标准内容及烟度计操作步骤提示。

2）排放污染物检测结果判定。按 GB 3847—2018 规定，柴油车排放污染物检测结果判定如下：

①如果污染物检测结果中有任何一项不满足限值要求，则判定排放检验不合格。

②如果车辆排放有明显可见烟度或烟度值超过林格曼 1 级，则判定排放检验不合格。

③加载减速法功率扫描过程中，经修正的轮边功率测量结果不得低于制造厂规定

的发动机额定功率的40%，否则判定为检验结果不合格。

④对2018年1月1日以后生产车辆，如果OBD检验不合格，也判定排放检验不合格。

⑤检验完毕后，应签发机动车环保检验报告。

⑥禁止使用降低排放控制装置功效的失效策略。所有针对污染控制装置的篡改都属于排放检验不合格。

2. 汽车排放性能的检测数据分析

（1）汽油车排气污染物检测数据分析

通过汽车尾气排放的检测结果，根据尾气中不同成分气体的含量，对发动机的燃烧状况进行综合评价，为诊断发动机各系统的故障提供依据。汽车发动机各系统在实际工作中的状况对发动机的燃烧会产生不同的影响，因此会影响到汽车排放污染物的产生，这些影响通过各种运转参数表现，如燃油供给系统和进排气系统在汽车运行时表现的空燃比，点火系统表现的点火正时和点火能量等。

1）影响汽车尾气排放的主要因素。

①空燃比的影响。汽车尾气排放主要与发动机混合气形成、燃烧过程及燃烧结束后在排气过程中的化学反应有关。汽油发动机在急速运转时，理想的空燃比为14.7∶1，由于空气中的主要成分为氧（O）和氮（N），汽油中的主要成分为碳（C）和氢（H），最理想的结果是发动机排放二氧化碳（CO_2）、水（H_2O）及氮气（N_2）。

但发动机无法达到百分之百的燃烧效率，因此会产生一些不平衡燃烧气体，其中包括：一氧化碳（CO）、碳氢化合物（HC）、氮氧化物（NO_x）等。

碳氢化合物（HC）含有未参加燃烧的燃油碳氢化合物分子，有燃烧过程中高温分解和合成的中间产物和部分氧化物，如醛、烯及芳香烃等，有不完全燃烧产物以及润滑油的碳氢化合物等成分。CO主要来自空气不足情况下可燃混合气的不完全燃烧，是汽油机尾气中有害成分浓度最大的物质。CO_2是混合气燃烧正常的产物，它的含量能够反映燃烧的效率。

在发动机尾气中NO_x，主要是指NO，NO在大气中逐渐和氧或臭氧结合形成NO_2。NO的产生主要取决于燃烧温度以及氧的浓度。当温度超过2 000 ℃时，氧分子会分解成氧原子，它和氮分子化合生成NO。

如图2-2-36所示，随着空燃比的增加，CO的排放浓度逐渐下降，当空燃比小于14.7∶1时（混合气变浓），由于空气量不足引起不完全燃烧，CO、HC的排放量增大。空燃比越接近理论空燃比14.7∶1，燃烧越完全，CO、HC的排放量降低，O_2接近于零，而CO_2值升高。当空燃比超过16.2∶1时（混合气变稀），由于燃料成分减少，用通常的燃烧方式已不能正常着火，产生失火，使未燃烧的 HC 大量排出。混合气过浓将产生大量的 CO、HC，混合气过稀将引起失火而生成过多的 HC。

②点火正时的影响。点火提前角对 CO 的排放没有太大的影响，过分推迟点火会使 CO 没有时间完全氧化而引起 CO 排放量增加，但适度推迟点火可减小 CO 排放。实际上当点火时间推迟时，为了维持输出功率不变需要开大节气门，这时 CO 排放明显增加。随着点火提前角的推迟，HC 的含量降低，主要是因为增高了排气温度，促进了 CO 和 HC 的氧化。点火提前角与汽车尾气成分的关系，如图 2-2-37 所示。

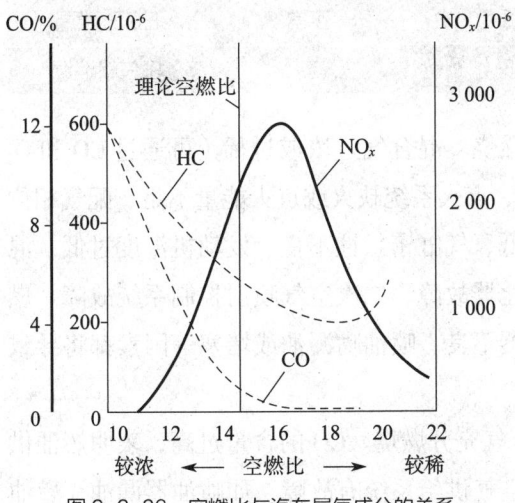

图 2-2-36 空燃比与汽车尾气成分的关系　　图 2-2-37 点火提前角与汽车尾气成分的关系

③点火能量的影响。火花塞电极间隙影响点火能量，HC 的排放浓度常随着火花塞电极间隙的增加而减少，而 CO 的排放浓度则随着火花塞电极间隙的增大而增加；但当火花塞电极间隙继续增大时，CO 的排放浓度则又随之降低。

④气缸密封性的影响。进排气门、气缸衬垫的密封性，活塞、活塞环、缸套的磨损与密封性等，都会影响汽车尾气的排放。如气缸压力过低会使燃烧不良，不仅使燃油经济性下降，而且使 HC 和 CO 的排放量增加。

⑤有关装置工作状况的影响。曲轴箱强制通风装置、燃油箱蒸发控制装置的工作状况与 HC 的生成有关，二次空气喷射、进气预热的工作状况与 HC、CO 有关，催化转化器的工作温度、转化效率、使用寿命则影响 HC、CO、NO_x 的催化还原。

2）汽车尾气检测结果与系统故障的分析。

汽车尾气排放浓度值超出正常范围时与发动机系统故障的关系见表 2-2-9。

表 2-2-9 尾气排放浓度值超出正常范围时与发动机系统故障的关系

HC	CO	CO_2	O_2	故障原因
很高/高	很高	低	低	混合气浓
很高/高	很低	低	很高/高	混合气稀
低	高	正常	正常	点火过迟
高	低	正常	正常	点火过早
很高	低	低	高	间歇性熄火
很高	低	低	低	气缸压力低
变化	变化	低	正常	EGR 泄漏
低	低	低	高	排气管泄漏

① HC 的读数高，说明燃油没有充分燃烧。混合气过浓或过稀（可通过 CO 和 O_2 的含量来判定混合气究竟是过浓还是过稀）、点火系统缺火或点火能量不足、配气相位不正确、点火正时不准确、油压过高或过低、气缸密封性不良、发动机温度过低、混合气由燃烧室向曲轴箱泄漏、三元催化转化器故障、二次空气喷射控制系统故障、燃油蒸发控制系统不能正常工作、温度传感器不良、喷油嘴漏油或堵塞等因素都将导致 HC 读数过高。

② CO 的读数是零或接近零，说明混合气充分燃烧。CO 的含量过高，表明燃油供给过多、空气供给过少，燃油供给系统和空气供给系统有故障，如喷油器漏油、燃油压力过高、空气滤清器不洁净被阻塞，其他问题如三元催化转换器有故障、二次空气喷射控制系统存在故障、燃油蒸发控制系统不能正常工作、活塞环胶结阻塞、曲轴箱强制通风系统受阻、点火提前角过大或水温传感器有故障等。

③ CO_2 是可燃混合气燃烧的产物，CO_2 的高低反映出混合气燃烧的好坏，即燃烧效率。可燃混合气燃烧越完全，CO_2 的读数就越高，混合气充分燃烧时尾气中 CO_2 的含量达到峰值 13%～16%（无论是否装有催化转化器）。当发动机混合气出现过浓或过稀时，CO_2 的含量都将降低。当排气管尾部的 CO_2 低于 12% 时，要根据其他排放物的浓度来确定发动机混合气是过浓还是过稀。燃油滤芯太脏、燃油油压低、喷油器堵塞、真空泄漏、EGR 阀泄漏等将造成混合气过稀，而空气滤清器阻塞、燃油压力过高等都可能导致混合气过浓。

④ O_2 的含量是反映混合气空燃比的最好指标，其读数是最有用的诊断数据之一，和其他 3 个读数一起能帮助找出诊断问题的难点。如上所述，可燃混合气燃烧越完全，CO_2 的读数就越高。与此相反，燃烧正常时，只有少量未燃烧的 O_2 通过气缸，尾气中

O_2 的含量应为 1%~2%。O_2 的读数小于 1% 说明混合气过浓，O_2 的读数大于 2% 表示混合气太稀。混合气过浓，O_2 的读数低而 CO 的读数高；反之，混合气过稀，O_2 的读数高而 CO 的读数低。

当 O_2 读数偏低而 CO 读数偏高时，应主要检查混合气过浓的原因，如喷油器有故障（喷油器密封不严造成燃油泄漏）、燃油压力调节器损坏造成燃油压力过高、与燃油喷射系统有关的传感器和发动机控制单元存在故障、曲轴箱强制通风系统存在故障使过多的曲轴箱窜气参与燃烧、燃油蒸发控制系统不能正常工作造成混合气过浓等。

当 O_2 读数偏高、而 CO 的读数偏低时，应主要检查混合气过稀的原因，如真空泄漏、燃油压力过低、喷油器堵塞、控制系统存在故障、二次空气喷射控制系统有故障、排气系统密封性不良、EGR 阀泄漏等。

利用功率平衡试验和尾气分析仪的读数，可指出每个缸的工作状况，进行各缸工作均匀性判断。如果每个缸 CO、CO_2 的读数都下降，HO、O_2 的读数都上升，且上升和下降的量都一样，表明每个缸都工作正常。如果只有一个缸的变化很小，而其他缸都一样，表明这个缸点火和燃烧不正常。另外，当某缸不工作时，O_2 的浓度即会增加。如四缸发动机，当有一缸不工作时，其浓度将上升到 4.75%~7.25%，若有两缸不工作，则会上升到 9.5%~12.5%。

⑤ NO_x 是发动机在高温富氧条件下的燃烧产物，发动机正常工作都会产生 NO_x。如果尾气中 NO_x 的含量超标，故障原因是发动机温度偏高，以及与 NO_x 相关的排放处理系统，如废气再循环（EGR）和三元催化转化器工作不良。

（2）柴油车排气污染物检测数据分析

在用柴油车排气烟度检测结果超标，主要原因是柴油机供油系统调整不当所致。此外，柴油机气缸活塞组和曲柄连杆机构的技术状况及柴油的质量等对排放烟度也有影响。柴油机供油系统调整不当和相关系统技术状况的变化，主要表现在柴油机出现冒黑烟、蓝烟及白烟故障。其黑烟对排放烟气检测结果的影响最大。

此外，柴油车冒黑烟还与柴油质量有关，为使着火性能良好，一般柴油机选用十六烷值为 40~45 的柴油为宜。若十六烷值超过 65，则柴油蒸发性变差，致使燃烧不完全，工作时也可发生冒黑烟现象。

目前市场上符合国六标准的柴油机，排气污染物超标的原因主要是高压共轨燃油喷射系统和后处理装置故障。

1）高压共轨燃油喷射系统故障的检测方法。在检测高压共轨燃油喷射系统油路故障时，首先应检测低压油管是否安装正确，然后再确认油轨压力传感器数据的准确性。使用检测仪器检测"控制油轨压力"和"实测油轨压力"，如果实测的油轨压力不能与控制油轨压力一致，那么燃油供给系统一定有故障。如果出现现行的不正常油轨压力故障代码，或多次出现的、非现行的不正常油轨压力故障代码，也可以说明燃油供给系统存在故障。

如图2-2-38所示为高压共轨燃油喷射系统油路测量流程图，图中箭头方向表示燃油流动方向，解释文字表示测量和检测的位置。下面根据低压油路检测和高压油路检测介绍测量流程。

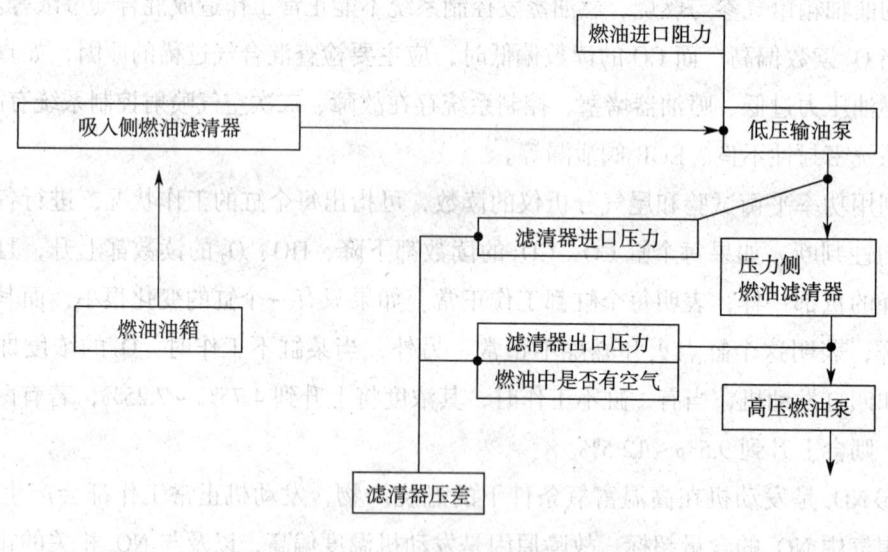

a）低压油路检测

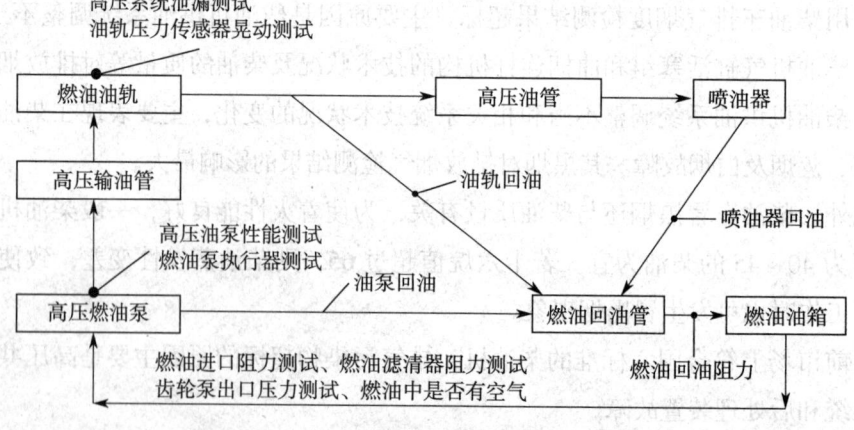

b）高压油路检测

图2-2-38　高压共轨燃油喷射系统油路测量流程图

①低压油路检测。在检测时，可首先测量"高压燃油泵进口阻力"是否符合规范，由此可以确认燃油供给系统故障点在低压油路还是高压油路。若符合规范，说明低压油路正常；若不符合规范，则需继续检测低压油路。

若低压油路存在故障，可先排除"燃油中有空气"，然后测量"燃油进口阻力"。若燃油进口阻力符合规范，则齿轮泵之前的油路是正常的；若不符合规范，则需继续检测齿轮泵之前的油路及部件。

若燃油进口阻力正常，继续测量"齿轮泵输出压力"。若齿轮泵输出压力符合规范，则齿轮泵之前的油路及部件正常，压力侧滤清器可能存在故障（通过"压力侧滤清器前后压差"判断压力侧滤清器是否堵塞）；若不符合规范，则齿轮泵可能存在故障。

②高压油路检测。若"高压燃油泵进口阻力"符合规范，则需继续测量"高压燃油泵回油量"和"高压燃油泵流量"。若高压燃油泵的回油量或输出流量不符合规范，则高压燃油泵可能存在故障；若高压燃油泵的回油量和输出流量都符合规范，则需继续测量"燃油油轨回油量"。若油轨的回油量不符合规范，则油轨可能存在故障；若油轨的回油量符合规范，则需继续测量"喷油器回油量"。若喷油器的回油量不符合规范，则喷油器可能存在故障；若喷油器的回油量符合规范，则需继续测量"回油管阻力"。若燃油回油管阻力不符合规范，则燃油回油管可能存在故障。

低压油路、高压油路和回油油路的测量均分为发动机能起动和不能起动两种情况，且当发动机能起动时，测量又分为低怠速运转和高怠速运转，部分测量需加装指定规格量孔的测量油管。以上测量标准及规范以厂家维修手册为准。

③喷油器检测。如图2-2-39所示为喷油器电磁阀与控制单元（ECU）连接电路图。

a. 采用万用表检测喷油器的控制电路，应无断路或短路，否则应修复线路。

b. 拔下喷油器插接器，采用万用表测喷油器两端子之间的电阻值，应符合维修手册的要求（低阻值喷油器的电阻值一般为0.2~0.3 Ω，高阻值喷油器的电阻值一般为13~17 Ω）。如不符合要求，则更换喷油器。

c. 如果怀疑喷油器堵塞，应采

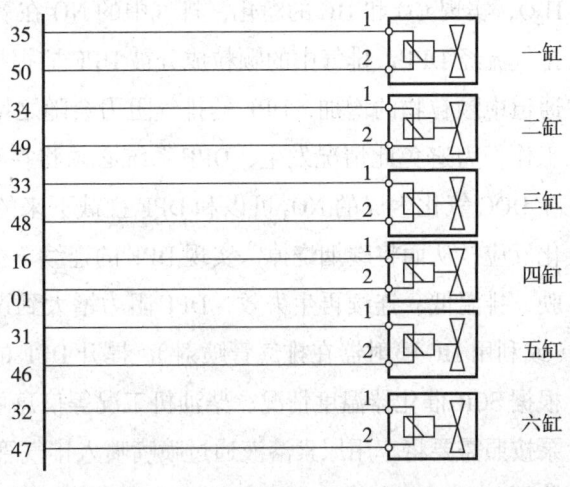

图2-2-39 喷油器电磁阀与控制单元连接电路图

用喷油器清洗检测设备进行清洁和检测,如有异常则更换喷油器。

2)后处理装置故障的处理和检测方法。符合国六标准柴油机的排气净化消声器由 DOC(氧化催化器)、DPF(柴油颗粒物捕集器)、SCR(选择性催化还原)催化器三部分组成。如图 2-2-40 所示的是国六标准排放控制技术方案:发动机排出的废气先流经 DOC,再流经 DPF,最后流经 SCR。尿素喷嘴布置在 DPF 和 SCR 之间,SCR 催化器前后安装有温度传感器,DOC 前和 SCR 后各装有一个 NO_x 传感器,DOC 前的 NO_x 传感器用于测量发动机原始 NO_x 排放,SCR 后 NO_x 传感器不但为 SCR 系统提供闭环信号,而且为 OBD(车载诊断)系统提供信号。尿素喷射系统按照需要将车用尿素水溶液(简称"尿素")通过喷嘴喷入 SCR 上游,ASC(氨逃逸催化器)将泄漏的氨气氧化成 N_2 和 H_2O。DPF 上安装有压差传感器,测量 DPF 的气流阻力,从而对 DPF 的状态进行监测。

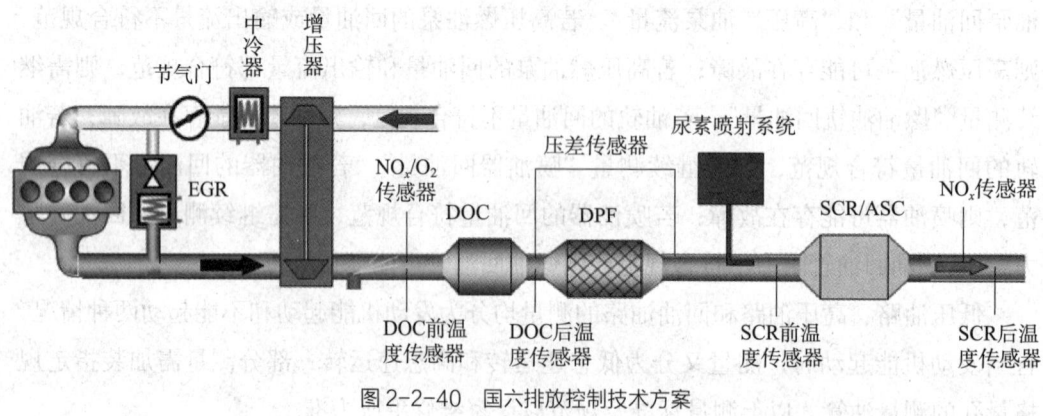

图 2-2-40 国六排放控制技术方案

柴油机运行过程中,排气中的 HC 和 CO 在 DOC 的催化作用下被氧化成 CO_2 和 H_2O,实现 CO 和 HC 的净化,排气中的 NO 在氧化催化剂的催化作用下被氧化成 NO_2。排气流经 DPF,排气中的颗粒成分被 DPF 捕捉拦截,从而实现颗粒的净化。随着 DPF 通道中颗粒物的增加,DPF 的排气阻力会随之增加,这将影响发动机的油耗甚至正常工作,为避免此情况发生,DPF 系统必须将拦截下来的颗粒中的碳烟烧掉,即再生。在 DOC 氧化生成的 NO_2 可以和 DPF 拦截下来的颗粒中的碳颗粒在 250 ℃ 以上实现氧化反应,从而将碳烟烧掉,实现 DPF 的连续(被动)再生。如果车辆长期低速轻载行驶,排温低,连续再生失效,DPF 阻力增大到设定值,发动机自动进行缸内后喷柴油(或利用 HC 喷射器在排气管喷射),提升 DPF 的温度,进行主动再生。尿素喷射系统根据 SCR 催化器温度情况、柴油机工况等信息可计算出所需的尿素喷射量,计量喷射泵按照需要将车用尿素溶液通过喷嘴喷入排气管,尿素溶液分解成 NH3,进入 SCR 催化器,和 NO_x 在催化器内部反应生成 N_2 和 H_2O,实现 NO_x 的净化,ASC 将 SCR 之后

多余的氨气氧化成 N_2 和 H_2O。

以下介绍 DPF 再生步骤和 DOC 转换效率低的故障诊断。

①柴油 DPF 再生步骤。DPF 就是安装在柴油发动机排放系统中的一个过滤装置，主要吸附尾气中的颗粒物，例如微粒（PM）、HC、NO_x 以及硫化物等，防止他们排入大气层造成环境污染。

DPF 柴油机颗粒捕集器是国际上公认的颗粒排放后处理最佳方式，其主要工作方式是排气通过颗粒捕集器，将排气中的颗粒捕集并在过滤体内适时燃烧，从而达到净化排气的目的，国内 DPF 降低 PM 效率可达 90%。

当颗粒捕集器 DPF 随着工作时间的增加，所捕集到的颗粒物也在不断增加，当颗粒物沉积达到一定量时，会导致排气背压提高、发动机性能变坏，所以为了改善和延长 DPF 的工作效率和寿命，引入了 DPF 再生功能。即利用较高的排气温度来烧掉 DPF 过滤体收集的颗粒物，恢复 DPF 的过滤功能。DPF 再生步骤如图 2-2-41 所示。

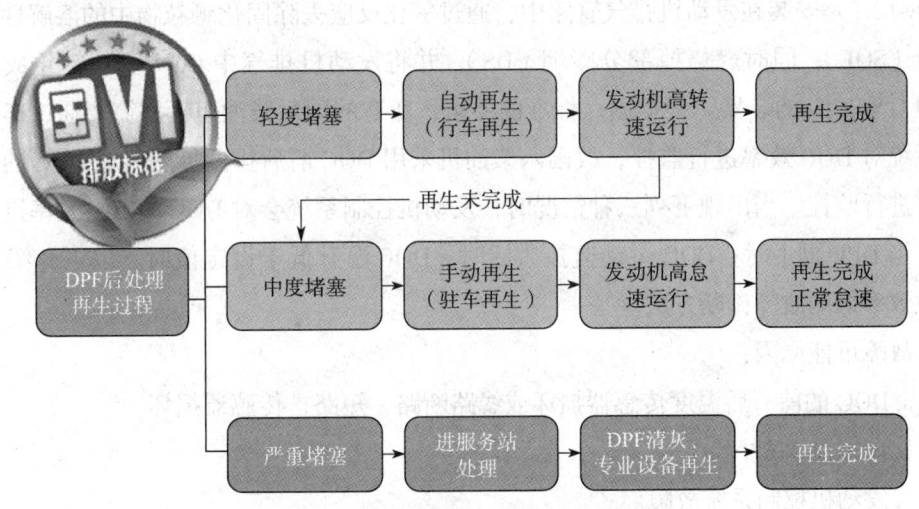

图 2-2-41 国六柴油发动机 DPF 再生步骤

a. 轻度堵塞。当 DPF 碳载量超过 3.5 g/L 时属于轻度堵塞，采用行车再生清除积碳。较高的排气温度有利于 DPF 再生，因此应控制发动机负荷，尽量减小怠速、小负荷运行时间，促进再生功能的进行。路况方面高速公路优于省道、国道。

b. 中度堵塞。当 DPF 碳载量超过 4 g/L 时属于中度堵塞，采用驻车再生的方法。驻车再生过程的要求如下：

要求 1：在 DPF 指示灯点亮后，按下 DPF 再生开关前，务必进行以下整车状态检查：车速为 0；加速踏板没有踩下；制动踏板没有踩下；离合器踏板（手动变速器）没有踩下；驻车制动已经设置（拉上）。

要求2：驻车再生需在热车（冷却液温度超过40℃，各厂家设定可能有所不同）的情况下进行再生，尽量避免整车在冷车状态下再生，因此必须先热车。

要求3：在车辆自动进行驻车再生过程中，不要人为干涉驻车再生过程，防止DPF累计的颗粒物再生不完全，对后处理系统有不利影响。

要求4：在驻车再生过程中，发动机会进行怠速提升，只有当后处理系统的排气温度冷却下来后，发动机的怠速才会恢复为正常怠速；禁止在怠速未恢复为正常怠速就熄火，以防止后处理系统存在温度过高的危险。

要求5：可根据组合仪表显示的指示灯和发动机转速对驻车再生过程进行判断，DPF再生指示灯熄灭，同时发动机怠速恢复为正常怠速值指示驻车再生过程完成。

c. 严重堵塞。如果以上操作均无效，说明DPF严重阻塞，需要由汽车生产厂家特约服务站利用专门的设备进行处理才能完成再生程序。

② DOC转换效率低的故障诊断。氧化型催化转化器简称DOC（diesel oxidation catalyst），是安装在发动机排气管路中，通过氧化反应去除固化颗粒物中的溶解性有机成分（SOF），同时燃烧掉部分碳烟（DS），并将发动机排气中CO和HC转化成无害的H_2O和CO_2的装置。根据国六标准的要求，所有的国六柴油车辆都需要通过车载控制系统对DOC效率进行监控，故国六柴油机采用DOC前后排温传感器对DOC的转换效率进行监控。当出现下列三种情况时，发动机控制系统会对DOC的转换效率进行监控：当DPF再生时；DOC主动监控激活时；DOC温升低于设定值时。以下介绍DOC转化效率低的故障诊断方法。

故障可能原因：

a. DOC的前、后温度传感器损坏或线路断路、短路；传感器损坏。

b. DOC本体故障。

c. 发动机控制系统故障。

故障诊断及排除方法：

a. 检查DOC的前、后温度传感器线束连接、安装是否正常、供电是否正常、线束是否断路或短路，若异常，则修复或更换线束。

b. 检查DOC前、后温度传感器探头是否被垫高，若是，则移除垫片或更换传感器座、恢复传感器正常安装。

c. 如果以上检查正常，但故障未排除，更换传感器。若故障仍未能排除，继续以下操作。

d. 拆检DOC，判断是否被移除，以及是否有开裂、烧损等损坏现象，如有异常应更换DOC。

e. 检查发动机控制单元数据状态是否是新版本，若有新版本，申请数据刷写验证。

f. 如果以上检查正常，但故障未排除，检查发动机控制单元的线路，如有断路、短路则修复线路。

g. 如果以上检查正常，但故障未排除，再次确认发动机控制系统正常的情况下，更换发动机控制单元。

3. 填写检验报告，确认任务完成

1）检验完成后，填写检验报告并签字确认，交付负责人进行下一步处理。

2）在工作过程中遵循现场工作管理规范，完成"7S"管理规定的工作内容。

技术管理与指导培训

模块 3

- 课程 3-1　技术管理
- 课程 3-2　指导培训

课程设置

课程	学习单元	课堂学时
3-1 技术管理	（1）汽车维修方案制定及实施	6
	（2）汽车故障分析报告和技术论文撰写	6
	（3）车辆维修质量技术评定	6
	（4）汽车新技术、新工艺、新设备、新材料培训	6
3-2 指导培训	（1）维修作业技术指导	6
	（2）技术人员技能培训	6

课程 3-1　技术管理

学习内容

学习单元	课程内容	培训建议	课堂学时
（1）汽车维修方案制定及实施	1）制定汽车故障维修方案	（1）方法：讲授法、讨论法 （2）重点与难点：汽车维修方案的制定	6
	2）组织技术人员实施维修方案		
（2）汽车故障分析报告和技术论文撰写	1）查阅和整理汽车维修技术资料	（1）方法：讲授法、讨论法 （2）重点与难点：技术论文撰写	6
	2）组织技术人员撰写汽车故障分析报告和技术论文		
（3）车辆维修质量技术评定	1）制定企业车辆维修质量检验流程	（1）方法：讲授法、讨论法 （2）重点与难点：汽车维修质量管理流程建立	6
	2）实施车辆维修质量技术评定		

续表

学习单元	课程内容	培训建议	课堂学时
（4）汽车新技术、新工艺、新设备、新材料培训	1）组织汽车维修新技术培训	（1）方法：讲授法、讨论法 （2）重点与难点：汽车维修新技术知识培训	6
	2）组建技术创新改革小组		

学习单元 1 汽车维修方案制定及实施

一、制定汽车故障维修方案

1. 汽车故障概述

（1）汽车故障的含义

进行汽车故障原因分析之前，首先要明确什么是汽车故障。汽车故障包括两层含义。

1）汽车部件或总成部分或完全丧失原车设计所规定的工作能力的现象。汽车的工作能力指汽车按技术文件规定的使用性能指标，执行规定功能的能力。汽车的工作能力是动力性、经济性、工作可靠性及舒适、安全、环保等性能的总称。车辆零部件或总成部分或完全丧失工作能力，表示车辆存在故障，如无法起动、灯光不亮、制动失灵、转向失灵等。

汽车的可靠性指汽车在规定的使用条件下，在规定的时间或者规定的里程内能稳定、安全行驶的能力。汽车的故障就是汽车零部件或总成部分丧失设计的规定功能，使汽车可靠性下降所产生的现象。

2）汽车的技术状况和工作性能达不到要求。汽车的技术状况即汽车的技术性能，是指汽车能适应各种使用条件而发挥最大工作效率的能力。车辆的技术状况一般用汽车的使用性能指标、车辆装备的完善程度以及车辆外部完好状况来进行综合评价。汽车的使用性能指标主要包括汽车的动力性、汽车的使用经济性、汽车的制动性能、汽车的操纵性和稳定性、汽车行驶的平顺性、汽车的通过性等。车辆的技术状况达不到规定要求，表明汽车有故障，如加速不良、怠速不稳、尾气排放超标等。

（2）汽车故障产生的原因

汽车由各种零件和总成组成，在使用中，随着行驶里程增加，由于机械磨损，化学腐蚀及变形，改变了零件原有尺寸、几何形状、配合间隙，长期载荷产生疲劳而变形、橡胶及塑料制品以及电子产品因长时间工作而老化等都会产生故障。另外汽车因设计、材料、生产工艺、使用方式、检修保养等差异，在使用过程中不可避免地要发生故障，而汽车在使用过程中，由于某种或几种原因，其技术状况将随行驶里程的增加而变化，其动力性、经济性、可靠性、安全性将下降，排气污染和噪声加剧，也产生故障。

汽车故障产生的原因主要有：

1）设计制造上的缺陷。汽车在设计和制造过程中有些缺陷，给汽车机件带来先天性不良，以致使用不久就出现故障，如发动机与底盘不匹配，造成换挡冲击；有的发动机散热系统设计不合理，引起发动机经常水温过高；有的曲轴材料缺陷，制造工艺不当，热处理工艺不良，造成曲轴早期断裂或变形等。对于设计引起的故障，无法通过维修彻底解决，只能召回和改进。

2）车辆使用因素与维修操作不当。

① 车辆使用外部条件复杂。

a. 气候关系。汽车故障的发生与汽车工作的外部气候有很大关系，如炎热地区的车辆易引起发动机水温过高，而寒冷地区的车辆会产生起动困难故障。

b. 车辆行驶路况关系。车辆经常在崎岖山路或丘陵地区行驶，车辆会产生剧烈跳动及转向剧烈抖动，引起底盘的冲击和磨损，减振器、球节等部件易产生故障。

c. 地理区域的影响。多雨和沿海地区的车辆，车身和底盘腐蚀较快，高海拔地区车辆行驶易产生动力不足的故障现象。

② 油料使用不当。

a. 燃油使用不当。汽车燃油标号不对、品质太差、含水过多、添加剂不良等，都会引起发动机产生故障，如引起爆燃、加速不良、损坏氧传感器、损坏三元催化转化器等。

b. 润滑油使用不当。发动机机油黏度不对、性能较差、等级低下，会增加发动机磨损，甚至导致发动机拉缸；变速器油液品质较差，直接腐蚀内部密封圈，不同品牌的自动变速器油液混合又易产生化学反应，腐蚀部件。

③ 驾驶员操纵不当或错误。

驾驶员的素质与车辆的故障产生有很大关系，驾驶技术不熟练、不按规定操纵车辆、违章驾驶车辆、不按规定保养汽车，都会造成汽车损坏和故障发生。

④维护不当。

定期正确的维护车辆，是保证汽车技术状况完备，减少故障产生的重要措施，不按时间、不按标准、不规范的维护，都容易导致故障。

⑤维修质量低下。

维修人员的素质低下、维修技术差、工具设备不齐全、配件质量差、维修工艺落后、流程不规范、维修管理混乱，都会产生故障。

3）零件失效。汽车由上万个功能不同的零件和总成组成，其中大量橡胶件、塑料件、金属件，随着行驶里程增加，由于机械磨损、化学腐蚀及变形，零件原有尺寸、几何形状、配合间隙发生改变，长期载荷产生疲劳而变形，橡胶及塑料制品以及电子产品因长时间工作而老化等，都会产生故障。

（3）汽车故障产生的规律

汽车故障出现有一定的规律性，这种规律用故障率来表示。

故障率是指汽车发生故障的频率随行驶里程或行驶时间而变化的规律，通常用故障率曲线来表示，故障率曲线两端高，中间低平，呈浴盆状，故又称"浴盆曲线"。如图 3-1-1 所示为汽车故障率浴盆曲线。

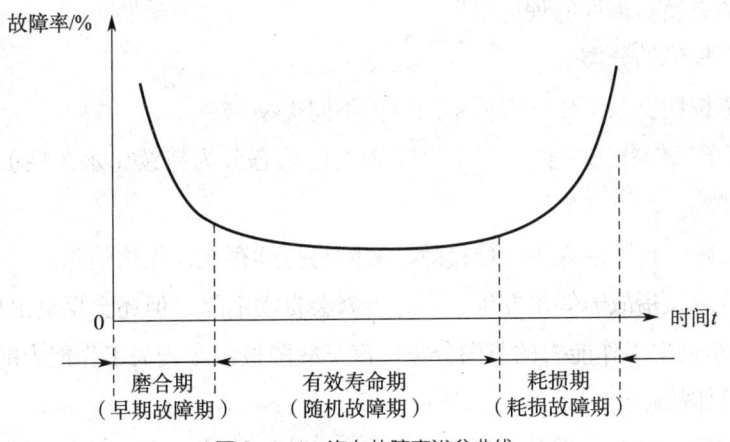

图 3-1-1 汽车故障率浴盆曲线

根据"浴盆曲线"，汽车故障率随时间变化分三个时期：

1）早期故障期。"浴盆曲线"左侧部分为早期故障期，这是新车或大修过的汽车开始使用的初期。新车出现早期故障是由于设计或制造上的缺陷等原因造成的，如设计不良、制造质量差、材料有缺陷、工艺质量有问题、装配不佳、调整不当、零件加工刀纹及残留物、工艺过程引起的应力、质量管理和检验的差错等，使故障率较高；大修车出现早期故障主要是由于装配不当、修理质量不高所致。早期故障可以通过强化试验和磨合加以排除。该阶段特点是故障率较高，但在此阶段中汽车故障率随时间增加而迅速下降，属于故障率递减型曲线。

2）随机故障期。"浴盆曲线"的中间部分为随机故障期，又称为偶然故障期，指汽车正常使用时期，故障发生比较少，不随时间变化。曲线特点是故障率比较低，并且相对稳定。此阶段故障率是与行驶里程和时间无关的常数，属于故障率恒定型曲线，故障的出现是随机的。

随机故障期内故障产生的原因：一是偶然因素造成的，如材料缺陷、操作失误、超载运行、润滑不良、维修欠佳及产品本身的薄弱环节等引起的；二是一些零件合乎规律的早期损耗所引起的。在随机故障期内发生故障的时间是随机的、难以确定的，但从统计学角度来看，故障发生的概率又是有规律可循的。汽车正常使用的过程中所出现的故障，多属于随机故障期故障。

3）耗损故障期。"浴盆曲线"的右侧部分为耗损故障期，在这段时期故障率随时间的延长而上升得越来越快，属于故障率递增型曲线。耗损故障期内故障产生的原因主要是汽车机件的磨损、疲劳、变形、腐蚀、老化、衰竭等造成的。这种故障引起性能参数恶化、振动增大、出现异响等。故障率达到一定值时，汽车或总成就不能再继续使用了，必须报废或大修。因此，确定汽车机件何时进入耗损故障期，是汽车生产厂家确定定期更换易损件的理论根据。

（4）汽车故障的分类

汽车故障按性质及工作状态等不同分为不同类型。

1）按汽车工作状态分类。汽车故障按工作状态分为持续（永久性）故障和偶发（间歇性）故障。

①持续故障。指不经人工维修排除，故障将持续存在，无法消除。

②偶发故障。指故障偶尔发生，不经维修会自动消除，但还会反复出现的故障。

2）按汽车丧失工作能力的范围分类。汽车故障按汽车丧失工作能力的范围可分为局部故障和整体故障。

①局部故障。指汽车部分丧失工作能力，而其他部分功能正常，即降低了使用性能的故障。汽车或其子系统的性能随着时间的延长而逐渐降低，当达不到规定的功能时即形成故障。例如摩擦副的磨损、弹性件的硬化、油料的变质等都会使汽车性能或部分性能下降。

②整体故障。指汽车某一功能丧失或完全丧失工作能力而不能行驶的故障。此类故障是由于汽车或其零部件在正常工作状态下突然丧失功能，造成汽车整体功能不能实现。例如，燃油泵不工作、转向节断裂等。

3）按汽车故障的严重程度分类。按汽车故障的严重程度分为轻微故障、一般故障、严重故障和致命故障。

①轻微故障。指不会导致汽车停驶或性能下降，不需要更换零件，用随车工具能轻易排除的故障。例如，点火高压线掉线，车轮个别螺母松动等。

②一般故障。指汽车运行中能及时排除的故障或不能排除的局部故障。此类故障使汽车停驶或性能下降，但一般不导致主要零部件或总成严重损坏，并可用更换易损件和随车工具在较短时间内排除。如线路连接器断路使发动机停止工作，从而使汽车停驶；刮水器在雨天损坏使汽车在雨天难以工作等故障均属于一般故障。

③严重故障。指汽车运行中无法排除的完全故障。此类故障可能导致主要零部件、总成严重损坏，或影响行车安全，且不能用易损备件和随车工具在较短时间内排除，如发动机抖动、制动跑偏等均属于严重故障。

④致命故障。指导致汽车总成重大损坏的故障。此类故障危及汽车行驶安全，导致人身伤亡，引起汽车主要总成报废，对周围环境有严重破坏，造成重大经济损失。如发动机报废、转向节臂断裂、制动管路破裂、操纵失灵等。

4) 按汽车故障发展过程分类。按汽车故障发展过程分为突发性故障和渐变性故障。

①突发性故障。也称急剧性故障，指故障突然发生，在发生故障之前没有任何迹象。突发性故障的特点是技术性能参数产生跃变。突发性故障在任何时候都可能发生。如汽车超载引起的零件突然损坏。突发性故障发生后，不停机维修，汽车无法恢复正常。

②渐变性故障。指汽车或机构由正常使用状况逐渐转化为故障状况。渐变性故障出现后一般可以继续行驶到修理厂。渐变性故障发展平稳、缓慢，汽车上的一般动配合零件都是按这种规律出现故障和发生损坏的。对于渐变性故障来说，汽车（或总成、零件）技术状况的变化是一个连续的过程，由初始状况（完好的技术状况）变到故障状况，要经过一系列的中间过程。渐变性故障之所以发展平稳、缓慢，是由于对汽车进行定期维护的结果，在汽车发生的故障中，40%~70%属于渐变性故障。

5) 按汽车故障产生的原因分类。按汽车故障产生的原因分为设计原因引起的故障和使用原因引起的故障。

①设计原因引起的故障包括结构设计欠合理、加工工艺不完善等。例如，由于汽车前悬架结构设计不合理造成汽车制动过程中的跑偏等。

②使用原因引起的故障主要指违反行车规定，如汽车超载、使用不符合标准的燃料和润滑油以及没有按规定进行维护等产生的故障。例如，由于两前轮轮胎气压不等造成的制动跑偏。使用原因引起的故障属人为故障。

（5）汽车故障的表现

汽车结构庞杂，运行条件也极其复杂，因而产生的故障也多种多样，要准确诊断故障，必须先熟悉其表现出来的不同特征。综合起来，汽车的故障表现可以归纳如下。

1）运行工况异常。指汽车在起动和运行中出现和存在不正常的工作状况。如发动机突然熄火后再起动困难，甚至不能起动；发动机不易起动或起动后运转不稳定；在行驶中动力性突然降低，使汽车行驶无力；行驶中突然制动失灵或跑偏、转向盘和前轮晃动甚至失控等。工况异常的故障症状明显，容易察觉，但是形成原因复杂，而且往往是从渐变到突变，因此，必须认真分析突变前有无可疑症状，去伪存真，才能判明故障的所在。

2）异响。汽车在发动或行驶时，由于机件的运转、振动会发出声响，这种声响可分为正常声响和异常声响。正常声响指允许存在的轻微噪声，如发动机内部的活塞环与气缸壁的摩擦声、机油的激溅声、发动机爆发形成时的声音以及其他一些汽车运行过程中允许出现的声音。异常声响则指不正常的金属敲击声，或其他不应有的声音。比如敲缸响、销响、轴承响、窜气声等。存在这些异常声音说明有故障，应立即排除。许多声响异常的故障会酿成重大机件事故，因此必须认真对待。

3）温度异常。温度异常现象通常表现在发动机、变速器总成、驱动桥总成、制动鼓及电器元件上。在正常情况下，无论汽车工作多长时间，这些总成均应保持一定的温度。除发动机外，用手触摸这些总成时，应该能够忍受，若感到烫痛难忍，表明该处过热，说明有故障。一般电器工作一段时间，也会有一定升高的温度，如触摸无热感，可判断其未工作。

4）排放异常。发动机工作过程中，正常的燃烧生成物主要成分是二氧化碳和少量的水蒸气，因此发动机尾气应该是无明显颜色的烟雾。若发动机燃烧不正常，废气中会掺有未完全燃烧的碳粒、碳化氢、一氧化碳或者大量水蒸气，这时废气的颜色可能变黑、变蓝、变白，即排放不正常。排放不正常是发动机故障诊断的重要依据，正常的发动机废气无明显的烟雾，若气缸上窜机油时，则废气呈蓝色；混合气燃烧不完全时，废气呈黑色；燃油中掺有水时，废气呈白色。

5）消耗异常。燃油、润滑油消耗异常指燃油、润滑油消耗超过其规定值。燃油、润滑油消耗异常也是一种故障症状。燃油消耗量增多，一般为发动机工作不良或底盘的传动系统、制动系统调整不当所致。机油的消耗量过多，除了渗漏的原因外，多是由于发动机有故障。这时常常伴有加机油口处大量冒烟或脉动冒烟，排气烟色不正常等现象，其主要原因是活塞与气缸壁的配合间隙过大或活塞环损坏失效。如果在发动机工作过程中，机油量有增无减，可能是由于冷却水或汽油渗入油底壳引起。燃油、润滑油的消耗异常是发动机技术状况不良的一个重要标志。

6）气味异常。气味异常是可嗅出的不正常气味，如：电路短路，燃烧时的橡胶臭味;汽车行驶中,如有制动拖滞、离合器打滑等故障时散发出来的离合器摩擦片、制动蹄片烧蚀时的焦烟味;排气管排出的烟雾味、汽油味,以及发动机过热、机油或制动液燃烧时散发的特殊气味等。行车中感觉气味异常,应尽快停车检查,确定并排除故障。

7)失控或抖动。汽车或总成在工作中,出现操作失灵、操纵困难、不允许的自身抖动等,表示有故障存在,如四轮定位不正确、轮胎动不平衡、曲轴不平衡、传动轴动不平衡等,都会引起车辆抖动和控制困难。

8)渗漏。渗漏是指汽车的燃油、润滑油(机油、齿轮油)、冷却液、制动液(或压缩空气)以及动力转向油等油液的泄漏。渗漏故障症状明显,可直接观察发现。渗漏包括漏油、漏水、漏气、漏电等,渗漏会造成过热、转向失灵、制动失灵、耗油量增加等故障,渗漏还会污染机件和环境,严重渗漏还会造成车辆工作性能下降甚至不能工作,因此一旦发现渗漏应立即排除。

9)外观异常。汽车发生故障时,外表上的变化也会反映出来。如将汽车停放在平坦场地上,检查其外形,如有横向或纵向歪斜等现象,则为外观异常。汽车外观异常的原因多是车架、车身、悬架装置、轮胎等出现异常,这会产生行驶方向不稳、行驶跑偏、重心偏移、轮胎摩擦不均匀等故障。

10)仪表指示异常。汽车上的各种仪表(转速表、机油压力表、水温表和气压表等)指示车辆有关部分的工作状况,如果仪表读数指示异常,表明该部位有故障,应立即停车检查排除。

11)性能异常。车辆的各种使用性能随着行驶里程的增长而减弱,但很缓慢,一般不易感觉出来。若在行车中感到汽车使用性能突然变坏,则表明有故障(如发动机动力迅速下降、汽车突然摆头严重、制动器不灵等)了,应立即停车,检查排除。

12)间隙异常。车辆部件的各部分间隙都有其标准数值,如果间隙过大或过小,都表明有故障,应进行调整或更换。

13)仪表故障指示(警告)灯点亮。汽车组合仪表上有各个电控系统故障指示灯,当发动机起动后或汽车运行中,组合仪表有故障指示灯点亮,则表示该灯所代表的电控系统有故障。

2. 汽车故障维修方案的制定内容

根据以上内容,在维修中遇到综合故障(多种原因的复杂故障)时,组织技术人员讨论并制定故障维修方案。维修方案包括以下内容。

(1)故障现象确认并记录

通过试车或模拟故障出现的场景,确认故障现象是否真实存在。如果故障现象不存在，应判断是否由于操作不当、路况及环境影响、车辆设计及制造瑕疵等因素导致车主报修；如果故障现象存在，应记录组合仪表显示故障警告灯或信息、车辆运行不良等异常现象。

（2）检查、分析故障范围

结合故障现象、诊断仪器的数据和电路图分析，判断最有可能的故障范围。

（3）零部件和电气线路检测

进行车辆相关系统的零部件/电气线路检测，判断检测结果是否正常。

（4）确认故障部位和排除方法

根据检测结果，确认故障部位和排除方法，包括修复、更换不良的线路或零部件。

二、组织技术人员实施维修方案

在维修中遇到综合故障时，根据制定的故障维修方案，进行故障车辆维修，排除故障。

1. 进行故障车辆维修

指派维修班组或维修技师，根据制定的故障维修方案，结合维修手册或维修操作步骤，修复或更换发生故障的线路和零部件。

2. 进行质量检验，确认故障排除

根据维修质量检验流程和质量管理制度进行质量检验，确定车辆故障已经排除。

■ 学习单元2　汽车故障分析报告和技术论文撰写

一、查阅和整理汽车维修技术资料

市场上汽车的车型众多，维修时需要查阅相关的技术资料，但是在实际工作中，技术资料的收集和整理分析并不容易，以下介绍汽车维修技术资料收集和整理分析方法。

1. 技术资料来源和收集方法

（1）纸质资料

纸质的技术资料包括从书店及专业机构购买的技术图书，包括汽车各系统结构原理与检修、相关车型维修手册、教学或企业培训教材等。

（2）电子资料

利用互联网络下载、同行复制、专业机构（包括技术资料平台）购买等方式收集各种格式的电子技术资料，包括维修手册、电路图、技术参数等。

（3）工作中积累

在日常汽车维修工作中，利用记笔记、拍照、打印等方式收集维修案例、零部件位置及接线、技术数据参数（仪器数据流、仪表检测数据）等技术资料，这些技术资料来源于一线维修工作中，真实可靠，实用性最强。但这些技术资料通常比较零散，需要用心收集和整理。

2. 技术资料整理分析方法

（1）一般技术资料

对于收集到的技术资料，需要进行整理，整理方法如下：

1）根据品牌、车型整理。对于维修手册等相对完整、齐全的资料，可以根据品牌车型进行归类整理。图3-1-2所示为根据品牌车型整理技术资料样例。

2）根据资料类型整理。对于相对零散的技术资料，可以根据资料类型（车辆的控制系统及工作中的使用频率）进行归类整理。图3-1-3所示为根据资料类型整理技术资料样例。

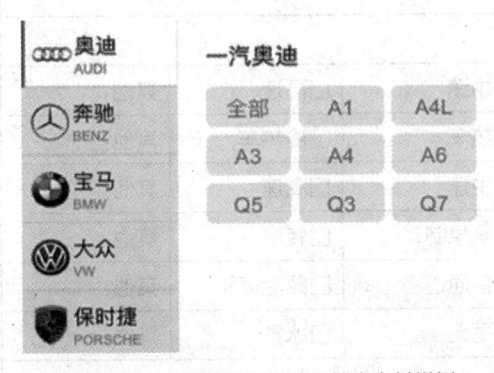

图3-1-2 根据品牌车型整理技术资料样例

图3-1-3 根据资料类型整理技术资料样例

（2）维修案例资料

收集到的维修案例对维修技术人员帮助最大，其整理方法如下。

1）汽车生产厂家的技术通报。汽车生产厂家通常会将4S店反馈的车辆共性故障的维修案例进行汇编，以"技术通报"的形式公布出来，供其他4S店参考。维修技术人员可以根据车型整理这些技术通报，作为相关车型维修的参考技术资料。

2）外部的维修案例。汽车维修技术的杂志、网络平台刊登的维修案例，以及培训教师讲解及同行交流获取的维修案例，这些维修案例都具有代表性，可以根据车型或系统进行整理。

3）内部的维修案例。对于企业内部维修的疑难故障案例，要求相关技术人员撰写维修案例，并汇总整理，供其他技术人员学习参考。

二、组织技术人员撰写汽车故障分析报告和技术论文

在维修工作中，需要撰写故障分析报告和技术论文，以下介绍故障分析报告和技术论文的格式。

1. 故障分析报告要求

对于疑难故障车辆，业务接待员（服务顾问）无法准确判断故障原因，应由车间技术总监或经验丰富的维修人员进行故障诊断，并填写《维修故障分析报告》，作为维修工时、配件费用及故障排除的依据。表3-1-1是汽车维修故障分析报告格式样例。

表3-1-1 汽车维修故障分析报告格式样例

汽车维修故障分析报告

车牌号码：		品牌/车型：		VIN码：		行驶里程：	km
客户故障症状描述							
故障发生时车辆状况问诊（在□内打√）	发动机转速	□怠速		□中速		□高速	其他：
	运行条件	□冷车		□热车		□冷热车	其他：
	车速	□低速		□中速		□高速	其他：
	驾驶条件	□急加速		□紧急制动		□转弯	其他：
	路况	□高速公路		□普通道路		□颠簸道路	其他：
	气候	□晴天		□雨天		□冰雪	其他：
	发生频率	□经常		有时： 次/天，或：			
	其他状况						
维修历史							

续表

诊断过程（必要时附检测数据）	
结论及维修建议	诊断技师（签字）： 月 日
服务顾问意见： 服务顾问（签字）： 月 日	客户意见： 客户（签字）： 月 日

尊敬的客户您好：

1. 非常感谢您选择和信任我们的汽车品牌！为了保证您爱车的行车安全和正常使用，我们由专业的诊断技师利用先进的检测设备为您车辆做诊断，并出具诊断报告。

2. 如果您选择在本厂维修车辆，我们将减免诊断费用。

3. 本诊断报告仅作为维修依据，不能作为其他证明使用；诊断结果反映诊断时车辆的技术状况，不排除发生变化的可能性。

4. 本诊断报告解释权归本厂所有。

地址：××××××× 预约电话：×××××× 24小时救援服务电话：××××××

2. 技术论文要求

以下介绍汽车维修工技师、高级技师论文格式、撰写、答辩要求。

（1）论文提交封面格式

如图 3-1-4 所示为论文提交封面的格式。

（2）论文撰写格式

如图 3-1-5 所示为论文撰写的格式。

（3）论文撰写与答辩要求

1）文章撰写要求。字数 2 500 ~ 5 000 字，一式三份；格式按统一规范要求打印装订。文章内容质量评判主要依据以下四条标准：

①文章内容是否围绕主题，主题是否突出；

②论点是否鲜明，得出的结论是否正确，是否有创新；

③论证过程是否逻辑严谨，数据是否准确，阐述是否完整；

④文字是否通顺流畅，表述是否恰当。

国家职业技能全省（或市）统一鉴定

（上空四行，三号仿宋，居中）

×××××（职业名称）**论文**（二号黑体，居中）

（国家职业技能×级）

（空四字，四号宋体）论文题目：_____

　　　　　　　　　　　　　_____

（空四字，四号宋体）姓名：_____

　　　　　　　　　身份证号：_____

　　　　　　　　　准考证号：_____

　　　　　　　　　所在省市：_____

　　　　　　　　　所在单位：_____

图3-1-4　论文提交封面的格式

标　题（二号黑体，居中）

姓　名（四号仿宋体，居中）

单　位（四号仿宋体，居中）

摘要：（摘要正文，四号楷体，行间距固定值22磅）

（论文正文，四号宋体，行间距固定值22磅）

注释：（小四号宋体，单倍行距）

参考文献：（小四号宋体，单倍行距）

（1）

（2）

（3）

图 3-1-5　论文撰写的格式

2）答辩要求。

①答辩组的组成：一般由3~5名评委组成，评委应具有本职业高级专业技术职务或高级技师职业资格且持有高级考评员证卡。

②论文内容评定要求：实操型专业论文应体现实用性和独创性；理论型专业论文应体现理论性、概括性和逻辑性；报告型论文应体现客观性和真实性；评述型专业论文应体现评论性和综合性。

跑题、偏题，或结论不正确，或论据、数据不准确，或逻辑结构严重混乱，或语句文字不通顺，病句、错别字太多的论文为不合格，不得参加答辩。

③成绩评定：论文内容占40%，个人表述及提问答辩占60%，总成绩为全部评委评定的成绩的算术平均值。

3. 组织撰写及修订汽车故障分析报告和技术论文

（1）组织技术人员撰写汽车故障分析报告和技术论文

根据论文格式，结合实际的故障案例，组织技术人员撰写汽车故障分析报告和技术论文。

（2）修订汽车故障分析报告和技术论文

组织高一级技术人员审核汽车故障分析报告和技术论文，提出修改意见，并要求相关人员进行修订。

学习单元3　车辆维修质量技术评定

一、制定企业车辆维修质量检验流程

1. 维修质量检验的作用、流程、表单

（1）维修质量检验的作用

为了减少维修过程中的漏项、错项，在维修完工后车辆必须经过质量检验合格后方可交车，确保"一次性修复率"。

1）所有项目施工完成后，都要实施质量检验，将质量意识渗透到流程中的每一步，保证"一次性修复"是优质服务的体现。

2）控制成本。返工、返修将造成企业的成本大幅度增加。

3）消除车辆事故隐患，防止重大事故的发生。

4）减少客户抱怨、投诉的发生，提高客户满意度，增加再入厂机会（即回头客）。

5）对维修人员技术水平评判最有效的手段。

6）增加企业经营收入，提升效益。

（2）维修质量检验的流程

图 3-1-6 所示为质量检验流程。

（3）质量检验的表单

以下介绍质量检验流程需要用到的相关表单。

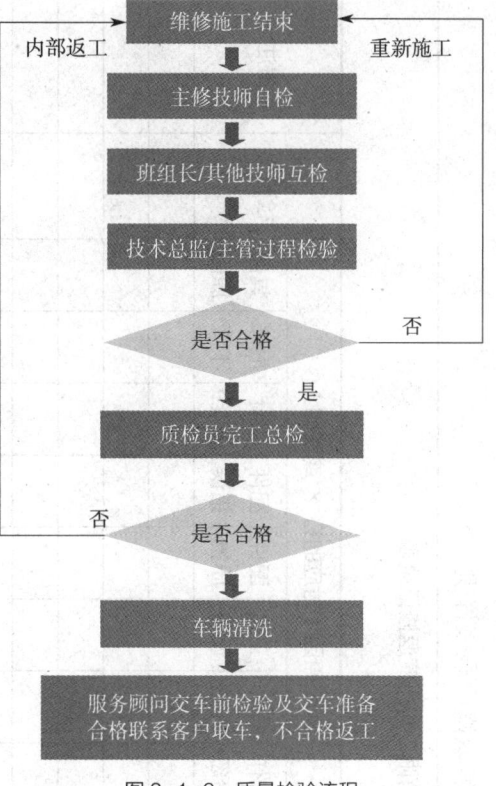

图 3-1-6　质量检验流程

表 3-1-2 是外部返修处理表样例，当发生车辆返修时采用。

表 3-1-3 是月度返修记录表样例，用于统计每月返修情况。

表 3-1-2　外部返修处理表样例

××××汽车服务有限公司返修处理表							
编号：外-No.							
客户姓名		联系电话		车牌号		车型	
工单编号		维修金额	元	入厂时间		出厂时间	
服务顾问		质检员		施工班组		主修技师	
返修项目描述							
返修原因分析	□诊断错误　　□操作疏忽　　□操作方法不当　　□工具仪器设备不良 □配件质量　　□配件错误　　□车辆设计缺陷　　□报修项目不清　　□管理问题						
^	其他原因：						
返修施工处理记录	施工内容：						
^	维修技师： 开工时间：　　　　　　完工时间：						
^	车间完工检验：　　　　　　　　　交车前检验：						

表 3-1-3　月度返修记录表表例

×××汽车服务有限公司月度返修记录表

　　　　年　　月

日期	工单号	车牌号	车型	维修类别 保养/小修/大修/事故	班组	返修原因（对应的打×或注明）							检验员	备注
						诊断错误	操作疏忽	操作方法	工具设备	配件质量	配件错误	设计缺陷	报修不清	其他原因		

月度统计总台数：　　　机电1组台数：　　　机电2组台数：　　　机电3组台数：　　　钣金台数：　　　油漆台数：　　　洗美台数：

整改意见

服务经理：

表 3-1-4 是月度维修质量统计表样例,用于统计每月维修质量情况。

表 3-1-4　月度维修质量统计表样例

××××汽车服务有限公司月度维修质量统计表

年　　月

日期	工单号	车牌号	车型	施工班组	检验结果		是否准时交车		检验员	备注
					合格 √	不合格 ×	是 √	否 ×		
月度统计	总检验台次				检验合格数量		准时交车数量		其他说明	

表 3-1-5 是事故车维修质量检验记录单样例,用于大事故车各工种之间衔接的质量监控。

表 3-1-5　事故车维修质量检验记录单样例

××××汽车服务有限公司事故车维修质量检验记录单

车牌号:_____　车型:_____　接车时间:____月____日____时____分　服务顾问:_____
预交车时间:____月____日____时____分　实际检验时间:____月____日____时____分　质检员:_____

序号	机电检验项目	检验结果		不合格项目		处理确认（质检签名）
		合格	不合格	班组	施工人	
1	客户描述的故障是否排除,项目施工是否完成					
2	与施工项目直接关联的机构是否正常					

续表

序号	机电检验项目	检验结果		不合格项目		处理确认（质检签名）
		合格	不合格	班组	施工人	
3	装配的螺栓（特别是轮胎等重要部位）是否紧固					
4	转向系统、制动系统连接是否松旷或装配不当					
5	油、水的液面与质量					
6	是否有油、水、气泄漏					
7	全车灯光、仪表、车门玻璃升降、雨刮、空调等常规功能是否正常					
8	与本次项目无关的零件损坏情况是否进行建议登记					
9	路试结果是否正常（特别是转向、换挡、加速、刹车等是否正常）					
10	车上的物品是否恢复原样摆放，有无工具遗留车上					
11	班组自检手续是否完善					
12	车辆是否按时完工					

2. 维修质量检验各环节要点

以下介绍维修质量检验体系各环节的要点。

（1）质量检验环节说明

1）自检、互检。自检、互检由班组的维修人员实施。

①自检。维修项目完成后，维修人员进行自检。对检查出的问题，立即解决。若在维修委托书上注明客户需要带走旧件，应将旧件擦拭干净并包装好，放在车上或指定位置。自检完成后应签字确认。

②互检。维修项目完成后，班组内部维修人员互检，主要内容为维修项目是否遗漏、安装是否到位、零件是否紧固、维修后的使用功能是否正常等。对检查出的问题，立即解决。如影响交车时间，立即通知服务顾问。记录互检异常情况并签字确认。

2）巡检（过程检验）。巡检由车间主管或技术总监实施。

①技术总监或车间主管在车间巡视，观察各维修班组的工作表现。

②每日定量间隔抽查部分在修车辆，重点是互检异常较多和较少班组施工的车辆。

③对疑难故障，询问维修人员的诊断、排除思路。

④对一般故障或简单拆装，重点询问维修人员相关拆装参数及方法。

⑤使用关键的仪器、设备、工具时，观察维修人员的操作正确性。

⑥维修人员不清楚时给予指导、纠正。

⑦记录过程检验异常情况并签字确认。

3）总检（竣工检验）。总检（竣工检验）由质量检验员实施。

①核对维修委托书，检查维修项目是否完成。

②检查维修项目相关的机构有无遗漏，装配是否到位，螺栓是否紧固。

③检查维修后的各项使用功能是否正常。

④检查车辆外观有无新的损伤，车上有无遗留物。

⑤记录检查出的问题并要求返工。

⑥当涉及转向、制动、悬架系统等行车安全的维修项目和异响类的专项维修项目时，必须进行路试并填写试车记录。

⑦如果返工将延长工期，则立即通知服务顾问。

⑧在维修委托书（施工单）上签字或盖质检章，按规定签发质检证。

⑨根据质量检验制度填写检验报告（大修车或质量事故），并立即上报。

4）车辆清洗及停放。车辆清洗由洗车班组实施，车辆停放由质量检验员实施。

①质量检验员应再次确认所有维修项目已经维修完成、车辆内外整洁。

②将车辆停放在"竣工区"，车头朝向出厂方向。

③立即通知服务顾问。

5）交车前检验。交车前检验由服务顾问（业务接待员）实施。

①对洗车车辆检查清洁程度。

②恢复成客户原来的使用状态（座椅的位置、仪表显示等）。

③根据施工单上的维修项目，逐一核对有无遗漏的维修项目（注意客户要求的额外修理项目是否完成）。

（2）质检时重点检验的内容

1）服务顾问填写的维修项目（是否都完成）。

2）维修人员填写的维修内容（完成了什么，为什么和如何修复故障）。

3）被更换了的零件（是否更换）。

4）车辆的清洁状况（注意经常忽略的部位）。

5）必要时进行路试（根据维修项目确定）。

（3）质检时重点检验的车辆

原则上所有的车辆都必须进行质检，应优先并重点检验的车辆如下：

1）返工、返修的车辆。

2）客户抱怨的车辆。

3）有关安全项目的维修。

4）有关振动和噪声的维修。

5）涉及外加工项目。

6）大修、高费用车辆。

7）维修人员说"没故障"的车辆（进一步确认）。

（4）准确记录、说明检验结果

1）在施工单上盖章或签名，证明已经实施了质检（法规依据）。

2）质检不合格时，签署意见，确定质检不合格原因，并提供反馈意见。

3）必要时提供图解和质检报告。

4）重点车辆应由服务顾问和技术总监/质检员共同交车，向客户说明和解释。

（5）质量控制指标

根据质量管理制度控制质量控制指标，质量检验常用的指标如下：

1）故障诊断准确率。单位时间内，故障诊断结果准确车辆台数占总故障诊断车辆台数的比例。

2）一次性修复率。单位时间内，一次性修复（不返工、返修）车辆台数占总维修车辆台数的比例。

3）总检验率。单位时间内，经质检员（总检）检验的车辆台数占总维修车辆台数的比例。

4）检验合格率。单位时间内，经质检员（总检）检验合格的车辆台数占总维修车辆台数的比例。

5）返工率。单位时间内，内部返工（质检员或服务顾问出厂前检验发现问题而返工）的车辆台数占总维修车辆台数的比例。

6）返修率。单位时间内，外部返修（车辆出厂后因质量问题返修）的车辆台数占总维修车辆台数的比例。

7）维修质量投诉率。单位时间内，因维修质量问题引发投诉的车辆台数占总维修车辆台数的比例。

8）其他相关指标。其他与维修质量相关的指标，如零部件质量等。

3. 本企业车辆维修质量检验流程的制定

（1）车辆维修质量检验流程的制定

参照以上车辆维修质量检验流程相关的内容，结合本企业实际，制定适用本企业的车辆维修质量检验流程。

（2）车辆维修质量技术评定讨论

根据制定的企业车辆维修质量检验流程，结合本企业所在区域、主要维修车型、技术人员的水平及其他条件的特点，讨论适合本企业的车辆维修质量技术评定方法。

二、实施车辆维修质量技术评定

1. 组织实施车辆维修质量技术评定

在实际的技术管理工作中，合理组织技术人员实施维修质量技术评定。

2. 修订车辆维修质量检验流程及维修质量技术评定方法

结合企业车辆维修质量检验流程及维修质量技术评定的运行状况，修订或优化相关的内容。

学习单元 4　汽车新技术、新工艺、新设备、新材料培训

一、组织汽车维修新技术培训

1. 汽车维修新技术培训的目的

汽车行业发展日新月异，维修技术也在不断升级和更新。因此，汽车维修人员需要不断更新自己的知识和技能，以不断适应新的技术和市场需求。

例如，市场上出现了一款新型汽车，其保养方式和维修方法与传统的汽车有很大不同，相关维修人员就需要进行培训和学习，学习新型车辆的结构和原理，理解其与传统车的不同之处，以便能够掌握正确的修理方法和解决问题的技能。

2. 汽车维修新技术培训的内容

汽车维修新技术培训包括但不限于以下内容。

（1）汽车发动机、底盘、电气系统采用的新结构、新材料、新工艺，以及目前车辆上尚未大量采用的新控制策略等新技术。

（2）汽车新能源技术等动力系统方面的新技术。

（3）汽车智能控制，例如驾驶辅助系统、自动（无人）驾驶等方面的新技术。

3. 汽车维修新技术培训的实施

汽车维修新技术培训需要制定详细培训方案，包括课程设计和开发、培训组织、课程讲授等环节。

二、组建技术创新改革小组

1. 技术开发、技术改造、技术创新需求调研及方案制定

根据汽车维修市场发展和现状，结合维修企业实际，进行企业技术开发、技术改造、技术创新需求的调研，确定需求后进行专项立项，制定对应的实施方案。

2. 技术创新改革小组组建

根据制定的方案，选拔企业各部门的人员，组建技术创新改革小组，并根据方案实施。

课程 3-2　指导培训

学习内容

学习单元	课程内容	培训建议	课堂学时
（1）维修作业技术指导	1）维修技术人员的组织及维修工具设备的准备 2）维修作业的技术指导	（1）方法：讲授法、讨论法 （2）重点与难点：维修作业的技术指导	6
（2）技术人员技能培训	1）编制技术人员技能培训计划 2）开发技术人员技能培训课程 3）组织实施技术人员技能培训和考核	（1）方法：讲授法、讨论法、案例教学法 （2）重点与难点：组织实施技术人员技能培训和考核	6

学习单元 1　维修作业技术指导

一、维修技术人员的组织及维修工具设备的准备

1. 维修技术人员的组织

根据汽车维修企业的服务流程，对于保养车辆或维修技术难度低的车辆，服务顾问（业务接车员）会直接派工到维修班组，而对于综合故障（复杂故障）的车辆则由技术负责人将待修车辆派工给具备相应车型故障维修能力的班组维修。技术负责人应组织对应班组的人员维修车辆。

2. 维修工具设备的准备

进行车辆维修作业前，技术负责人应监督并指导维修班组（低级别的维修技术人员）进行维修工具设备的准备。维修工具设备包括：

（1）个人防护装备

个人防护装备包括工装、手套、劳保鞋等，对应新能源（电动）汽车的维修还需要绝缘防护装备。

（2）车辆防护装备

车辆防护装备包括车外防护三件套（左、右翼子板布和前格栅布），车内防护三件套（地板垫、座椅套、转向盘套）。有些维修企业的车内防护配备五件套，即在三件套基础上增加选挡杆套和驻车制动手柄套。

（3）车间设备

车间设备根据维修项目确定，通常包括举升机、抽排气系统等，如维修需要吊装发动机或变速器，则还需要发动机吊机、变速器托架等。

（4）检测仪器设备

检测仪器设备根据维修项目确定，通常包括故障诊断仪器、示波器、尾气分析仪、数字万用表、蓄电池测试仪及其他检测仪器设备。

（5）工量具

工量具包括维修项目所需的拆装工具和测量工具（游标卡尺等）。

此外，维修班组的维修技术人员还需要准备维修项目可能涉及的辅助材料，包括抹布、绝缘胶布、各种油液和润滑脂等。

二、维修作业的技术指导

汽车维修技师对低级别人员进行维修作业技术指导，可以提升低级别人员的技术水平，提升整个团队的维修效率和维修质量。在车辆维修作业过程中，技术负责人应监督并指导维修班组（低级别的维修技术人员）根据操作规范施工。

1. 遵守汽车维修作业的注意事项

维修班组技术人员在维修作业过程中应遵守维修作业的注意事项，对于违规操作的行为，技术负责人应及时制止。

（1）诊断、测试及排除故障时要在绝对保证安全的条件下进行，使用专用诊断仪器时不应一个人操作。

（2）未确定汽车故障产生原因时，应尽量避免拆卸零件，禁止随意大拆大卸。

（3）对于复杂而且重要的系统或部件，若无生产厂家的详细维修资料时，切勿轻易动手维修，特别是不要轻易分解自动变速器、电子转向机构等精密部件。

（4）电控系统发生故障时，先检查执行机构是否良好，导线接触是否良好等，不要轻易怀疑是电子控制单元（ECU）有故障，因为ECU的工作很可靠，出现故障的可能性一般很小。

（5）对汽车总成或零部件有伤害的故障不要长时间或反复测试，否则将使故障更加严重，造成更大的损失。

（6）正确对待蓄电池的拆装条件，不要随意使用短接法、划火法、断电法、供电法检测线路，否则可能造成电子元件损坏。

（7）正确使用万用表、测试灯、故障诊断仪、示波器及其他检测仪器，分清各检测仪器的使用范围。

（8）故障原因分析时，要追究导致故障产生的深层原因，否则可能会导致故障的反复出现。

2. 维修作业技术指导的要点

（1）及时制止具有安全隐患及野蛮操作的行为。

（2）协助解决维修作业过程中的疑难问题。

（3）耐心指导低级别人员，分享自己的经验和技巧，帮助他们提升技术水平，同时也可以加强团队之间的合作和沟通。

学习单元2　技术人员技能培训

一、编制技术人员技能培训计划

培训计划是按照一定的逻辑顺序排列的培训工作实施计划。培训计划的制订建立在培训需求分析的基础之上。

1. 培训计划的分类与内容要求

（1）培训计划的分类

1）按培训内容分。培训计划按内容可以分为：管理培训、技术培训等。

2）按培训层级分。培训计划按层级可以分为：公司整体培训计划、部门培训计划、个人培训计划等。

3）按时间分。培训计划按时间可以分为：年度培训计划（长期）、季度培训计划（中期）、月度培训计划（短期）等。

4）按内容层次分。按照培训内容的层次可分为：初级、中级、高级培训。

初级培训。初级培训主要是一般性的知识和技术方法培训，如入厂培训、维修人员的应知应会等。

中级培训。中级培训针对培训对象加入一些相关专业的理论知识，如汽车维修中、高级工培训。

高级培训。高级培训主要是将一些汽车行业的新技术、新观念、新方法以短期培训、研讨会的方式进行。

5）按培训对象分。按照培训对象不同分为新员工培训、在职员工培训。

新员工培训是职前培训，其目的是让新员工对企业、工作岗位、工作环境有一个全面的认识，领会企业文化，熟悉企业的规章制度，能够很快进入工作状态。

在职员工培训主要是指员工的继续培训。其目的是全方位地提高素质。

（2）培训计划的内容要求

培训内容的确定应建立在培训需求分析的基础上，只有充分了解企业及员工的培训需求，才能清楚员工哪些方面存在不足，是知识或技能的欠缺，还是工作方法的不恰当，这样制订出来的培训内容才能真正解决员工在工作中存在的一些问题，才能有助企业及员工的成长。

2. 技术培训计划的编制要点

培训计划在整个培训体系中都占据着比较重要的地位。制订科学且有效的培训计划，须满足 5W2H 原则：Why（为什么培训）、What（培训内容）、Who（谁来做）、Where（培训地点）、When（培训时间）、How（怎么做）、How much（多少培训经费），可以据此来规划企业培训。表 3-2-1 是培训计划书模板。以下介绍技术培训计划的编制要点。

1）根据培训计划的分类和目标制订对应的技术培训计划。

2）确定培训项目（课程名称）、培训内容、培训对象、培训地点、培训时间、培训讲师等要素。

①对于低级别员工，限于技术水平及其他因素，如果培训内容没有吸引力，会导致受训人员抵制培训，因此必须确保培训课程简单实用，例如故障排除案例、实用技巧等内容。

②生产型、服务型企业的业务繁忙，而且工作时间不确定，会造成人员因忙于工作而无法参加培训，因此建议采取相对固定的时间，比如每周的周五晚上6:00到9:00。如果不是脱产培训，培训时间不宜太长，每次2~3小时为佳。

③相对固定的培训时间应列入培训管理制度，便于考核和提前做好规划。

④培训讲师根据课程内容确定，可以由企业内部高级技师、技师及具备相关课程授课能力的人员担任，也可以外聘师资。

3）培训实施的日期应避开或利用（根据培训主题确定）公司重大活动、法定节假日、行业活动。

4）考虑季节变化的因素（如空调课程），以及其他影响因素（厂家车型上市计划、繁忙/空闲时间）。

5）技术培训计划应有配套的考核和奖惩方案。

6）培训计划应进行培训经费预算，并根据企业管理制度报批。

表3-2-1　培训计划书模板

培训项目（课程名称）	新能源汽车技术培训：新能源汽车高压安全操作规范
培训目标	掌握新能源汽车高压安全操作规范，杜绝安全事故发生
培训内容	新能源汽车高压部件认识；新能源汽车安全设计与安全隐患；新能源汽车高压安全防护装备、检修工具设备的认识与使用；新能源汽车高压断电与验电操作规范
培训对象	生产车间所有的维修技师，包括机电和钣喷技师
培训方式	理论与实操相结合
培训讲师	主讲教师：外部聘请行业专家吴老师；辅助教师：本厂高级技师李老师
培训地点	理论培训：二楼培训室；实操培训：维修车间新能源汽车专用工位
培训时间	2024年12月每周五晚上18:00-21:00，共4次课程12课时
培训要求	培训期间非特殊情况不得请假；培训课程开始前10分钟签到，迟到及旷课参照管理制度处罚；培训结束后考试，合格者颁发职业能力证书，持证者才能进行新能源汽车维修操作
培训经费	讲师费用：8 000元；其他杂费：2 000元

二、开发技术人员技能培训课程

管理培训课程和技术（技能）培训课程的开发步骤基本一致，只是技术培训课程为了确保培训效果，需要注重理论与实操相结合，根据实操设备确定实操的内容和方式。

1. 培训课程的开发步骤简介

培训计划确定后，通常由培训讲师（主讲教师）根据培训计划开发培训课程。培训课程的开发步骤如图 3-2-1 所示。

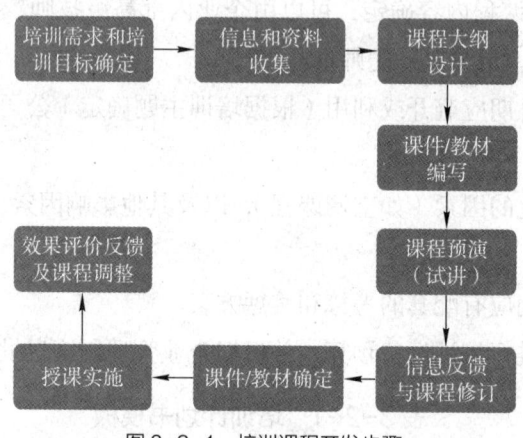

图 3-2-1 培训课程开发步骤

2. 技术培训课程的开发

（1）培训需求和培训目标确定

为避免课程开发出现偏差，培训讲师（主讲教师）应与培训计划制订者或需求方沟通，确定培训需求和培训目标。

（2）信息和资料收集

培训讲师（主讲教师）收集培训课程开发需要的相关信息和资料，例如培训对象（学员）对本次课程涉及技术内容的熟悉程度，培训设施（教学及实操设备）的提供情况，也包括收集与课程开发相关的技术资料等。

（3）课程大纲设计

培训讲师（主讲教师）根据培训目标及收集到的信息和资料，设计课程大纲。课程大纲通常需要提交培训计划制订者或需求方审核，根据审核结果修订。

课程大纲是在明确了培训目标和了解了培训对象之后，对培训内容和培训方式的初步设想。设计课程大纲的步骤如下：

1）根据培训目标确定课程名称（主题）。
2）根据培训内容确定课程单元（模块）。
3）根据课程单元确定课程纲要（主要内容）。
4）根据课程纲要确定对应的授课方式。
5）根据培训需求方的要求及其他因素修改或重新调整课程大纲。

表 3-2-2 所示为《新能源汽车高压安全操作规范》的培训课程大纲样例，仅供参考。

表 3-2-2 《新能源汽车高压安全操作规范》培训课程大纲

课程单元（模块）	课程纲要（主要内容）	授课方式	课时
单元一 新能源汽车高压部件认识	1. 动力蓄电池及管理系统认识； 2. 驱动电机及控制器认识； 3. 其他高压部件认识	课堂讲解； 实车讲解	3
单元二 新能源汽车安全设计与安全隐患	1. 新能源汽车安全设计； 2. 新能源汽车安全隐患	课堂讲解； 视频播放	3
单元三 新能源汽车高压安全防护装备、检修工具设备的认识与使用	1. 新能源汽车高压安全防护装备的认识与使用； 2. 新能源汽车检修工具设备的认识与使用	课堂讲解； 实际操作	3
单元四 新能源汽车高压断电与验电操作规范	1. 新能源汽车高压断电操作规范； 2. 新能源汽车验电操作规范	课堂讲解； 实际操作	3

（4）课件/教材编写

根据课程大纲编写课件和教材（讲义）。一般情况下，培训教室都配备了投影机，课件应采用 PPT 形式编写。培训教材则采用 Word 形式编写，并打印成册发放给培训学员。

（5）课程预演（试讲）

培训课件编写完成后，如果培训讲师（主讲教师）第一次讲授本课程，或者培训需求方有要求，应进行课程预演（试讲），测试课程讲授时间，以及培训相关的设备，特别是用于实操的车辆及其他设备的状况。

（6）信息反馈与课程修订

根据课程预演（试讲）的反馈信息，如果出现偏差，应根据实际情况修正课程大纲、课件、教材及实施计划。

（7）课件/教材确定

根据课程预演（试讲）的情况，确定（定稿）课件和教材，并安排教材的打印制作。

（8）授课实施

根据培训计划，组织课程讲授。

（9）效果评价反馈

课程的效果评价反馈通常由培训计划制订者或需求方组织学员（培训对象）完成，并将评价结果反馈给培训讲师（主讲教师）。

（10）课程调整

培训讲师（主讲教师）应根据评价结果进行课程调整，以便提升下一次课程的培训效果。

三、组织实施技术人员技能培训和考核

1. 组织实施技术人员技能培训

根据培训计划，组织技术人员参加技能培训，要点如下：

1）利用布告栏粘贴、微信群、电子邮件、会议等形式发布培训通知，做到培训对象（学员）全部知晓，并在培训开始前1小时左右再次提醒。

2）维持培训纪律，包括制止迟到、早退、不认真听讲等行为。

3）协助培训讲师调试教学设备、发放教材及准备开课前其他事宜。

4）根据需要，安排课间茶歇及餐饮。

5）拍摄培训过程的照片，并采集培训相关的信息作为培训宣传、培训总结汇报材料的素材。

6）其他与培训相关的事宜。

2. 技术人员技能培训考核

为了保证培训效果，企业培训负责人或高级技师应组织技术人员技能培训的考核。

1）培训结束时，组织对培训对象（学员）进行考核。

2）培训总课时、成绩与技能等级晋升和绩效考核挂钩。

3）考核结果、考核评价及培训过程的资料应整理，作为培训档案统一管理。

第二部分　高级技师

模块 4　汽车复合故障诊断

- 课程 4-1　发动机机电复合故障诊断
- 课程 4-2　底盘机电复合故障诊断
- 课程 4-3　汽车电气系统复合故障诊断
- 课程 4-4　电动汽车复合故障诊断

课程设置

课程	学习单元	课堂学时
👉 4-1 发动机机电复合故障诊断	（1）发动机机电复合故障诊断分析	16
	（2）发动机机电复合故障诊断流程编制并组织实施	8
👉 4-2 底盘机电复合故障诊断	（1）底盘机电复合故障诊断分析	12
	（2）底盘机电复合故障诊断流程编制并组织实施	6
👉 4-3 汽车电气系统复合故障诊断	（1）车身电气系统复合故障诊断分析	16
	（2）车身电气系统复合故障诊断流程编制并组织实施	8
👉 4-4 电动汽车复合故障诊断	（1）电动汽车驱动系统复合故障诊断分析	8
	（2）电动汽车驱动系统复合故障诊断流程编制并组织实施	4

课程 4-1　发动机机电复合故障诊断

学习内容

学习单元	课程内容	培训建议	课堂学时
（1）发动机机电复合故障诊断分析	1）分析发动机机电复合故障的特点	（1）方法：讲授法、讨论法、实训（练习）法、演示法、案例教学法、项目教学法、实物示教法 （2）重点：发动机电控系统控制机理、故障诊断思路 （3）难点：发动机检测数据及波形综合分析	16
	2）进行发动机电控系统传感器、执行器的故障诊断		
	3）进行发动机电控系统各子系统的故障诊断		
	4）进行汽车数据总线在各控制单元交叉影响的故障诊断		

续表

学习单元	课程内容	培训建议	课堂学时
（2）发动机机电复合故障诊断流程的编制与组织实施	1）编制发动机机电复合故障诊断规范流程 2）指导技师及以下级别人员进行发动机机电复合故障诊断与维修 3）撰写发动机机电复合故障诊断分析报告	（1）方法：讲授法、讨论法、案例教学法 （2）重点：分析报告的撰写方法与思路 （3）难点：指导技师及以下级别人员进行故障诊断	8

学习单元 1　发动机机电复合故障诊断分析

一、分析发动机机电复合故障的特点

1. 故障现象举例

一辆一汽大众迈腾 B8 汽车，装备 CUF 电控汽油喷射发动机，客户反映车辆在行驶中将加速踏板踩到底时，发动机转速提升缓慢，而且转速只能到 3 000 r/min。如果你是维修技师，你将如何诊断并排除故障？

2. 故障原因分析

此故障是典型的发动机机电复合故障，表现为发动机加速性能不良，故障原因比较复杂，除了发动机机械本体外，发动机点火、燃油、进气、排放以及电控系统（传感器、执行器和电子控制单元），甚至其他控制系统都可能存在故障。

对于发动机机电复合故障的诊断与排除时，应根据发动机电控系统输入输出控制策略，对传感器、执行器及其他子系统进行全面检查，并根据故障现象，排除底盘及其他电控系统的影响。

3. 故障结果分析

本例中,进行发动机检查时发现进气系统积碳严重,清洁后发动机加速性能有所好转,但故障未完全排除。进一步检查发现三元催化转化器堵塞,更换后故障排除。

二、进行发动机电控系统传感器、执行器的故障诊断

随着汽车技术的发展,电子元器件在汽车上的应用越来越广泛。传感器、执行器、电子控制单元都是汽车电气系统中不可缺少的组成部件。以发动机电控系统为例,传感器的作用是进行信号变换,把被测的非电量信号变换成电信号输入到发动机电控单元(ECU),电控单元按照设定的程序对这些信号进行分析计算,用于在发动机整个工作范围内控制最优燃油喷射量、喷射时间及点火控制、怠速控制、废气排放控制等,以降低废气排放并提高发动机功率和燃油经济性。图4-1-1所示为发动机电控系统输入与输出控制策略,传感器进行数据采集并输入到电控单元,电控单元进行数据处理后,发出控制指令控制执行器工作;同时,电控单元也能对传感器和执行器进行功能诊断。

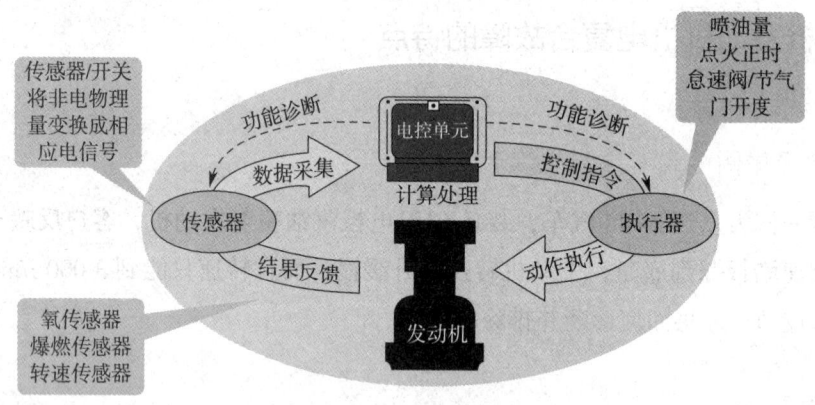

图 4-1-1 发动机电控系统输入与输出控制策略

对于发动机电控系统的传感器、执行器,可以根据检测设备的配置,分别采用万用表检测电压、电阻等数据,采用故障诊断仪检测数据流,采用示波器检测波形,然后分析检测结果,进行故障诊断。

1. 发动机电控系统传感器、执行器万用表检测数据分析

在汽车电控系统维修中,除了线路导通检测外,还需要采用万用表检测传感器、执行器、电控单元等电子部件的电阻、电压、电流、频率、占空比等技术数据,并进

行数据分析,判断电子部件的性能。

例如,对于发动机加速性能不良的故障,应重点检测空气流量传感器、进气歧管绝对压力传感器、加速踏板位置传感器、节气门位置传感器、氧传感器、电子节气门电动机等影响进气量和供油量的部件,以及曲轴位置传感器、爆震传感器等影响点火正时的部件。

图 4-1-2 所示为检测进气歧管绝对压力传感器输出的信号电压,在发动机运转时,用万用表检测传感器针脚 4 的信号电压(信号电压和当前发动机转速相关)。标准值:急速时,针脚 4 信号电压为 1.0~1.5 V;节气门全开时略低于 5 V;全减速时低于 1.0 V。如果检测数据与标准值不符,在确认进气歧管没有堵塞、泄漏,以及传感器线路正常后,更换传感器。

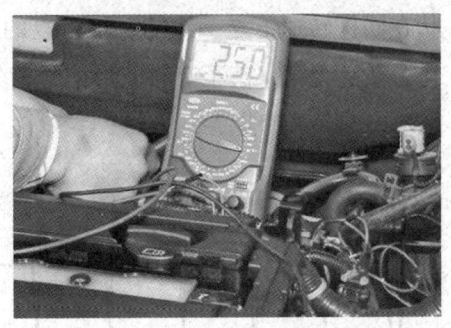

图 4-1-2　检测进气歧管绝对压力传感器输出的信号电压

2. 发动机电控系统数据流分析

在汽车电控系统维修中,对于电控单元接收传感器、控制执行器的数据参数,需要采用故障诊断仪检测数据流,并进行数据流分析,诊断传感器、执行器、电控单元的性能及故障原因。

汽车电控系统数据流是指汽车电控单元与传感器、执行器相关的数据参数,且随时间和工况而变化。数据流可以通过汽车诊断接口(诊断座),由专用故障诊断仪读取,并通过显示屏显示。电控单元中所储存的数据流真实反映了各传感器和执行器的数据参数,帮助维修技术人员分析汽车的工作状况,从而诊断汽车的故障。

例如,对于发动机加速性能不良的故障,首先应采用故障诊断仪器读取与发动机加速性能相关的数据流,然后踩下加速踏板,观察数据流中空气流量传感器、节气门位置传感器等数据是否能够同步变化(数值升高),从而判断对应的部件是否正常。图 4-1-3 所示为诊断仪器读取的数据流样例。

数据流项目	数值/状态
空气流量传感器	43.75 Hz
空气温度传感器	37 ℃
节气门位置传感器	527 mV
蓄电池电压	13.860 V
冷却液温度传感器	79 ℃
曲轴转角传感器	843 r/min

图 4-1-3　诊断仪器读取的数据流

3. 发动机电控系统传感器、执行器工作波形分析

在汽车电控系统维修中,对于动态(不断变化)的信号,例如曲轴位置传感器及其他运转相关部件的信号,需要采用示波器检测波形,并进行波形分析,才能准确判

断其性能。

在发动机电控系统传感器、执行器故障诊断中,可以将正常波形与示波器检测到的实际波形(故障波形)进行对比,分析故障原因。

图4-1-4所示为磁电式曲轴位置传感器正常波形,图4-1-5所示为故障波形。正常波形在0V上下的幅值应基本一致,且随发动机转速增加而增大,幅值、频率和形状在同样转速下是一致的、可重复的、有规律的;故障波形则在同样转速下会发生变化,杂乱无章,甚至有时波形信号消失。

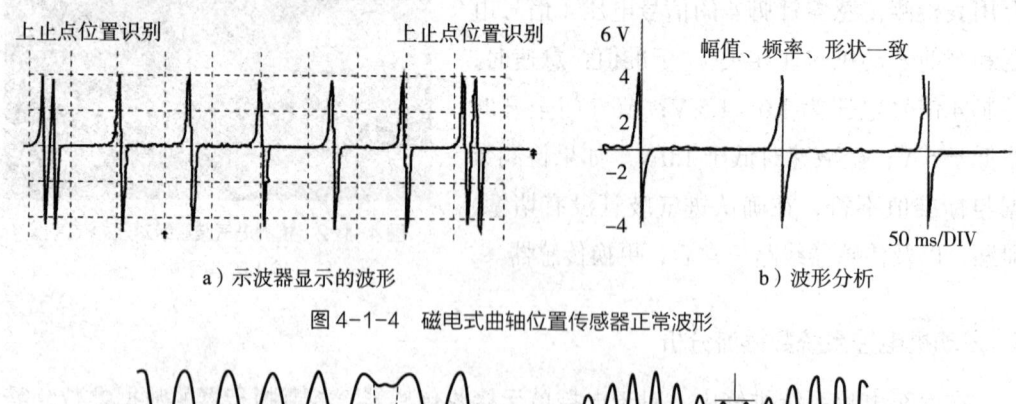

图4-1-4 磁电式曲轴位置传感器正常波形

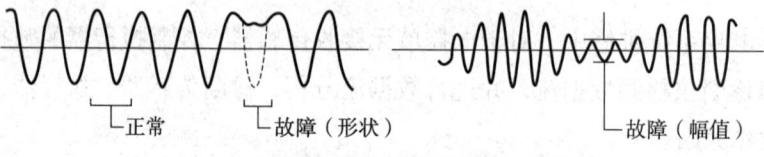

图4-1-5 磁电式曲轴位置传感器故障波形

图4-1-6所示为进气歧管绝对压力传感器波形分析,反映进气歧管压力(真空度)与发动机负荷之间的关系,可以判断压力信号是否随着发动机负荷的变化而变化。

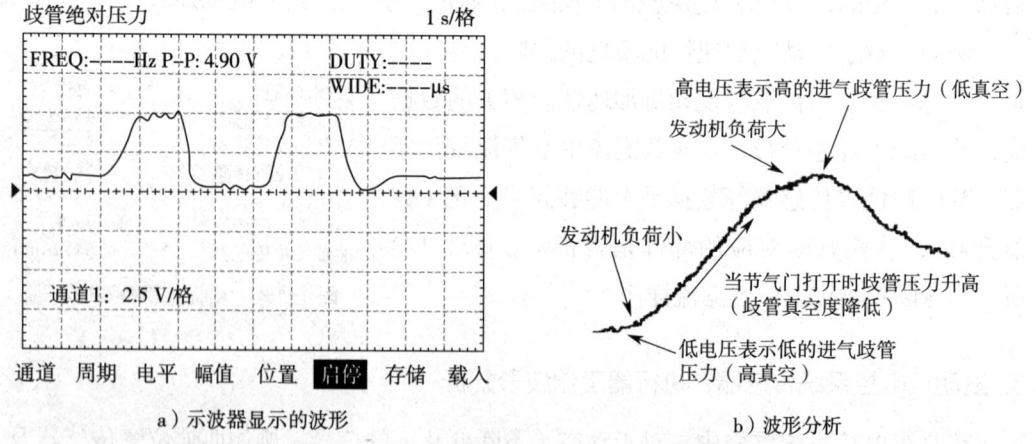

图4-1-6 进气歧管绝对压力传感器波形分析

三、进行发动机电控系统各子系统的故障诊断

发动机加速性能不良，或者是发动机其他的工作性能不良，首先应通过气缸压力测试、噪声测试等方式，确定发动机机械部分正常，然后对发动机电控系统各子系统进行故障诊断。除了前文所述发动机电控系统的传感器、执行器诊断外，对发动机电控系统各子系统的整体故障诊断方法如下：

1. 点火控制系统

（1）火花强度

某个气缸火花塞不点火或火花弱，会造成发动机加速性能不良，或是发动机怠速抖动及其他工作性能不良。

火花塞、高压线、点火线圈、控制单元（点火控制）等部件故障会造成对应气缸不点火或火花弱。

（2）点火正时

发动机加速时，点火正时提前角应增大（提前），因此，可以通过诊断仪器的数据流（见图4-1-7）中的点火正时角度与发动机转速之间的关系，判断点火正时提前角是否正常。曲轴位置传感器、爆燃（爆震）传感器以及电控单元都会影响点火正时提前角。

数据流项目	数值/状态	数据流项目	数值/状态
点火正时提前角	4.92°（BTDC）	气缸1爆燃传感器，电压	0.55V
爆燃传感器电压	273.42mV	气缸2爆燃传感器，电压	0.447V
爆燃点火推迟角-气缸1	0°（BTDC）	点火滞后，气缸1	0°（BTDC）
爆燃点火推迟角-气缸2	0°（BTDC）	点火滞后，气缸2	0°（BTDC）
爆燃点火推迟角-气缸3	0°（BTDC）	点火滞后，气缸3	0°（BTDC）
爆燃点火推迟角-气缸4	0°（BTDC）	点火滞后，气缸4	0°（BTDC）

图4-1-7 点火控制系统数据流

2. 燃油供给系统

（1）燃油供给压力

采用燃油压力表或诊断仪器数据流（直接喷射车型的燃油压力传感器数据）检测燃油供给压力。电动燃油泵工作不良、燃油管路堵塞或泄漏会导致燃油压力低，从而造成发动机加速性能或其他工作性能不良。

（2）燃油喷射状态

在确认供油量相关的传感器及其他部件正常的前提下，采用喷油器清洗检测设备

检测喷油器喷油状况。喷油器不工作或工作不良,会造成发动机加速性能或其他工作性能不良。

3. 进气控制系统

除了进气控制系统相关的传感器和执行器外,以下情况会造成发动机加速性能或其他工作性能不良。

(1)进气管道

进气管道堵塞、泄漏。

(2)进气控制相关的子系统

发动机进气控制相关的子系统(根据车型配置),可变进气管道(歧管长度转换控制)控制系统、可变气门正时(相位)系统、废气涡流增压系统出现故障,不工作或工作时机不正确。

4. 排气(排放)控制系统

发动机排放控制相关的子系统(根据车型配置)出现故障,例如废气再循环(EGR)系统、燃油蒸发控制(EVAP)系统出现堵塞、泄漏、工作时机不正确,排气管(三元催化转化器)堵塞。

四、进行汽车数据总线在各控制单元交叉影响的故障诊断

目前大部分汽车采用车载局域网络 CAN 系统,各电子控制单元利用数据总线(BUS)进行数据传输(交换数据),因此各控制单元会存在交叉影响。图 4-1-8 是典型的动力 CAN 系统结构示意图,从图中可以看出,发动机控制单元与电控制动系统(ESP/ASR/ABS)等车辆行驶相关系统的控制单元通过数据总线连接。如果车辆行驶过程中,驱动轮打滑时(或是轮速传感器故障,导致控制系统错误判断为驱动轮打滑),驱动防滑(ASR)控制系统工作,会通过数据总线系统发出指令使发动机降低输出功率(限制电子节气门开启的角度及减少喷油量),车辆表现出来的故障现象是加速性能不良,但实际上发动机本身是正常的。也就是说,如果发动机输出功率不足,必须先排除底盘电控系统中驱动防滑控制系统的影响。

对于数据总线各控制单元交叉影响的故障诊断,只需要使用故障诊断仪器,读取各相关系统控制单元的故障码,结合其控制原理,就能分析出故障原因。

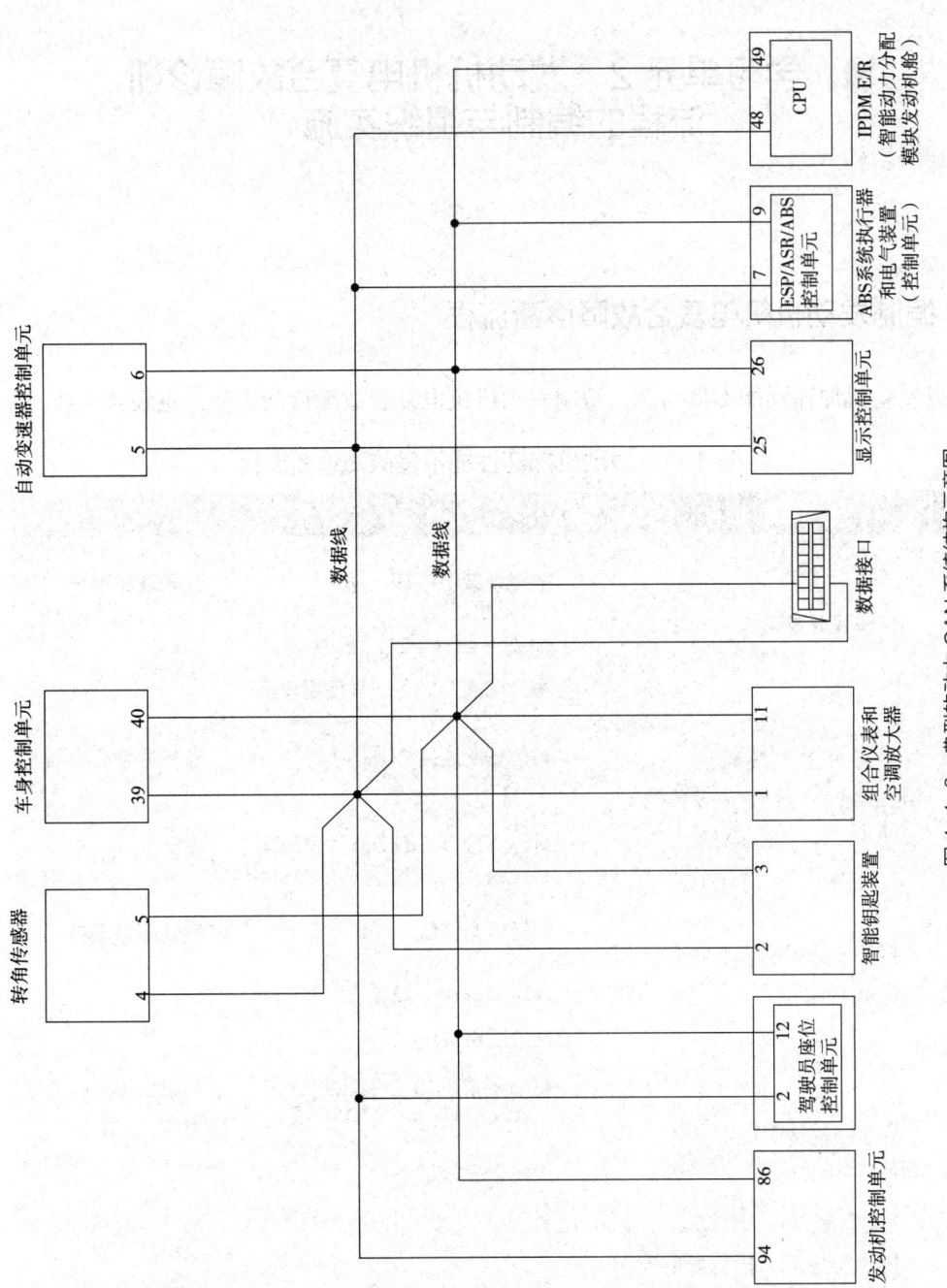

图 4-1-8 典型的动力 CAN 系统结构示意图

学习单元2　发动机机电复合故障诊断流程的编制与组织实施

一、编制发动机机电复合故障诊断流程

以发动机加速性能不良为例，编制发动机机电复合故障诊断流程，见表4-1-1。

表4-1-1　发动机加速性能不良故障诊断流程

步骤	检测及诊断操作	诊断结果	
1	试车验证或确认故障现象	故障现象不存在	故障现象存在
		配合业务接待员（服务顾问）与客户沟通，确保正确使用车辆	下一步
2	排除其他系统原因（驱动防滑、自动变速器、底盘机械）对发动机加速性能的影响	其他系统原因	非其他系统原因
		排除其他系统的故障后再试车	下一步
3	排除发动机机械本体（气缸压力偏低）原因	气缸压力偏低	气缸压力正常
		拆检发动机机械本体，恢复气缸压力后再试车	下一步
4	使用故障诊断仪读取发动机控制单元故障码	有与发动机加速性能相关的故障码	无与发动机加速性能相关的故障码
		优先根据故障码内容检修后再试车	下一步
5	排除传感器、执行器的原因。使用万用表、故障诊断仪、示波器对发动机加速性能相关的传感器、执行器进行检测和分析	有异常数据或波形	无异常数据或波形
		根据异常结果调整、修复或更换后再试车	下一步

续表

步骤	检测及诊断操作	诊断结果	
6	排除点火控制系统的原因。分别检查高压火花的强度和点火正时	点火控制系统异常	点火控制系统正常
		根据异常结果调整、修复或更换后再试车	下一步
7	排除燃油供给系统的原因。分别检查燃油品质、燃油供给压力、燃油管路及喷油器	燃油供给系统异常	燃油供给系统正常
		根据异常结果调整、修复或更换后再试车	下一步
8	排除进气控制系统的原因。分别检查进气管道、空气滤清器、节气门及可变进气、涡轮增压等进气相关系统	进气控制系统异常	进气控制系统正常
		根据异常结果调整、修复或更换后再试车	下一步
9	排除排放控制系统的原因。分别检查废气再循环（EGR）系统、燃油蒸发控制（EVAP）系统、三元催化转化器（TWC）	排放控制系统异常	排放控制系统正常
		根据异常结果调整、修复或更换后再试车	下一步
10	排除发动机电子控制单元原因	发动机电子控制单元异常	发动机电子控制单元正常
		更换后再试车	下一步
11	经以上步骤再次试车后，确定故障是否排除	故障未排除	故障排除
		重复以上步骤	诊断结束

二、指导技师及以下级别人员进行发动机机电复合故障诊断与维修

根据已编制的"发动机机电复合故障诊断流程"，组织技师及以下级别维修技术人员对故障车辆进行检测及诊断操作，确定故障部位，进行调整、修复或更换，最终排除故障。

在发动机机电复合故障诊断与维修过程中，指导技师及以下级别的维修技术人员执行正确的故障诊断与排除思路，并及时纠正不规范的行为。

三、撰写发动机机电复合故障诊断分析报告

参照指定的格式,结合实际的故障诊断与排除过程,撰写发动机机电复合故障诊断分析报告。

课程 4-2　底盘机电复合故障诊断

学习内容

学习单元	课程内容	培训建议	课堂学时
(1)底盘机电复合故障诊断分析	1)分析底盘机电复合故障的特点 2)进行底盘电控系统传感器、执行器的故障诊断 3)进行汽车行驶过程中底盘振动和噪声的故障诊断	(1)方法:讲授法、讨论法、实训(练习)法、演示法、案例教学法、实物示教法 (2)重点:底盘电控系统控制机理、故障诊断思路 (3)难点:底盘振动和噪声的原因分析	12
(2)底盘机电复合故障诊断流程的编制与组织实施	1)编制汽车底盘机电复合故障诊断规范流程 2)指导技师及以下级别人员进行汽车底盘机电复合故障诊断维修 3)撰写汽车底盘机电复合故障诊断分析报告	(1)方法:讲授法、讨论法、案例教学法 (2)重点:分析报告的撰写方法与思路 (3)难点:指导技师及以下级别人员进行故障诊断	6

学习单元 1　底盘机电复合故障诊断分析

一、分析底盘机电复合故障的特点

1. 故障现象举例

一辆一汽大众迈腾 B8 汽车，客户反映车辆在行驶中方向摆动，有时候左前轮突然发出异响，类似制动器动作的声音，但并没有踩下制动踏板，车辆也因此产生加速不良而且跑偏的现象。如果你是维修技师，你将如何诊断并排除此故障？

2. 故障原因分析

此故障是典型的汽车底盘机电复合故障，车辆行驶中底盘异响，通常由机械部件造成，但是如果驾驶员没有踩制动踏板而车辆发生制动，最可能的原因是驱动防滑系统（ASR 或 TCS）检测到驱动轮打滑，从而对打滑车轮施加制动压力，应检测对应车轮的轮速传感器信号，是否因其异常造成驱动防滑系统误动作，产生异响及其他故障。

对于汽车底盘机电复合故障的诊断与排除时，应根据底盘各电控系统输入输出控制策略，对传感器、执行器及相关的机械部件进行全面检查，通过反复路试查找故障原因。

3. 故障结果分析

本例中，检查发现半轴万向节磨损松旷，更换半轴总成后方向不再摆动，但左前轮异响和加速不良、方向跑偏故障仍然存在。进一步检查发现轮速传感器信号电压偏高（车轮速度超过正常值），造成驱动防滑（ASR）控制系统工作时机错误，对左前轮施加制动；发动机控制单元通过 CAN 系统接收到 ASR 系统错误的指令后，减小电子节气门开度，降低发动机输出功率。以上的错误控制，造成车辆加速不良、方向跑偏的故障。更换轮速传感器后故障排除。

二、进行底盘电控系统传感器、执行器的故障诊断

1. 汽车底盘各电控系统输入与输出控制策略

汽车底盘各电控系统输入与输出控制策略和发动机电控系统类似,传感器检测底盘电控系统工作的信号传输给电子控制单元(ECU),ECU发出控制指令控制执行器工作。下面以典型车型的电控动力转向系统(EPS)、电控制动系统(ESP/ASR/ABS)为例,介绍底盘各电控系统输入与输出控制策略。

(1)电控动力转向系统输入与输出控制策略

图4-2-1所示为电控动力转向系统(EPS)控制策略示意图(以丰田汽车为例),电控动力转向系统(EPS)主要由电动转向ECU、助力电动机、扭矩传感器、仪表警告灯、车速传感器、发动机转速传感器等组成。电动转向控制ECU与发动机、制动系统及其他控制系统的ECU之间通过CAN总线进行通信,实现信号共享。

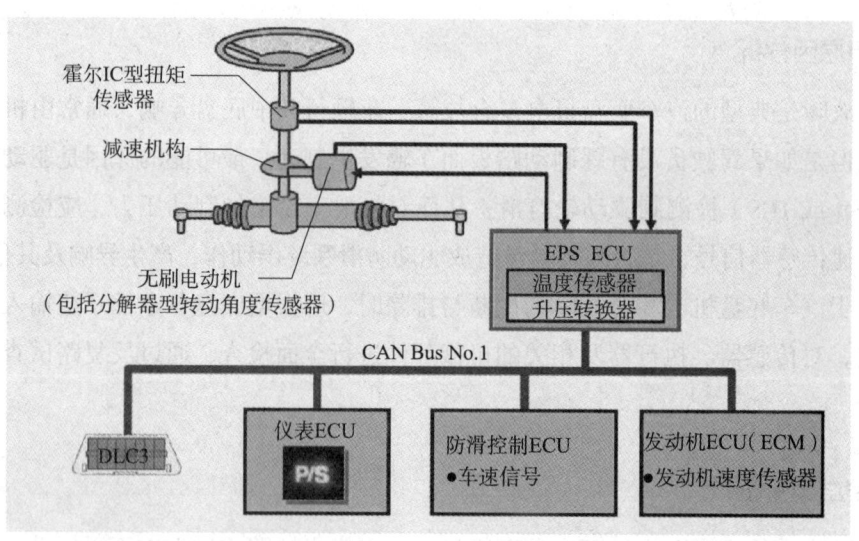

图4-2-1 电控动力转向系统(EPS)控制策略示意图(以丰田汽车为例)

EPS系统输入与输出控制策略如下:

1)传感器。EPS系统的主要传感器包括扭矩传感器和车速传感器。

①扭矩传感器。扭矩传感器内置于转向柱总成,检测转向盘转动时产生的转向力矩,并将其转换为电信号。

②车速传感器。EPS系统采用的车速信号来自防滑控制(ABS)ECU的四个车轮

转速信号。

2）控制单元。EPS 系统 ECU 根据来自扭矩传感器的转向扭矩信号和来自防滑控制 ECU 的车速信号，计算转向辅助动力，确定辅助动力的方向和大小。在低速行驶时控制转向力矩变小，在高速行驶时控制转向力矩适度增大。

3）执行器。EPS 系统通过安装在转向柱轴上的电动机和减速器的运动，产生扭矩以增大转向力矩。动力转向电动机由动力转向 ECU 的电流激活，并产生扭矩以辅助转向力矩。

（2）电控制动系统输入与输出控制策略

电子稳定控制系统又称电子稳定程序（ESP，electronic stability program），能使车辆按照预定的路线转弯。ESP 系统是通过对一个或者多个车轮施加必要的制动力去修正其过度或不足转向来达到稳定性控制的要求。ESP 系统是 ABS 系统与驱动防滑（ASR，或称牵引力控制 TCS）系统功能的扩展，因此也统称电控制动系统。ESP 系统使用了与 ABS 相同的部件，还增加了下列零部件：横摆率和侧向加速度传感器、转向盘转动传感器、主动制动助力器、带有压力传感器的制动总泵等。图 4-2-2 所示为电控制动系统控制策略示意图（以大众汽车为例）。

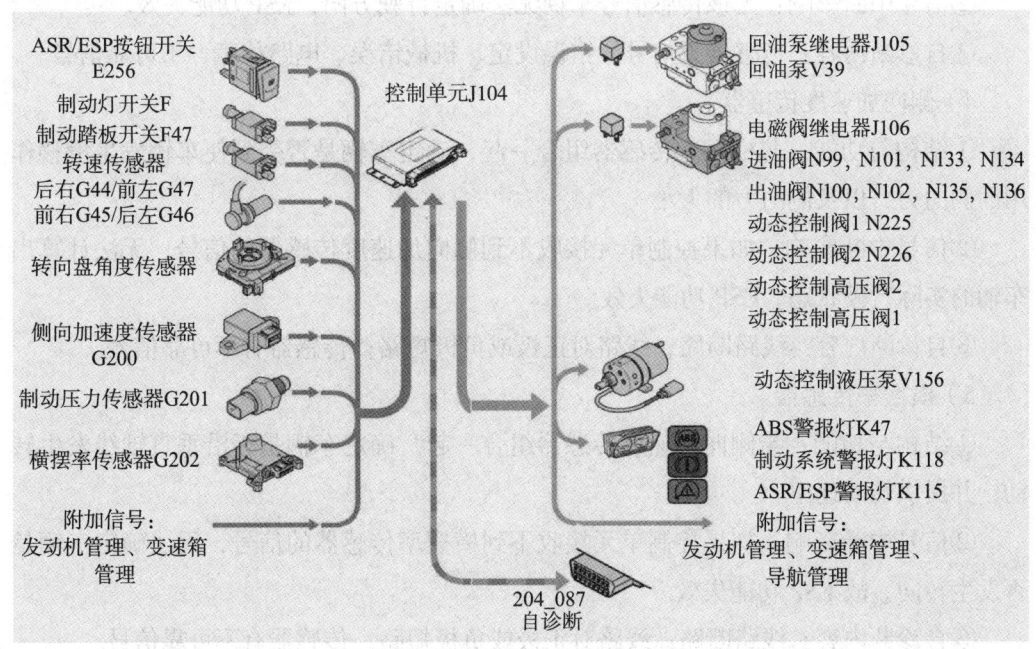

图 4-2-2 电控制动系统控制策略示意图（以大众汽车为例）

电控制动控制系统（以大众汽车为例）输入与输出控制策略如下：

1）控制单元。

①结构与功能：接收和处理传感器、开关的信号数据，指令液压单元中的继电器、

液压控制电磁阀、液压泵动作,并与其他控制单元交换数据。

②信号中断影响:控制单元出现故障,驾驶员仍可做一般的制动操作,但 ABS/EBD/ASR/ESP 功能失效。

③自诊断内容:控制单元故障、供电电压故障。

2)液压控制单元。

①结构与功能:集成电磁阀、液压泵等执行元件。制动分泵通过液压控制单元的电磁阀控制,通过液压控制单元的进油阀和泄压阀的控制,实现制动分泵的三个工作状态:增压、保压和减压。

②信号中断影响:当电磁阀功能出现不可靠故障时,整体系统关闭。

③自诊断内容:动态控制阀 1 和动态控制阀 2 以及动态控制高压阀 1 和动态控制高压阀 2 被检测出线路断路或线路短路(对正极/负极)。

3)转向盘转角传感器。

①结构与功能:位于转向灯开关和转向盘之间,角度的测量依据光栅原理,向控制单元传送转向盘转角信号。

②信号中断影响:无该传感信号车辆无法确定行驶方向,ESP 功能失效。

③自诊断内容:传感器无信号、错误设定、机械错误、电路故障、不可靠信号。

4)侧向加速度传感器。

①结构与功能:与横摆率传感器组合一起,确定车辆是否受到使车辆发生滑移作用的侧向力,以及侧向力的大小。

②信号中断影响:如果控制单元接收不到侧向加速度传感器的信号,无法计算出车辆的实际行驶状态,ESP 功能失效。

③自诊断内容:线路断路;线路对正极或负极短路;传感器有不可靠信号。

5)横摆率传感器。

①结构与功能:与侧向加速度传感器组合一起,确定车辆是否沿垂直轴线发生转动,并提供转动速率。

②信号中断影响:如果控制单元接收不到横摆率传感器的信号,无法确定车辆是否发生转向,故 ESP 功能失效。

③自诊断内容:线路断路;线路对正极或负极短路;传感器有不可靠信号。

6)制动压力传感器。

①结构与功能:通知控制单元制动系统的实际压力,控制单元相应计算出作用在车轮上的制动力和整车的纵向力大小。如果 ESP 正在对不稳定状态进行调整,控制单元将这一数值包含在侧向力计算范围之内。

②信号中断影响：如果控制单元接收不到制动力压力信号，无法计算出正确的侧向力，故 ESP 失效。

③自诊断内容：线路断路；线路对正极或负极短路；传感器有不可靠信号。

7）ASR/ESP 按钮开关 E256。

①结构与功能：按下该按钮开关 E256，ESP 功能关闭。再次按该按钮开关，ESP 功能重新激活。重新启动发动机该系统也可自动激活。当 ESP 调整工作正在进行或当车辆超过一定的车速时，系统将不能被关闭。

工作模式如下：

a. 为了从深雪或松软地面摆动驶出，有意让驱动轮打滑以摆脱被陷状态。

b. 带防滑链行驶。

c. 车辆在处于功率测试状态下行驶。

②信号中断影响：出现故障后 ESP 无法关闭，组合仪表上的 ESP 故障指示灯点亮。

③自诊断内容：该按钮故障无法通过自诊断检查发现。

2. 底盘各电控系统传感器、执行器故障诊断

对于底盘电控系统的传感器、执行器，可以根据检测设备的配置，分别采用万用表检测电压、电阻等数据，采用故障诊断仪检测数据流，采用示波器检测波形，然后分析检测结果，进行故障诊断。以下以 ABS 系统为例，介绍底盘电控系统传感器、执行器故障诊断方法。

（1）ABS 轮速传感器故障诊断

1）ABS 轮速传感器的故障现象。ABS 轮速传感器发生故障时故障现象如下：

①线圈断路或短路：不能通过初检，车辆起动后故障指示灯常亮，ABS 系统不工作。

②信号严重失真：车辆行驶时故障指示灯点亮，ABS 系统不工作。

③信号不准确：ABS 系统能够工作，但工作时间错误。造成制动单偏、制动踏板低、制动踏板反弹幅度大、制动距离长，或者在 ABS 系统不该工作的时候工作（没有踩制动或制动时车轮没有拖滞）等。

2）ABS 轮速传感器的故障诊断方法。如果诊断仪器读取到轮速传感器的故障码，或者怀疑轮速传感器故障，应对轮速传感器进行检测，根据检测数据判定是否发生故障。

①检查轮速传感器外观和齿圈，如图 4-2-3 所示。目视检查轮胎正常，轮速传感器和齿圈清洁，轮速传感器、齿圈（磁电式）和线路的损坏情况，确保齿圈与传感器之间的空气间隙符合制造商规定的标准（一般为 0.8 mm）。

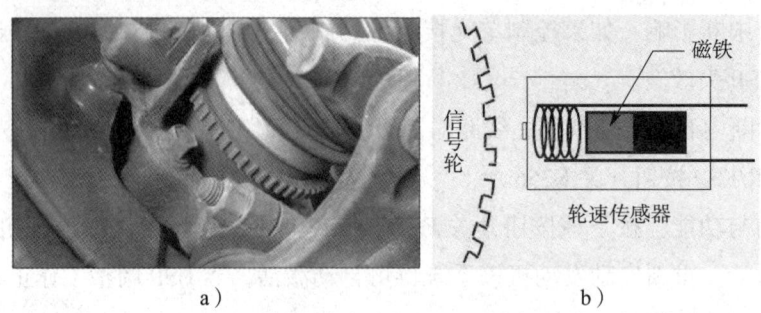

图 4-2-3 轮速传感器和齿圈
a）实物图 b）结构示意图

对于采用新型的主动式（霍尔式或磁阻式）轮速传感器（见图 4-2-4），没有用于磁电感应的齿圈，取而代之的是带磁性环的轴承。如果轴承损坏，更换时厂家要求和轮毂一起整体更换。因轴承只有单面有磁性环，如果单独更换不能装反装错。

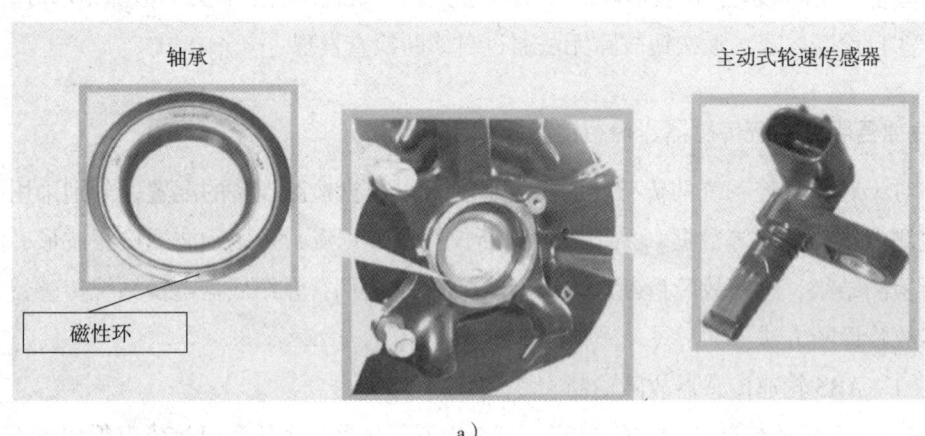

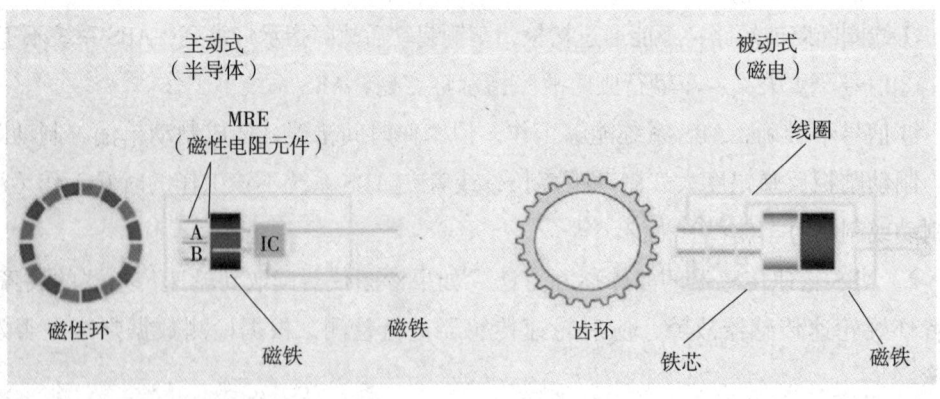

图 4-2-4 主动式轮速传感器
a）主动轮式传感器外观及轴承 b）主动轮式传感器与被动轮式传感器结构对比示意图

②检测轮速传感器电阻。如图 4-2-5 所示，断开蓄电池负极接线和轮速传感器线束的接插件后，采用万用表检测传感器电阻，如不符合要求则更换传感器。一般车型磁电感应式传感器电阻在 800 Ω 至 1 500 Ω 范围内。对于主动式传感器，内部为集成电路板，测量传感器电阻仅作为短路或断路的判断参考，电阻值（10 kΩ 以上）不能作为传感器损坏的依据。

③检测轮速传感器供电电源。如图 4-2-6 所示，对于主动式检测轮速传感器，采用万用表检测传感器电源针脚来自 ABS 控制单元的供电电源的电压，应为 5～12 V（不同车型之间有区别），不符合要求则检修线路。

图 4-2-5　检测轮速传感器电阻

图 4-2-6　检测轮速传感器供电电源

④检测轮速传感器输出信号。如图 4-2-7 所示，使用举升机举升车辆，采用万用表检测轮速传感器信号针脚的信号电压，在车轮运转时，应有交流电压信号输出。

⑤检测轮速传感器输出信号波形。使用举升机举升车辆，用示波器检测轮速传感器信号针脚输出信号波形，在车轮运转时，应有信号波形产生。图 4-2-8 所示为磁电式轮速传感器的交流信号波形，图 4-2-9 所示为主动式轮速传感器的方波波形。

⑥检测轮速传感器数据流。使用举升机举升车辆，用故障诊断仪读取轮速传感器数据流，数据值应与当前车轮转速基本一致。图 4-2-10 是故障诊断仪读取到的轮速传感器在车辆静止时的数据流。

图 4-2-7　检测轮速传感器输出信号

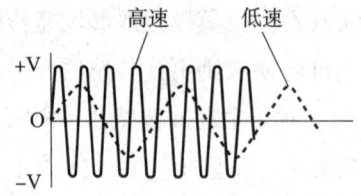
图 4-2-8 磁电式轮速传感器交流波形

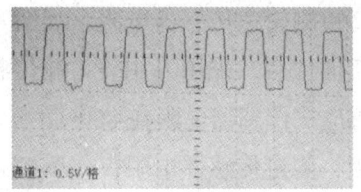
图 4-2-9 主动式轮速传感器方波波形

数据流	
前左测量值	0 km/h
前右测量值	0 km/h
后左测量值	0 km/h
后右测量值	0 km/h

图 4-2-10 故障诊断仪读取到的轮速传感器在车辆静止时的数据流

（2）ABS 液压控制电磁阀（执行器）故障诊断

1）ABS 液压控制电磁阀的故障现象。ABS 液压控制电磁阀（见图 4-2-11）通常集成在液压控制单元内部，发生故障时故障现象如下。

①线圈断路或短路：不能通过系统自检，车辆起动后故障指示灯常亮，ABS 系统不工作。

②回油电磁阀常关：制动单偏，车轮抱死。

③进油电磁阀常关：制动单偏，车轮没抱死。

④进油/回油电磁阀常开：制动踏板低，制动失效。

图 4-2-11 ABS 液压控制电磁阀

2）ABS 液压控制电磁阀的故障诊断方法。ABS 液压电磁阀由 ABS 控制单元控制，电磁阀的工作情况同时能够反映控制单元、泵电动机是否正常工作。

①通过 ABS 系统自检判断。打开点火开关，ABS 故障指示灯、ASR 故障指示灯瞬时点亮，然后熄灭，说明 ABS 系统正常，在这个过程中能听到清脆的"哒""哒"电磁阀自检声音。通过听 ABS 电磁阀的响声循环也可以判断 ABS 电磁阀是否正常工作。通常情况下，首先踩下制动踏板并保持，打开点火开关，电磁阀都会进行自检。

②检测电磁阀的电阻判断。采用万用表检测电磁阀的电阻值，应符合正常值。

电阻值：进油电磁阀 11～15 Ω；排油电磁阀 3～5 Ω。

③故障诊断仪诊断。采用故障诊断仪对电磁阀执行元件动作测试，对应的电磁阀应该动作，动作情况可以通过电磁阀动作的声音判断。

对于电控制动系统的故障诊断，采用故障诊断仪读取数据流是最便捷的方法，表 4-2-1 是电控制动系统主要数据流和数据参考范围。

表 4-2-1 电控制动系统主要数据流和数据参考范围

数据流项目	数值/状态举例	参考范围
ABS 指示灯	ON（点亮）	ON（点亮）/OFF（熄灭）
制动指示灯	OFF（熄灭）	
驻车制动指示灯	ON（点亮）	
ASR/ESP 指示灯	ON（点亮）	
制动灯开关	ON（接通）	ON（接通）/OFF（断开）
驻车制动开关	OFF（断开）	
车轮转速（轮速）传感器	10 km/h	车轮实际的运转速度
ABS 电磁阀	ON（运行）	ON（运行）/OFF（无运行）
EBD 控制状态	ON（控制）	ON（控制）/OFF（无控制）
ABS 控制状态	OFF（无控制）	
ABS 电磁阀继电器	ON（接通）	ON（接通）/OFF（断开）
ABS 泵（电动机）继电器	OFF（断开）	

三、进行汽车行驶过程中底盘振动和噪声的故障诊断

汽车行驶过程中底盘振动和噪声的故障属于复杂的机电复合故障，涉及包括底盘电控、机械在内的多个系统。以下介绍底盘机电复合故障的原因和典型故障诊断方法。

1. 汽车底盘故障的原因

汽车底盘出现的故障，故障原因除了底盘的传动、转向、行驶、制动等系统外，也可能是动力系统的原因。一般情况下，汽车底盘产生故障的原因如下。

1）车辆自身质量问题。如选用材料不佳（机械强度不够等原因），或设计缺陷及制造工艺差。

2）运动部件自然磨损、腐蚀、变质、老化引起的故障。

3）运行条件恶劣（如道路、环境和气候）引起的故障。

4）未按照车辆用户手册驾驶操作，车辆超载、超速行驶。

5）车辆使用过程中发现异常而不及时排除隐患。

6）未定期对车辆进行保养、维护、技术检测。

7）未按照维修操作技术规范进行维修，存在安全隐患。

8）相关的电控系统软件及部件故障。

2. 汽车行驶过程中底盘振动和噪声的故障诊断方法

汽车底盘出现故障时，应首先进行相关系统的目视／常规检查。检查项目如下：

1）如果组合仪表中底盘电控系统的故障指示灯异常点亮，或者怀疑电控系统故障，应采用故障诊断仪器读取故障码和分析数据流，判断电控系统是否存在异常。

2）是否有可能引起系统故障的加装、改装装置。

3）相关系统是否有油液泄漏、焦糊味或温度异常。

4）相关系统部件是否有不正常的松动、弯曲、变形及其他损坏。

5）运动部件之间是否有干涉、摩擦痕迹等异常现象。

以汽车底盘典型的机电复合故障，即汽车行驶过程中底盘振动和噪声的故障为例，诊断与排除方法见表 4-2-2。诊断与排除应按照从简单到复杂的原则进行。

表 4-2-2 底盘机电复合故障诊断与排除方法表

故障现象	系统/部件	可能原因	故障诊断与排除方法
行驶过程中产生振动	车轮和轮胎	轮毂轴承磨损（松旷）	更换轮毂轴承
		轮胎气压不均衡	调整轮胎气压
		车轮动不平衡	车轮动平衡
		轮胎异常磨损	更换轮胎
		定位不准确	重新调整定位
	传动轴	传动轴松动或不平衡	紧固或更换传动轴
		传动轴弯曲变形	更换传动轴
		万向节装配不当或损坏	重新装配或更换
	悬架	减振器泄漏或弹性失效	更换减振器
		减振器支承橡胶衬套损坏	更换衬套
	转向机构	转向机构磨损严重	更换损坏部件
		电动转向系统工作不良	检修电动转向系统
	变速器或差速器	变速器齿轮机构磨损、松旷或其他损坏	修理或更换
		差速器齿轮磨损、松旷或其他损坏	修理或更换

续表

故障现象	系统/部件	可能原因	故障诊断与排除方法
行驶过程中发出噪声	车轮和轮胎	轮胎固定螺栓松动	紧固
		轮毂轴承磨损或松旷	紧固或更换
		轮胎异常磨损	更换轮胎
	传动轴	万向节轴承磨损、发卡及其他损坏	更换轴承及其他部件并加注润滑脂
		花键过度磨损	更换传动轴
		传动轴/半轴轴承松动、窜动及其他损坏	更换轴承
	悬架	减振器液压杆或弹簧损坏	更换
		减振器支承橡胶衬套损坏	更换
	转向机构	转向柱轴承润滑不足或损坏	润滑或更换
		转向横、直拉杆球节损坏	更换
		转向电动机及转向器损坏	更换
	制动系统	制动器分泵发卡或其他损坏	更换或修复
		制动摩擦片过度磨损、材质不良	更换
		制动盘/鼓过度磨损或其他损坏	更换或修复
		制动系统其他部件损坏	更换或修复
	变速器或差速器	变速器或差速器油液位不足、型号不正确、变质或脏污	补充或更换
		变速器或差速器内部的齿轮磨损、间隙过大或过小、啮合面不正确、齿轮断裂及其他损坏	分解检修
		变速器或差速器固定螺栓松动及其他损坏	更换或修复

学习单元 2　底盘机电复合故障诊断流程的编制与组织实施

一、编制汽车底盘机电复合故障诊断流程

以汽车行驶过程中底盘产生振动和发出噪声为例，编制汽车底盘机电复合故障诊断流程，见表 4-2-3 和表 4-2-4。

表 4-2-3　汽车行驶过程中底盘产生振动故障诊断流程

步骤	检测及诊断操作	诊断结果	
1	试车验证或确认故障现象	故障现象不存在	故障现象存在
		配合业务接待员（服务顾问）与客户沟通，确保正确使用车辆	下一步
2	使用故障诊断仪读取底盘各电控系统故障码和数据流	有与行驶中产生振动相关的故障码和数据流	无与行驶中产生振动相关的故障码和数据流
		优先根据故障码内容和异常数据流检修后再试车	下一步
3	检查四个车轮轮胎气压	轮胎气压不符合标准	轮胎气压符合标准
		调整轮胎气压后再试车	下一步
4	举升车辆到合适位置，晃动车轮检查轮毂轴承	轮毂轴承松旷	轮毂轴承正常
		更换后再试车	下一步
5	检查轮胎是否异常磨损	轮胎异常磨损	轮胎磨损正常
		根据磨损程度确定是否更换轮胎，并进行动平衡和四轮定位后再试车	下一步
6	检查车轮动平衡	车轮动不平衡	车轮动平衡正常
		调整后再试车	下一步

续表

步骤	检测及诊断操作	诊断结果	
7	检查传动轴是否松动、不平衡、弯曲变形、万向节装配不当或其他损坏	传动轴异常	传动轴正常
		根据异常结果调整、修复或更换后再试车	下一步
8	检查前后悬架减振器是否油液泄漏或弹性失效，支承橡胶衬套是否损坏	悬架减振器异常	悬架减振器正常
		根据异常结果调整、修复或更换后再试车	下一步
9	检查转向机构是否磨损，以及电动转向器工作状况	转向机构异常	转向机构正常
		根据异常结果调整、修复或更换后再试车	下一步
10	检查变速器或差速器油液状况及工作时是否异响	变速器或差速器异常	变速器或差速器正常
		根据异常结果调整、修复或更换后再试车	下一步
11	经以上步骤再次试车后，确定故障是否排除	故障未排除	故障排除
		重复以上步骤	诊断结束

表 4-2-4　汽车行驶过程中底盘发出噪声故障诊断流程

步骤	检测及诊断操作	诊断结果	
1	试车验证或确认故障现象	故障现象不存在	故障现象存在
		配合业务接待员（服务顾问）与客户沟通，确保客户正确使用车辆	下一步
2	使用故障诊断仪读取底盘各电控系统故障码和数据流	有与行驶中产生噪声相关的故障码和数据流	无与行驶中产生噪声相关的故障码和数据流
		优先根据故障码内容和异常数据流检修后再试车	下一步
3	检查轮胎固定螺栓	轮胎固定螺栓松动	轮胎固定螺栓力矩符合标准
		根据标准力矩紧固轮胎固定螺栓后再试车	下一步
4	举升车辆到合适位置，晃动和转动车轮，检查轮毂轴承是否因磨损或松旷发出噪声	轮毂轴承有噪声	轮毂轴承正常
		更换后再试车	下一步

续表

步骤	检测及诊断操作	诊断结果	
5	检查轮胎是否异常磨损	轮胎异常磨损	轮胎磨损正常
		根据磨损程度确定是否更换轮胎,并进行动平衡和四轮定位后再试车	下一步
6	检查底盘传动轴、悬架、转向机构是否因松旷、磨损、润滑不良等原因发出噪声	底盘传动轴、悬架、转向机构异常	底盘传动轴、悬架、转向机构正常
		根据异常结果调整、修复或更换后再试车	下一步
7	检查制动器分泵是否发卡,摩擦片磨损情况和材质,制动盘/鼓磨损情况和变形	制动器异常	制动器正常
		根据异常结果调整、修复或更换后再试车	下一步
8	检查变速器或差速器内部工作时是否有异响	变速器或差速器有异响	变速器或差速器声音正常
		分解检查异响原因,修复或更换后再试车	下一步
9	经以上步骤再次试车后,确定故障是否排除	故障未排除	故障排除
		重复以上步骤	诊断结束

二、指导技师及以下级别人员进行汽车底盘机电复合故障诊断维修

根据已编制的"汽车底盘机电复合故障诊断流程",组织技师及以下级别维修技术人员对故障车辆进行检测及诊断操作,确定故障部位,进行调整、修复或更换,最终排除故障。

在汽车底盘机电复合故障诊断与维修过程中,指导技师及以下级别的维修技术人员执行正确的故障诊断与排除思路,并及时纠正不规范的行为。

三、撰写汽车底盘机电复合故障诊断分析报告

参照指定的格式,结合故障诊断与排除的实际过程,撰写汽车底盘机电复合故障诊断分析报告。

课程 4-3　汽车电气系统复合故障诊断

学习内容

学习单元	课程内容	培训建议	课堂学时
（1）车身电气系统复合故障诊断分析	1）分析车身电气系统复合故障的特点 2）进行车身电气各电控系统传感器、执行器的故障诊断 3）进行汽车电源管理系统的故障诊断 4）进行车身电气数据传输总线系统的故障诊断	（1）方法：讲授法、讨论法、实训（练习）法、演示法、案例教学法、实物示教法 （2）重点：车身电气电控系统控制机理、故障诊断思路 （3）难点：汽车电源管理、数据传输总线系统故障诊断方法	16
（2）车身电气系统复合故障诊断流程的编制与组织实施	1）编制汽车车身电气系统复合故障诊断规范流程 2）指导技师及以下级别人员进行汽车车身电气系统复合故障诊断维修 3）撰写汽车车身电气系统复合故障诊断分析报告	（1）方法：讲授法、讨论法、案例教学法 （2）重点：分析报告的撰写方法与思路 （3）难点：指导技师及以下级别人员进行故障诊断	8

学习单元 1　车身电气系统复合故障诊断分析

一、分析车身电气系统复合故障的特点

1. 故障现象举例

一辆一汽丰田卡罗拉汽车，点火开关打开后，组合仪表"黑屏"（没有任何显示）。如果你是维修技师，你将如何诊断并排除故障？

2. 故障原因分析

此故障是典型的汽车车身电气复合故障，可能是电源系统（蓄电池及供电线路）故障，也可能是组合仪表及供电电路发生故障。

对汽车车身电气复合故障的诊断与排除时，首先应排除供电电源及线路故障，然后根据各电控系统输入输出控制策略，对传感器、执行器及相关的部件进行全面检查，查找故障原因并排除。

3. 故障结果分析

本例中，检查发现蓄电池亏电严重，更换充足电的蓄电池后，组合仪表工作正常。进一步检查发现发电机不能为蓄电池充电，但充电线路连接正常，更换发电机总成后故障排除。因此，本例的故障原因为发电机损坏，不能为蓄电池充电，导致蓄电池亏电严重，车辆表现为组合仪表供电不足而"黑屏"。

二、进行车身电气各电控系统传感器、执行器的故障诊断

1. 车身电气各电控系统输入与输出控制策略

以下介绍电源管理系统、组合仪表系统等车身电气电控系统输入与输出控制策略。

（1）电源管理系统输入与输出控制策略

汽车电源管理系统的结构组成如图 4-3-1 所示，主要包括蓄电池、交流发电机（含电压调节器）、充电指示灯、点火开关以及车身电器设备等。

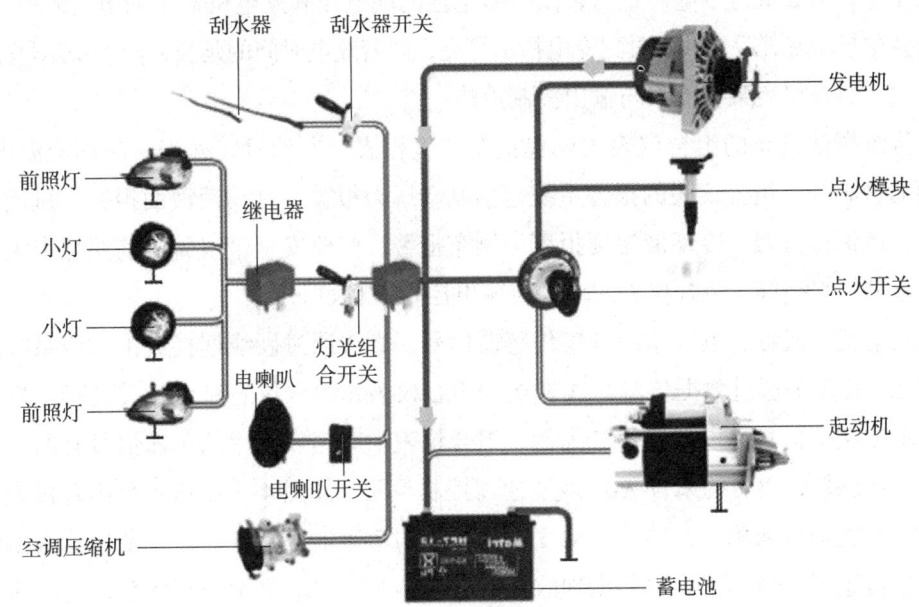

图 4-3-1　汽车的电源管理系统结构组成

电源管理系统的电源输出由蓄电池的常电源及点火开关控制，点火开关位置及功能见表 4-3-1。

表 4-3-1　点火开关位置及功能

序号	点火开关位置	功能描述
1	LOCK	关闭全车电源，防盗系统及其他需要常电源的控制单元由蓄电池直接供电
2	ACC	停车挡，接通车辆停止时的用电设备，如多媒体播放器、点烟器等
3	ON（IG）	行驶挡，接通车辆运行时的用电设备，如组合仪表等
4	START（ST）	起动挡，将钥匙拧到此位置，起动机及整车电源都接通，松手后，钥匙自动回到"ON"挡位置

电源管理系统的工作过程有三个阶段：

1）未起动发动机时。在未起动发动机时，汽车上除起动系统外的所有用电设备由蓄电池供电，为了提醒驾驶员节约蓄电池的电量，这时充电指示灯亮起。

2）起动发动机时。在起动发动机时，发电机虽然在转动发电，但因其输出的电量小，所以还不能满足向汽车用电设备供电，这时主要还是由蓄电池向起动机和汽车其他用电设备供电，所以在起动瞬间能看到蓄电池充电指示灯亮。

3）发动机正常运行时。在起动完成后，汽车上的用电设备由发电机供电，并向蓄电池充电。当蓄电池亏电严重时，由于蓄电池的端电压和发电机输出的电压差值过大，可能会在起动完成后几秒内看到充电指示灯亮，随着充电时间的延长，充电指示灯熄灭。

（2）组合仪表系统输入与输出控制策略

传统燃油汽车的组合仪表主要包括车速里程表、发动机转速表、冷却液温度表、燃油油量表等。组合仪表的报警系统包括制动压力报警、制动液液面报警、机油压力报警、燃油量报警、冷却液温度报警、倒车报警、座椅安全带报警、前照灯未关及点火钥匙未拔报警等。组合仪表的输入与输出控制策略如下：

发动机、底盘、电气系统采集传感器信号，直接通过硬线连接或由对应系统的控制单元（ECU）通过数据传输总线发送到组合仪表，组合仪表显示相关的指示灯、仪表指示或文字信息。以车速信号为例，组合仪表中车速表采用的车速信号有的直接来自车速传感器，也有的来自 ABS 或变速器控制单元。如图 4-3-2 所示是组合仪表三种不同的车速信号来源。大部分手动变速器车型的车速信号来自安装在变速器输出轴上的车速传感器，当车速传感器出现故障将会影响车速表的显示。有些车型的车速信号来自 ABS 控制单元的车轮转速（轮速传感器）信号，如果车速表不动作，应检查 ABS 控制单元通信。

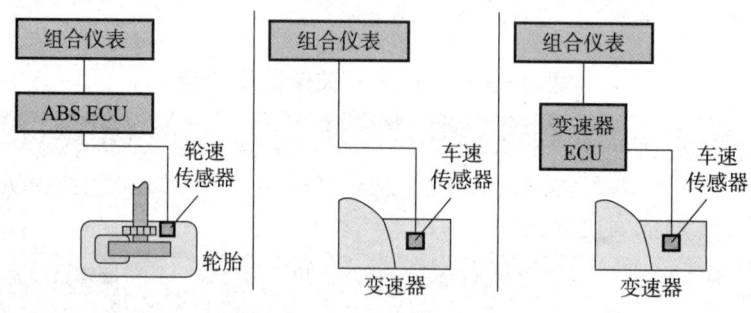

图 4-3-2　组合仪表车速信号来源

2. 汽车车身电气各电控系统传感器、执行器故障诊断

对于车身电气各电控系统的传感器、执行器，可以根据检测设备的配置，分别采用万用表检测电压、电阻等数据，采用故障诊断仪检测数据流，采用示波器检测波形，然后根据检测结果进行故障诊断。下面以组合仪表中车速表不工作故障为例，介绍车身电气电控系统传感器、执行器故障诊断方法。

(1) 组合仪表故障诊断

如果组合仪表中转速表显示异常而其他的指示灯、仪表及信息显示正常，则可以认为组合仪表的控制单元及供电正常。此时可以采用诊断仪对仪表系统的车速表进行故障码和数据流读取及功能测试，如果车速表正常，则故障来自车速传感器或信号。连接故障诊断仪器，利用诊断仪器的以下功能进行检测。

1）故障码读取和清除（如果故障指示灯异常点亮时），根据故障码内容检修。

2）数据流读取。如图 4-3-3 所示，使用诊断仪读取发动机或变速器（仅自动变速器）数据流数值，应该与车辆当前实际的车速一致。有的车型（如一汽大众迈腾）车速表信号来自 ABS 控制单元采集的车轮速度（轮速）信号，信号通过 CAN 系统传输。如果发动机和 ABS 工作正常，说明 CAN 系统也正常，车轮速度信号也应该正常。

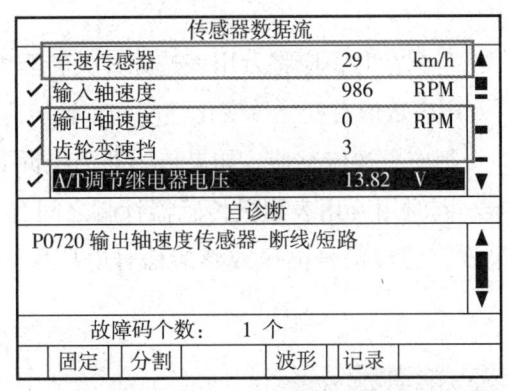

图 4-3-3　车速传感器数据流

3）功能（动作）测试。连接故障诊断仪，进入仪表系统的动作测试，选择车速表调节。观察组合仪表车速表指针转动值，如果车速表不动作或实际车速与显示值不符则更换组合仪表。如果车速表动作正常，则故障出现在车速传感器及其线路。

(2) 车速传感器故障诊断

1）外观及线路检查。

①检查车速传感器外观，若有裂纹、变形则更换。

②检查车速传感器的插接器和线束，若有腐蚀、松动现象则进行接插件和线束维修。

2）车速传感器检测。若以上检查都没有问题，则进行车速传感器电阻、信号和波形输出的检测，如数据不符合标准值（参照相应车型技术资料），则更换相应车速传感器。

①检测传感器电阻。如图 4-3-4 所示，断开蓄电池负极接线和车速传感器的接插件，利用万用表测量传感器两个针脚之间的电阻值，电阻值应为 1~2 kΩ。如果感应线圈短路、断路或电阻值不符合标准，应更换车速传感器。

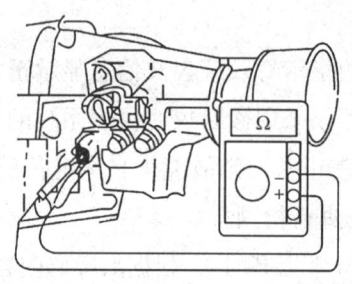 

图 4-3-4　检测车速传感器电阻

②检测传感器信号电压。对于磁电式传感器，就车测量车速传感器输出脉冲信号时，应将车辆用举升机顶起，让变速器挡位置于空挡，用手转动悬空的驱动轮，连接车速传感器的接插件，用万用表测量车速传感器针脚1和针脚2之间有无脉冲信号电压输出。

如图4-3-5所示，就车测量时，应将万用表选择开关转至1V以下的交流电压挡位置。若在转动车轮时万用表数值有变化（变化幅度和车轮转速成正比），说明车速传感器有输出脉冲信号，否则应更换传感器。如果传感器已经拆下，用一根铁棒或磁棒迅速靠近或离开传感器。同时用万用表测量传感器针脚之间有无脉冲感应信号电压，如图4-3-6所示。如果没有感应信号电压或感应信号电压很微弱，说明传感器有故障，应更换。

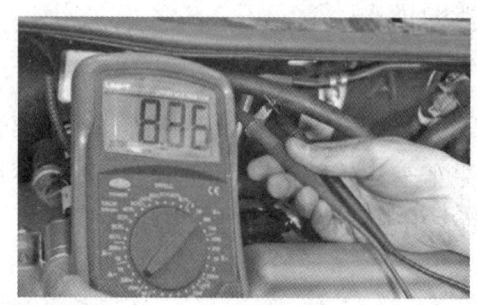 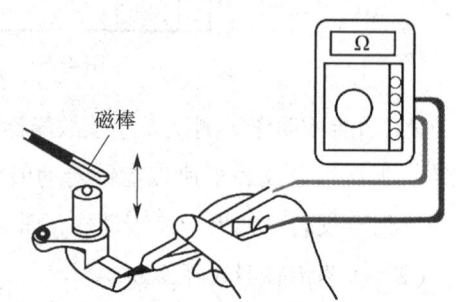

图 4-3-5　就车测量车速传感器信号　　　图 4-3-6　车下测量车速传感器信号

③检测传感器信号波形。连接示波器，进入示波器功能，检测车速信号波形。图4-3-7所示为磁电式车速传感器信号波形，良好的波形幅值变化应基本一致，且随车速增加而增大，幅值、频率和形状在确定的条件（等转速）下是一致的、可重复的、有规律的。

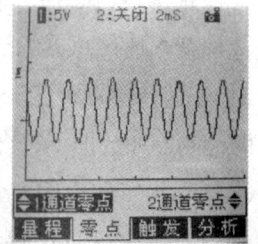

图 4-3-7　磁电式车速传感器信号波形

三、进行汽车电源管理系统的故障诊断

汽车电源管理系统的故障现象是全车无电，或对应的系统因没有供电而无法工作。由于涉及电源管理系统及车辆控制系统本身，属于电气复合故障，以下以"组合仪表黑屏（没有任何显示）"为例，介绍车身电气复合故障的原因和典型故障诊断方法。

1. 电源管理系统的故障原因和诊断方法

（1）蓄电池常电源供电故障

1）蓄电池损坏或亏电。用万用表或蓄电池测试仪检查蓄电池，如损坏则更换；如果只是蓄电池亏电，则应进行充电，并检查发电机充电是否正常。

2）蓄电池常电源供电线路发生故障，包括极柱连接、熔丝（保险丝）、继电器、导线故障，进行修复或更换。

（2）点火开关故障

点火开关的电源来自蓄电池，因此若点火开关不能供电，必须先确认蓄电池常电源供电线路正常，然后进行点火开关及线路检查。

1）点火开关线路短路、断路及接插件不良，进行修复或更换。

2）点火开关本体损坏，更换点火开关本体。

2. 组合仪表的故障原因和诊断方法

（1）组合仪表电源线路及接插件不良

1）确认蓄电池电压正常。

2）检查组合仪表电源、搭铁线路是否断路、短路，着重检查组合仪表熔丝。

（2）组合仪表本体损坏

如果组合仪表供电线路正常，则应更换组合仪表。

四、进行车身电气数据传输总线系统的故障诊断

由于汽车科技的发展及车辆控制系统之间通信数据的增大，目前市场上大部分汽车车身电气系统都采用数据传输总线进行数据传输，以下以丰田汽车（卡罗拉）车身电气控制系统为例，介绍车身电气数据传输总线系统的故障诊断方法。

1. 车身电气数据传输总线结构和原理

1）图 4-3-8 所示为丰田汽车车身电气系统的多路通信系统（multiplex communication system，MPX）示意图，由一主一副两个车身 ECU 与其他 ECU 通信，并控制刮水器、车门、天窗、座椅、安全气囊等车身电气相关系统工作。

2）图 4-3-9 所示为丰田汽车车身电气系统的多功能显示器通信系统示意图，发动机、仪表、空调等系统 ECU 的数据总线通过网关 ECU 传输到多功能显示器，向驾乘人员显示车辆运行及电气系统相关的信息。

3）图 4-3-10 所示为丰田汽车包括车身电气系统与动力系统在内的 CAN 系统通信示意图。发动机、底盘电控、车身电气等控制系统之间进行数据交换。

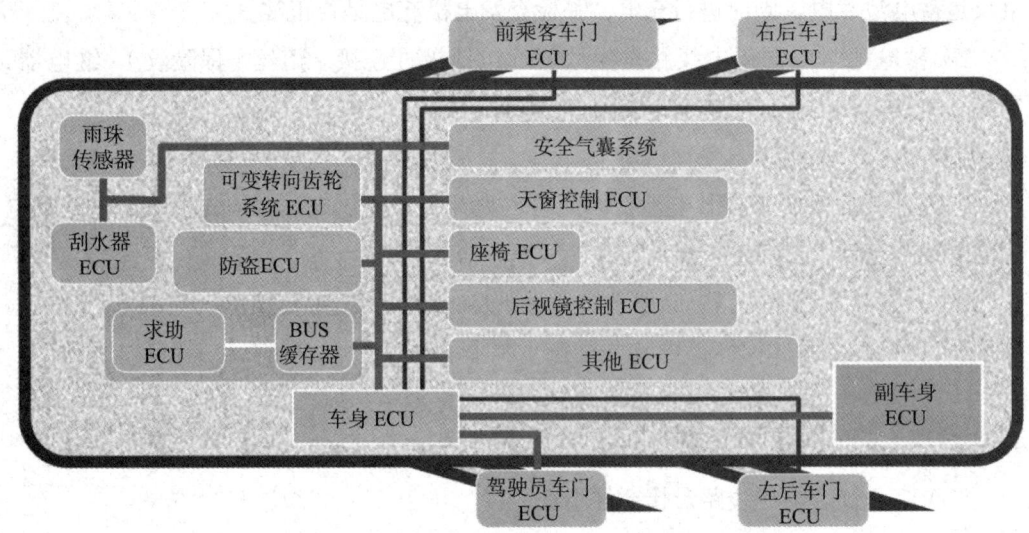

图 4-3-8　丰田汽车车身电气多路通信系统示意图

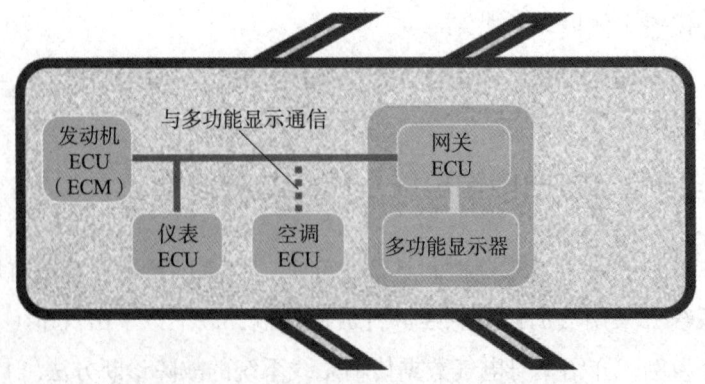

图 4-3-9　丰田汽车多功能显示器通信系统示意图

模块 4　汽车复合故障诊断

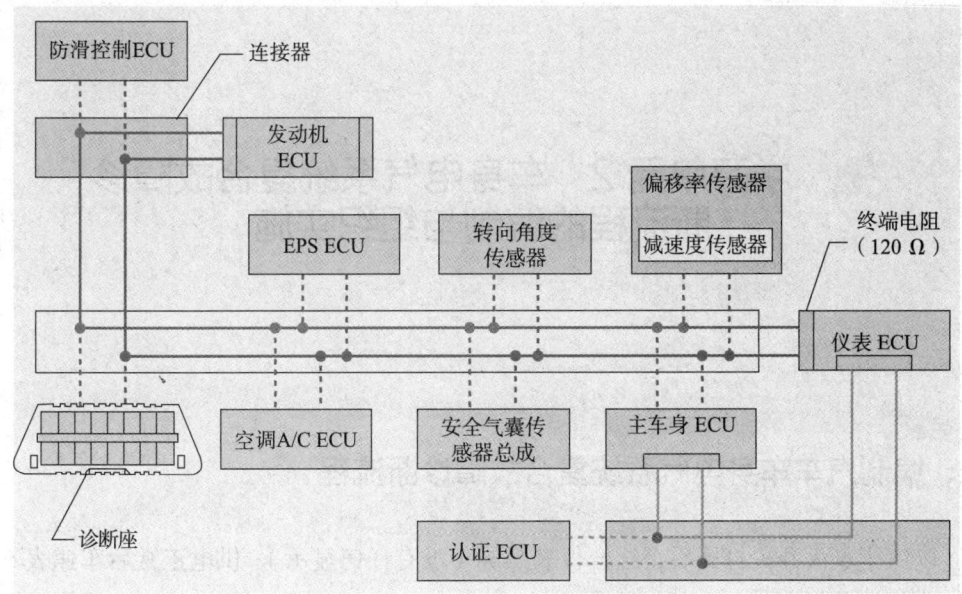

图 4-3-10　丰田汽车 CAN 系统通信示意图

2. 数据传输总线系统故障诊断方法

（1）数据总线故障诊断工具及资料

进行数据总线系统的诊断，需要以下诊断工具及资料。

1）诊断设备：能诊断相关车型的故障诊断仪器。

2）检测设备：数字式万用表、示波器等。

3）技术资料：相关车型车载网络系统结构图、线路图。

（2）数据总线系统的故障类型和故障部位

1）全部控制单元不能和诊断仪器通信：故障可能部位包括诊断座、BUS 线、网关等。

2）部分或某个控制单元不能和诊断仪器通信：故障可能部位包括对应的 BUS 线、控制单元等。

3）控制单元存储数据总线系统相关的故障码：故障可能部位包括对应的 BUS 线、控制单元、相关元件等。

4）采用数据总线系统控制的功能故障：故障可能部位包括对应的 BUS 线、控制单元、相关元件等。

学习单元 2　车身电气系统复合故障诊断流程的编制与组织实施

一、编制汽车车身电气系统复合故障诊断流程

以汽车点火开关打开后，组合仪表黑屏（没有任何显示），供电正常后车速表不指示故障为例，编制汽车车身电气复合故障诊断流程，见表 4-3-2 和表 4-3-3。根据从简单到复杂的原则进行检查，根据检查结果更换损坏的部件或修复线路。

表 4-3-2　汽车组合仪表黑屏故障诊断流程

步骤	检测及诊断操作	诊断结果	
1	试车验证或确认故障现象	故障现象不存在	故障现象存在
		配合业务接待员（服务顾问）与客户沟通，确保客户正确使用车辆	下一步
2	检查蓄电池电压	蓄电池电压偏低	蓄电池电压正常
		充电或更换	下一步
3	检查蓄电池常电源供电线路	蓄电池供电线路断路	蓄电池供电线路正常
		修复后再试车	下一步
4	检查点火开关供电线路	点火开关供电线路断路	点火开关供电线路正常
		修复后再试车	下一步
5	检查点火开关本体	点火开关损坏	点火开关本体正常
		修复或更换后再试车	下一步
6	检查组合仪表供电电源	组合仪表供电电源断路	组合仪表供电电源正常
		修复后再试车	下一步
7	检查组合仪表本体	组合仪表本体损坏	组合仪表本体正常
		更换后再试车	下一步
8	经以上步骤再次试车后，确定故障是否排除	故障未排除	故障排除
		重复以上步骤	诊断结束

表 4-3-3　汽车组合仪表车速表不指示故障诊断流程

步骤	检测及诊断操作	诊断结果	
		故障现象不存在	故障现象存在
1	试车验证或确认故障现象	配合业务接待员（服务顾问）与客户沟通，确保客户正确使用车辆	下一步
2	使用故障诊断仪读取组合仪表及其他电控系统故障码	有与车速相关的故障码	无与车速相关的故障码
		根据故障码内容检修后再试车	下一步
3	使用故障诊断仪器进行组合仪表功能测试	车速表无动作	车速表动作
		更换组合仪表后再试车	下一步
4	根据车型装备，检测车速传感器或提供车速信号的轮速传感器及线路	线路断路或传感器损坏	线路或传感器正常
		修复或更换后再试车	下一步
5	经以上步骤再次试车后，确定故障是否排除	故障未排除	故障排除
		重复以上步骤	诊断结束

二、指导技师及以下级别人员进行汽车车身电气系统复合故障诊断维修

根据已编制的"汽车车身电气系统复合故障诊断流程"，组织技师及以下级别维修技术人员对故障车辆进行检测及诊断操作，确定故障部位，进行调整、修复或更换，最终排除故障。

在汽车车身电气系统复合故障诊断与维修过程中，指导技师及以下级别的维修技术人员执行正确的故障诊断与排除思路，并及时纠正不规范的行为。

三、撰写汽车车身电气系统复合故障诊断分析报告

参照指定的格式，结合故障诊断与排除的实际过程，撰写汽车车身电气复合故障诊断分析报告。

课程 4-4　电动汽车复合故障诊断

学习内容

学习单元	课程内容	培训建议	课堂学时
（1）电动汽车驱动系统复合故障诊断分析	1）分析电动汽车驱动系统复合故障的特点 2）进行电动汽车驱动系统传感器、执行器的故障诊断 3）进行电动汽车驱动系统典型故障的诊断	（1）方法：讲授法、讨论法、实训（练习）法、演示法、案例教学法、项目教学法、实物示教法 （2）重点：电动汽车驱动系统控制机理、故障诊断思路 （3）难点：电动汽车驱动系统典型的故障诊断思路	8
（2）电动汽车驱动系统复合故障诊断流程的编制与组织实施	1）编制电动汽车驱动系统复合故障诊断流程 2）指导技师及以下级别人员进行电动汽车驱动系统复合故障诊断维修 3）撰写电动汽车驱动系统复合故障诊断分析报告	（1）方法：讲授法、讨论法、案例教学法 （2）重点：分析报告的撰写方法与思路 （3）难点：指导技师及以下级别人员进行故障诊断	4

学习单元 1　电动汽车驱动系统复合故障诊断分析

一、分析电动汽车驱动系统复合故障的特点

1. 故障现象举例

　　一辆比亚迪 e5 纯电动汽车，客户反映车辆在行驶中动力系统故障指示灯点亮，车辆限速行驶（功率降低）。如果你是维修技师，你将如何诊断并排除故障？

2. 故障原因分析

　　纯电动汽车的动力系统故障指示灯点亮，而动力蓄电池故障指示灯没有点亮，说明故障出现在驱动系统。对电动汽车驱动系统复合故障的诊断与排除时，应根据驱动系统输入输出控制策略，对传感器、执行器及相关的机械部件进行全面检查，查找故障原因。

3. 故障结果分析

　　本例中，检查发现驱动电机及控制器温度过高，原因是冷却液循环不畅，电动冷却液泵运转不良。更换冷却液泵，清洁冷却管路，重新加注符合厂家要求的冷却液，清除故障码并试车后故障排除。本例的故障原因是驱动电动机及控制器冷却系统加注了不符合厂家要求的冷却液，造成电动冷却液泵损坏及冷却管路堵塞。

二、进行电动汽车驱动系统传感器、执行器的故障诊断

1. 电动汽车驱动系统输入与输出控制策略

　　（1）电动汽车驱动系统的控制特点

　　电机控制器是驱动系统的主控制模块，通过接收整车控制器（VCU）的车辆行驶

控制指令，还会利用各种传感器采集信息，并将运行状态的信息发送给整车控制器。

大多数电动汽车将驱动电动机逆变器与控制模块集成在一起，称为电机控制器，简称 MCU（motor control unit）。MCU 通常位于驱动电动机的上部，作用是利用 IGBT（绝缘栅双极型晶体管）将动力蓄电池的直流电转化为交流电，然后输出给驱动电动机，用于控制驱动电动机的运转速度、运转方向（前进及倒车）以及将驱动电动机作为逆变电机发电（减速及制动时）进行能量回收。

目前，应用在电动汽车上的驱动电动机控制器主要有两种类型：

一种是仅用于控制驱动电动机，另一种是具有集成控制功能的驱动电动机管理模块，即集成 MCU 与 DC/DC 变换器及其他功能。

图 4-4-1 所示为上汽荣威 e50 纯电动汽车电机控制器工作原理图。荣威 e50 电机控制器的特点是同时具有控制电机和 DC/DC 变换器的组合功能，此外在控制器内部还会并联一条高压线路给空调压缩机供电。PEU 控制器（电力电子单元控制器）一端连接来自动力蓄电池的直流高压电，另一端连接驱动电动机的三相交流电缆。PEU 将来自动力蓄电池的直流电转换为可用于驱动电动机的三相交流电，同时在制动能量回收时，也将来自电机产生的交流电转换成直流电，反馈给动力蓄电池。

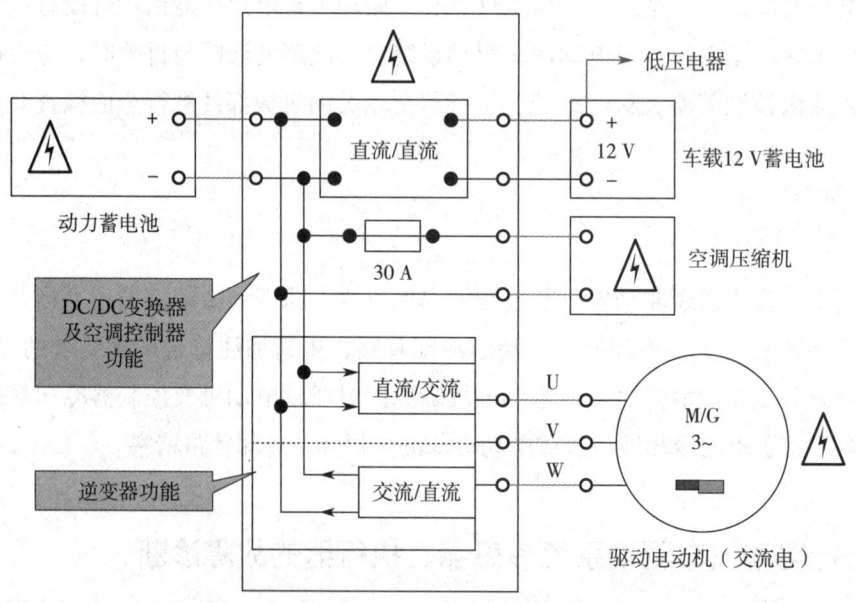

图 4-4-1　上汽荣威 e50 纯电动汽车电机控制器工作原理图

将电机控制器 MCU 与 DC/DC 变换器集成化是目前纯电动汽车与混合动力汽车驱动电机控制器发展的一个趋势，集成度更高的系统既节省了成本，也利于系统之间信息的共享与车辆部件位置的布置设计。比亚迪 e5 纯电动汽车甚至将驱动电机控制器、

DC/DC 变换器、车载充电器及高压配电箱（BDU）集成一体，即"四合一"的高压电控总成（见图 4-4-2）。

（2）比亚迪纯电动汽车驱动系统控制策略

1）驱动系统控制功能。图 4-4-3 所示为比亚迪纯电动汽车驱动系统的控制框图。电机控制器利用 IGBT 将动力蓄电池的直流电转换为交流电，并控制驱动电动机工作，电机控制器的主要功能有：

图 4-4-2　比亚迪 e5 高压电控总成

①控制电动机正向驱动、反向驱动、正转发电、反转发电。

②控制电动机的动力输出，同时对电动机进行保护。

③通过 CAN 与其他控制单元通信，接收并发送相关的信号，间接地控制车辆相关系统正常运行。

④制动能量回馈控制。

⑤自身内部故障的检测和处理。

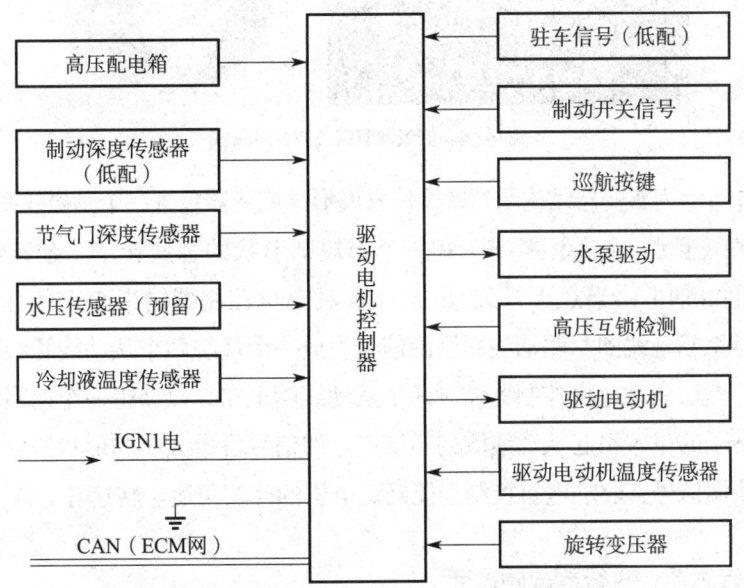

图 4-4-3　比亚迪纯电动汽车驱动系统控制框图

2）驱动系统输入与输出控制。

①驱动电机控制器输入的高压电是来自高压配电箱（BDU）的动力蓄电池直流电，输出到驱动电动机的是三相交流电。

②输入的低压电源是来自 DC/DC 变换器和低压蓄电池的 12 V 电源，并驱动冷却水泵。

③驱动电机控制器还采集 CAN 通信线、制动深度传感器（制动开关）、节气门深度传感器（加速踏板）、驻车（挡位）信号、冷却液温度传感器、电动机温度传感器、旋转变压器（旋变传感器）等信号。

④主要输入信号。由于三相永磁同步电动机开环控制容易产生脱离同步运转的情况，因此需要对转子的磁极位置进行检测，根据磁极的变化改变定子三相电缆电流的供给。除了对电压、电流、温度的监控以外，电机控制器需要采用旋转变压器持续监控驱动电机转子位置、转速和方向。

旋转变压器，简称旋变器，也称旋变传感器或角度传感器，是一种输出电压随转子转角变化的信号元件。图 4-4-4 所示为旋变器安装位置及外观图。

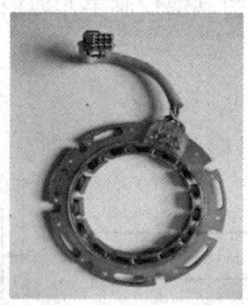

图 4-4-4　旋变器安装位置及外观图

图 4-4-5 所示为旋变器结构示意图及信号波形。旋变器包含一个励磁线圈（线圈 C）、两个驱动线圈（正弦 +S、余弦 –S）和一个不规则形状的金属转子。金属转子以机械方式固定在电机轴上。当点火开关 ON 时，驱动电机控制器输出 5 V 交流电、一定频率的励磁信号至驱动线圈。驱动线圈励磁信号生成一个环绕两个从动线圈和不规则形状转子的磁场，然后驱动电机控制器监测两个从动线圈电路，以获得一个返回信号。不规则形状金属转子的位置引起从动线圈的磁感应返回信号发生大小和形状的变化。通过比较两个从动线圈信号，驱动电机控制器能确定电机的确切角度、转速和方向。

2. 驱动系统传感器、执行器故障诊断

对于电动汽车驱动系统的传感器、执行器，可以根据检测设备的配置，分别采用万用表检测电压、电阻等数据，采用故障诊断仪检测数据流，采用示波器检测波形，然后根据检测结果，进行故障诊断。以下以介绍电动汽车驱动系统传感器、执行器故障诊断方法。

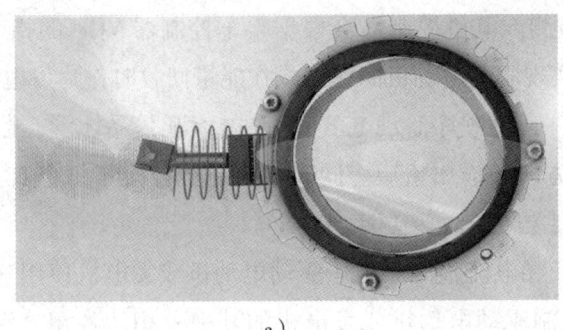

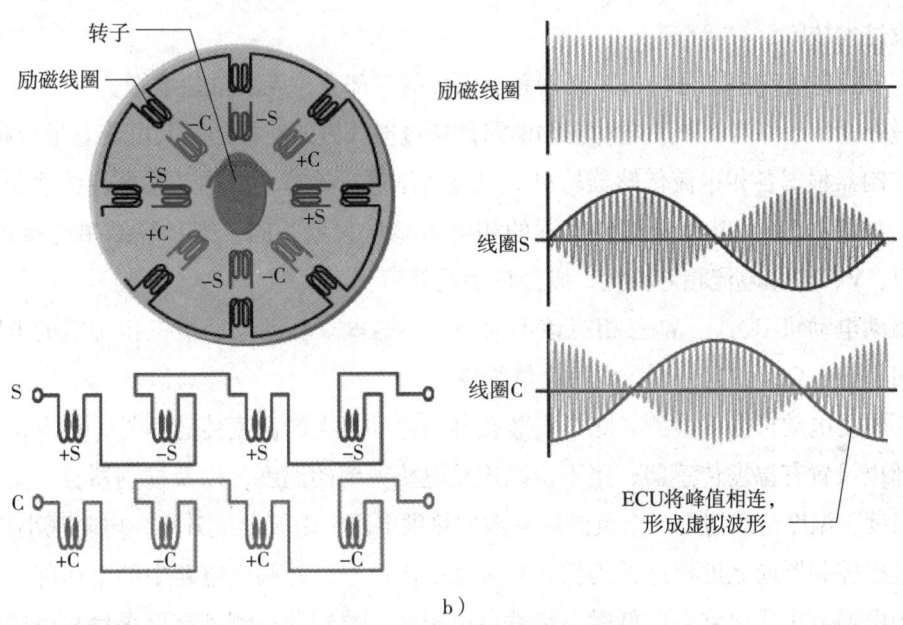

图 4-4-5 旋变器结构示意图及信号波形
a）旋变器结构示意图 b）旋变器信号波形

（1）利用电机控制器的自检功能进行驱动系统故障诊断

1）电机控制器自检功能。电动汽车的电机控制器在控制驱动电动机的同时，还会对驱动电动机、相关的传感器以及电机控制器自身的控制单元进行实时自检。大多数电动汽车的电机控制器主要进行以下自检。

①控制器供电检测。电机控制器需要来自车辆低压蓄电池的 12 V 参考电源，当连接的参考电源电压过低或过高时，控制器将会实行自我关闭，并对外输出诊断故障码。

②内部软件检测。电机控制器内部包括电机控制单元、逆变器控制单元等，这些部件都有集成电路及 CPU，在正常运行过程中，系统会进行自我读、写存储器的能力监测，这属于控制器的内部故障检测，一般不能进行故障维修处理，只能重新编程或更换。

③IGBT性能检测。电机控制器会根据整车控制器VCU的指令，控制IGBT的接通和断开，从而来实现驱动电动机的输出或在能量回收时作为发电机工作。在对交流、直流逆变的过程中，通过顺序启动IGBT的高电流开关晶体管，控制其相应的驱动电动机运转的速度、方向和输出扭矩。同时，控制器会检测每个IGBT的故障情况，当发现相应故障后，会关闭逆变器功能。

④驱动电动机三相电流检测。由于驱动电动机或发电机使用三相交流电运行，且IGBT通常会对应控制驱动电动机或发电机的其中一相，各相分别标识为U、V、W。电机控制器通过监测连接到各驱动电动机各相的电流传感器，以便检测逆变器是否存在电流过大故障。

大多数电流传感器是电机控制器总成内部的一部分，无法单独维修。

另外，由于所有的驱动电动机相电路是通过电气方式连接的，其电流总量应相同。电机控制器根据各相电流传感器检测的电流数据进行计算，以确认相电流传感器的精确性。如果U、V、W相电流传感器的相电流总量大致相同，则计算结果应接近零。如果U、V、W相电流相差较大，则会认为是故障。

驱动电动机U、V、W三相应该不缺相，不漏电。驱动电动机三相绕组的电阻两两之间小于1 Ω，并且分别与电机壳体绝缘。

⑤驱动电动机温度检测。除了安装在驱动电动机上的温度传感器外，在电机控制器内部也设置有温度传感器，用于检测连接电机电缆的温度，以及控制器自身集成电路的温度。温度传感器是一个负温度系数的热敏电阻，随着温度升高，电阻减小。

电机控制器向温度传感器提供5 V参考电压信号，并测量电路中的电压降。当被检测的电缆或集成电路温度低时，传感器电阻大，控制器检测到高电平信号电压。当温度升高时，传感器电阻减小，信号电压也降低。当电机控制器检测到温度异常时，会输出故障码，并根据故障情况采取限速甚至停止驱动电动机工作等措施。

⑥驱动电动机位置的检测。电机控制器根据旋转变压器型位置传感器信号，监测驱动电动机转子角度位置、转速和方向。当电机控制器检测到驱动电动机位置异常时，会输出故障码，并根据故障情况采取限速甚至停止驱动电动机工作等措施。

⑦驱动系统高压绝缘检测。电机控制器利用若干内部传感器检测来自动力蓄电池的高电压，监控高电压正极电路或高电压负极电路和车辆底盘之间是否存在失去隔离的情况，当检测到电机控制器或者相关电路在动力蓄电池输出高电压后，存在对车辆底盘的绝缘电阻过低情况，系统会将这一信息反馈给整车控制器VCU，并与VCU一起切断车辆的高电压，避免发生事故。

2）驱动系统的故障诊断方法。由于电动汽车的电机控制器自检功能完善，当驱动系统发生故障时，可以利用故障诊断仪进行诊断，包括故障码读取及数据流分析。操作故障诊断仪时请同时参阅对应厂家诊断仪器的操作说明书。

表 4-4-1 是电机控制器的数据流。从表中可以看出驱动电动机其他相关参数数据流，如：驱动电动机的三相电流值，以及驱动电动机和水冷板的温度等，可以与维修手册相关的参考值进行对比，以判断驱动电动机的工作运行状态。

表 4-4-1 电机控制器数据流

数据流项目	数值/状态举例	参考范围
低压端实际电压	13.9 V	低压蓄电池电压
低压端实际电流	13 A	0~160 A
驱动电动机定子温度	32 ℃	驱动电动机定子实际温度
水冷板温度	32 ℃	驱动电动机水冷板实际温度
驱动电动机转子偏移角	42°	41°±2°
母线电压	372 V	动力蓄电池电压
母线电流	3 A	动力蓄电池电流
W 相电流	34 A	0~驱动电动机最大电流
V 相电流	65 A	0~驱动电动机最大电流
U 相电流	35 A	0~驱动电动机最大电流
电动机实际转速	84 r/min	0~驱动电动机最高转速

（2）旋变器的故障诊断

1）使用故障诊断仪进行旋变器的故障诊断。如果旋变器信号异常或丢失，会导致驱动电动机输出功率受限制或无法工作，如果电机控制器在驱动电动机启动前诊断出相关故障码，会限制车辆无法进入 READY 状态。因此，当怀疑旋变器故障时，应首先采用故障诊断仪器读取故障码，根据故障码的内容检修。

2）使用万用表进行旋变器的故障诊断。图 4-4-6 所示为比亚迪纯电动汽车旋变器的线束连接器及针脚。使用万用表检测旋变器的正弦、余弦、励磁电阻值。旋变器的正弦、余弦、励磁线圈电阻正常值如下：

余弦：16±1 Ω；

正弦：16±1 Ω；

励磁：8±1 Ω。

如果旋变器任意一个线圈电阻值不符合标准，应更换旋变器。旋变器安装于驱动电动机内部，如果判断旋变器故障，一般需要采用故障诊断仪进行安装位置标定。

3) 使用示波器进行旋变器的故障诊断。

①使用示波器检测励磁线圈交流信号波形。如果励磁线圈无交流信号波形输出或信号波形异常，更换电机控制器。

②使用示波器分别检测正弦和余弦感应线圈交流信号波形。如果正弦、余弦感应线圈无交流信号波形输出或信号波形异常，更换驱动电动机总成或旋变器。

旋变器励磁线圈、正弦和余弦感应线圈输出的正常波形见图 4-4-5。

图 4-4-6　比亚迪纯电动汽车旋变器的线束连接器及针脚
a）旋变器的线束连接器　b）旋变器的针脚

三、进行电动汽车驱动系统典型故障的诊断

电动汽车驱动系统的故障，包括动力蓄电池、电机控制器、驱动电动机以及变速驱动机构机械部件在内的多个系统的故障，属于复杂的机电复合故障，以下介绍电动汽车驱动系统典型故障的症状、故障原因和排除方法。

1. 电机控制器故障诊断

（1）故障症状

电机控制器存在故障时，会导致电动机不能正常运转，使车辆失去动力。同时位于车辆仪表内的动力系统故障警告灯、驱动电动机故障警告灯将点亮。如果仅驱动电动机及控制器过热警告灯点亮，说明电动机及控制器冷却系统的温度过高，系统将降低电动机的功率输出。

（2）可能原因

造成电机控制器故障的主要原因如下：

1）低压供电电源和搭铁不良。

2）控制器通信线路故障。

3）控制器本身的故障。

（3）电机控制器故障诊断与排除方法

电机控制器故障诊断与排除步骤如下：

1）使用故障诊断仪诊断。使用故障诊断仪读取电机控制器相关故障码，根据故障码分析故障范围，然后根据相关维修手册故障码检修指引，最后确定相关的检测与维修步骤。如果诊断仪器不能与电机控制器通信，则进行以下检测。

2）电机控制器供电电源与搭铁检测。

①检测蓄电池电压。操作点火开关使电源模式至 OFF 状态，用万用表测量蓄电池电压（标准电压：11~14 V），如不符合为蓄电池充电或更换蓄电池。

②检测电机控制器熔断丝和蓄电池正极的熔断丝是否熔断。如果熔断，检测确认电路无短路等异常后，更换同样规格的熔断丝。

③检测电机控制器电源电压。用万用表测量电机控制器线束连接器供电针脚和车身搭铁之间的电压值（标准电压：11~14 V），如不符合进一步检查线路，修理或更换线束。

④检测电机控制器搭铁电阻。用万用表测量电机控制器线束连接器搭铁针脚和车身搭铁之间的电阻（标准电阻值：小于 1 Ω），如不符合标准则进一步检查线路，修理或更换线束。

3）电机控制器通信线路检测。采用万用表测量电机控制器线束连接器通信针脚（CAN-H 和 CAN-L）和诊断接口对应针脚之间的电阻（标准电阻值：小于 1 Ω），如不符合，修理或更换线束。

4）如果电机控制器的电源、搭铁、通信线路都正常，说明电机控制器故障，应更换。

2. 驱动系统输入/输出信号部件故障诊断

驱动电动机的运转相关的主要信号是加速踏板（油门深度）、制动踏板（刹车深度）和变速器挡位控制器信号，其中：

加速踏板用于为驱动系统提供电动机负荷的输入信号，并控制制动能量回收功能。

制动踏板用于取消驱动电动机输入负荷，并实现车辆的制动功能。

变速器挡位控制器用于控制驱动电动机的运转方向和启动与停止。

当以上输入信号产生故障后，整车控制器 VCU 将停止车辆的动力输入，并输出故障码。

（1）故障症状

纯电动汽车在制动信号丢失的情况下，车辆无法启动；非制动信号故障时，车辆能够启动，但启动后动力停止输出；同时位于车辆仪表内的动力系统故障指示灯 ⚠ 将点亮。

（2）可能原因

造成驱动系统输入/输出信号故障的主要原因是电源供电异常、搭铁不良或信号部件自身损坏。

（3）排除方法

使用故障诊断仪读取整车控制器（VCU）和电机控制器的故障码。通常情况下，针对加速踏板、制动踏板以及挡位控制器系统，驱动系统储存的故障码能够直接指向对应部件的故障。可以根据故障码的内容进行检修。

3. 驱动电动机故障诊断

驱动电动机发生故障时，会导致驱动电动机不能正常运转或运转异常，同时位于车辆仪表内的动力系统故障警告灯 ⚠、驱动电动机故障警告灯 ⚠ 将点亮。检修时应先利用故障诊断仪读取整车控制器和电机控制器存储的故障码，根据故障码提示的内容进行检修。

驱动电动机常见的故障症状、原因与排除方法如下。

（1）电动机启动困难或不能启动

1）原因1：驱动电压过低；排除方法：检查三相交流线路是否有电机控制器的交流电流输出，如果交流电流输出正常，则驱动电动机故障，应予以更换；如果没有交流输出或缺相，检查电机控制器。

2）原因2：驱动电动机过载；排除方法：减轻负载后再启动。

3）原因3：变速驱动机构机械锁止（卡滞）；排除方法：解除机械锁止，然后再启动驱动电动机。

4）原因4：驱动电动机旋变传感器故障；排除方法：检查旋变器的电阻、相关线路及信号，如有异常及时修复或更换。旋变传感器只能更换新件，同时应注意安装位置，必要时应采用故障诊断仪进行安装位置标定。

（2）驱动电动机运行温度过高

1）原因1：车辆负载过大；排除方法：减轻负载。

2）原因2：驱动电动机扫膛；排除方法：检查驱动电动机定子和转子之间的气隙及转轴、轴承是否正常，如不正常则重新装配或更换。

3）原因3：驱动电动机线圈绕组故障；排除方法：检查线圈绕组是否有搭铁、短路、断路等故障，如不正常应修复或更换。

4）原因4：驱动电动机冷却不良；排除方法：检查冷却系统故障，包括冷却液、电动水泵、冷却风扇，根据检查结果排除故障。

■ 学习单元2 电动汽车驱动系统复合故障诊断流程的编制与组织实施

一、编制电动汽车驱动系统复合故障诊断流程

以电动汽车行驶过程中驱动系统动力中断为例，编制电动汽车驱动系统复合故障诊断流程，见表4-4-2。

表4-4-2 电动汽车行驶过程中驱动系统动力中断故障诊断流程

步骤	检测及诊断操作	诊断结果	
		故障现象不存在	故障现象存在
1	试车验证或确认故障现象	配合业务接待员（服务顾问）与客户沟通，确保正确使用车辆	下一步
2	使用故障诊断仪读取整车控制、动力蓄电池、驱动系统故障码	有可能与行驶中动力中断相关的故障码	无可能与行驶中动力中断相关的故障码
		根据故障码内容检修后再试车	下一步
3	使用故障诊断仪读取驱动系统及其他电控数据流	有可能与行驶中动力中断相关的异常数据流	无可能与行驶中动力中断相关的异常数据流
		检修异常数据流相关的传感器和执行器后再试车	下一步

续表

步骤	检测及诊断操作	诊断结果	
4	举升车辆到合适位置，检查驱动电动机、变速驱动机构的机械部分外观及高低压线束	发现可能与行驶中动力中断相关的故障	没发现可能与行驶中动力中断相关的故障
		检修后再试车	下一步
5	检查驱动电动机三相绕组电阻，以及是否断路、短路	驱动电动机三相绕组故障	驱动电动机三相绕组正常
		更换驱动电动机后再试车	下一步
6	检查电动机旋变传感器及线路	旋变传感器及线路故障	旋变传感器及线路正常
		修复或更换后再试车	下一步
7	检查驱动系统相关的传感器（加速踏板、制动开关、挡位开关）及线路	驱动系统相关的传感器及线路故障	驱动系统相关的传感器及线路正常
		修复或更换后再试车	下一步
8	经以上步骤再次试车后，确定故障是否排除	故障未排除	故障排除
		重复以上步骤	诊断结束

二、指导技师及以下级别人员进行电动汽车驱动系统复合故障诊断维修

根据已编制的"电动汽车驱动系统复合故障诊断流程"，组织技师及以下级别维修技术人员对故障车辆进行检测及诊断操作，确定故障部位，进行调整、修复或更换，最终排除故障。

在电动汽车驱动系统复合故障诊断与维修过程中，指导技师及以下级别维修人员执行正确的故障诊断与排除思路，并及时纠正不规范的行为。

三、撰写电动汽车驱动系统复合故障诊断分析报告

参照指定的格式，结合故障诊断与排除的实际过程，撰写电动汽车驱动系统复合故障诊断分析报告。

技术管理与革新

- 课程 5-1 技术管理
- 课程 5-2 技术革新

课程设置

课程	学习单元	课堂学时
5-1 技术管理	（1）企业内部汽车维修质量管理和考核标准的制定	1
	（2）企业内部汽车维修质量管理和考核标准的组织实施	1
5-2 技术革新	（1）汽车维修新技术、新材料、新工艺的推广	2
	（2）汽车维修技术革新、技术改造及维修作业流程的改进	2

课程 5-1　技术管理

学习内容

学习单元	课程内容	培训建议	课堂学时
（1）企业内部汽车维修质量管理和考核标准的制定	1）建立汽车维修企业质量保证体系	（1）方法：讲授法、案例教学法 （2）重点与难点：建立汽车维修质量保证体系	1
	2）制定汽车维修企业质量管理手册、程序文件和作业指导书		
（2）企业内部汽车维修质量管理和考核标准的组织实施	1）实施汽车维修进厂检验、过程检验、竣工出厂检验		1
	2）分析汽车维修质量并提出改进措施		
	3）处理汽车维修质量纠纷		

学习单元 1 企业内部汽车维修质量管理和考核标准的制定

一、建立汽车维修企业质量保证体系

1. 建立汽车维修企业维修质量保证体系的意义

汽车维修质量可分解为两个方面：一方面是汽车维修服务全过程的服务质量，包括维修业务接待、维修进度、收费标准等维修经营管理方面的质量水平；另一方面是汽车维修作业的生产技术质量，指维修竣工后，汽车满足相应竣工出厂技术条件的定量评价。

从业务的角度，汽车维修是一项技术服务，因而汽车维修质量是汽车维修服务活动是否满足与托修方约定的要求，是否满足汽车维修工艺规程及竣工质量评定标准的一种衡量。

从行业的角度，汽车维修业是技术性很强的行业，汽车维修质量管理是一项全方位的、经常性的技术管理工作，汽车维修企业和行业管理部门必须运用法律的、经济的和行政的手段对汽车维修质量实施综合性管理。

2. 撰写本企业汽车维修质量保证体系

参照国家和行业相关的法律法规、标准，结合企业的实际，进行质量管理体系的策划，组织讨论适合本企业的汽车维修企业质量保证体系。根据讨论结果，撰写适合本企业的汽车维修企业质量保证体系文本，并报管理部门审批后实施。

二、制定汽车维修企业质量管理手册、程序文件和作业指导书

根据已经建立的汽车维修企业质量保证体系，制定汽车维修企业质量管理手册、程序文件和作业指导书。图 5-1-1 所示为汽车维修企业质量管理体系文件构成图。

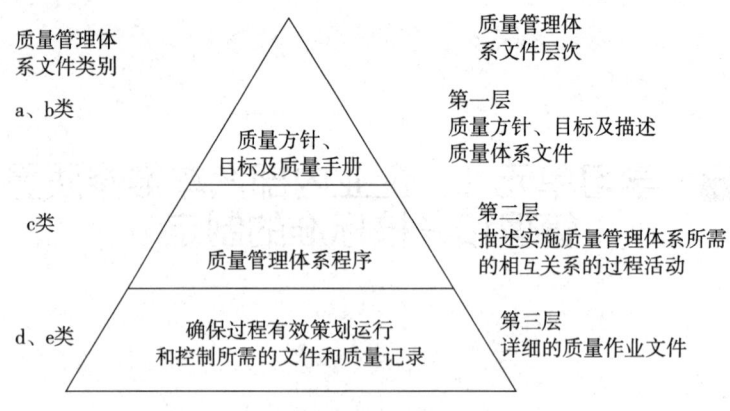

图 5-1-1　汽车维修企业质量管理体系文件构成图

1. 确定质量方针

质量方针，即企业的质量宗旨和方向。

1）质量方针应与企业宗旨相适应。

2）质量方针应包括满足要求和持续改进质量管理体系的有效的承诺。

3）质量方针应提供制定和评审质量目标的框架。

4）质量方针具有持续适宜性，并成为企业全体员工的共识。

维修服务质量方针示例见表 5-1-1。

表 5-1-1　维修服务质量方针示例

企业名称	××汽车修理厂	××汽车维修厂	××汽车维修厂
汽车维修质量方针	精心检测 精心维修 及时交付	热情接待 认真检查 精心维修 优质服务	精心维修 优质服务 诚信至上 客户满意

2. 确定质量目标

汽车维修企业质量目标主要体现在维修完成的车辆的安全性、时间性、便利性、舒适性、经济性以及服务的文明性上，依据客户的期望和标准要求，参照以下内容和标准制定汽车维修服务的质量目标。

1）客户满意度≥97%。

2）汽车维修与检测设备完好率≥98%。

3）计量器具合格率≥95%。

4）二级维护一次检验合格率≥90%，二次检验合格率100%。

5）客户投诉有效处理率100%。

6）实施和保持汽车维修质量管理体系，使质量管理水平达到国内同行业先进水平。

3. 确定组织结构与质量管理职责

（1）组织结构

任何企业都必须设置与其质量管理体系运作相适应的组织结构，汽车维修企业的组织结构应本着高效、权责一致的原则设置。图5-1-2所示为典型的汽车维修企业组织结构图。

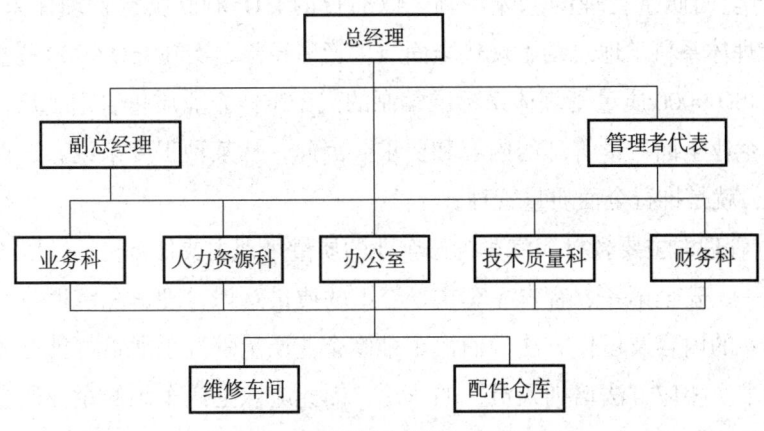

图 5-1-2 典型的汽车维修企业组织结构图

（2）汽车维修企业的质量管理职责与权限

汽车维修企业总经理的质量管理职责与权限一般为：

1）确定服务质量方针和质量目标。

2）设置各职能部门，聘任各部门负责人，并明确其职责与权限。

3）调配人力和物力资源，确保提供维修服务质量管理体系所需要的各类资源。

4）主持管理质量评审，批准质量管理评审报告等。

（3）公司职能部门的质量职责与权限

汽车维修企业的各职能部门都应有明确的管理职责和权限，如技术质检部门主要有以下管理职责。

1）推广采用汽车维修新工艺、新技术。

2）检查工艺执行情况。

3）进行汽车进厂时的诊断检测、汽车维修过程检验和竣工出厂检验。

4）进行汽车配件进厂和使用前的检验。

5）收集检测汽车检测标准和技术规范等。

此外，对汽车维修车间及配件库等各类岗位员工也应确定明确的质量职责和权限，以做到权责明确、协调一致、事事有人管、管理效率高。

4. 编写质量管理手册

（1）质量管理手册的作用

1）企业质量管理工作的基本规范。以质量管理手册为核心的汽车维修企业质量管理体系文件，构成了汽车维修企业质量工作的"法规体系"，即质量工作的基本规范。

2）推行全面质量管理的总体纲领。以通行的 ISO 9000 质量管理体系为例，ISO 9000 质量管理体系科学地总结了现代全面质量管理经验，实施 ISO 9000 质量管理体系标准，依据 ISO 9000 质量管理体系标准编制的汽车维修企业质量管理手册，自然概括了汽车维修企业全面质量管理的内容和要求。因此，从某种程度来说，遵照质量管理手册的规定，就是推行全面质量管理。

3）质量管理的主要教材。汽车维修企业的质量培训主要任务之一，就是要让员工树立质量第一、安全第一、客户（车主）至上的质量意识，理解和掌握汽车维修企业质量管理体系的内容及运作方法。而汽车维修企业质量管理手册恰好能起到"按质量管理体系要求及相应方法培训人员"的作用，因此应该把汽车维修企业质量管理手册作为质量培训的主要教材。

4）实现质量控制、保证和改进的依据。汽车维修企业质量管理手册是规范汽车维修企业维修作业质量管理体系的文件，因此，也是实现"促进质量体系有效运作，提供质量改进，促进质量保证活动开展"等目的的依据。一个企业的质量活动必须服从全局，即服从质量管理手册的控制和协调。

5）作为向质量管理体系认证机构或客户介绍质量管理体系的汇报提纲。汽车维修企业质量管理手册不仅可以成为内部审核的基本依据，也是对外表示其质量管理体系符合通行的质量管理体系标准要求的证明。质量管理手册可作为汽车维修企业向质量体系认证机构提出认证申请的汇报提纲。一旦通过认证，就要在获证后的有效期内，作为受控文件严格遵守，并及时向质量体系认证机构提供质量管理手册的所有更改或修订信息。

（2）质量管理手册的编写方法

1）认真总结质量管理经验，学习通行的质量管理体系标准。

2）与通行的管理体系标准规定对比，找出本企业的薄弱环节；对照我国汽车维修法律、规章和标准的相关要求找差距；与客户的期望、需求对比，找出满足客户需求的管理方法；与国内先进的企业对比，明确改进方向。

3）制定质量方针和质量目标。

4）确定组织机构。

5）按质量管理手册编写指南的要求编写质量管理手册草案。

6）审定和发布。汽车维修质量管理手册草案经审定修改后，应由总经理批准发布并付诸实施。

5. 编写质量管理程序文件

（1）汽车维修企业质量管理常用的程序文件

1）文件的控制程序文件。

2）记录的控制程序文件。

3）内部审核的控制程序文件。

4）不合格车辆及配件控制程序文件。

5）不规则汽车维修采用的程序文件。

6）纠正措施采用的程序文件。

7）预防措施采用的程序文件。

（2）程序文件的编制过程和方法

由于程序文件采用企业标准的格式和结构，因此程序文件的编制过程，也就是企业标准的生产过程，即三稿定标的过程，如图 5-1-3 所示。

1）一般应由程序文件归口管理部门负责编制程序文件，如《文件控制程序》应由汽车维修企业归口部门——技术质检部门编制。为了落实编制任务，还应确定具体编写人员及完成编制时间。

2）依照上述程序文件的内容要求，采用5W1H方法调查汽车维修企业管理现状，如文件控制的现状，包括外来文件与本企业文件的管理现状。

3）任何一个程序文件，均应按企业标准的编制过程，通过三稿定标，即通过征求意见稿、

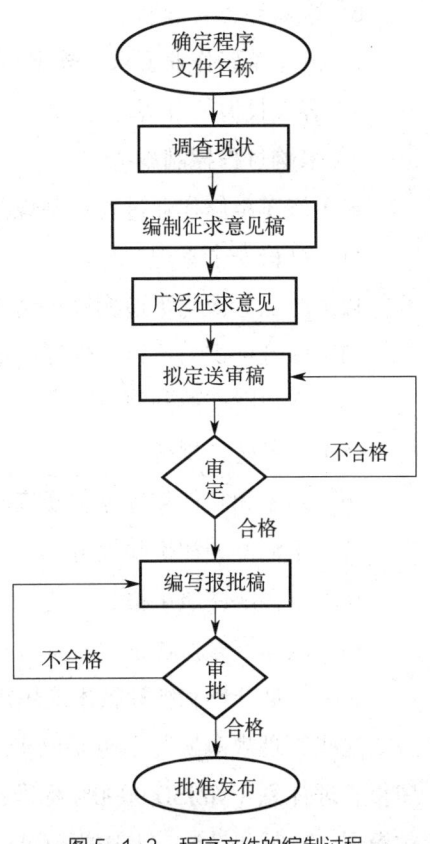

图 5-1-3　程序文件的编制过程

送审稿、报批稿等逐步完成，以保证程序文件的充分性和正确性。

由于程序文件涉及汽车维修企业的各部门、各单位，因此一般应采取会审的方法，以便于集思广益，也有利于文件的发布实施。

4）由于程序文件是比较重要的、涉及面较广的汽车维修作业质量管理体系文件，因此一般应由汽车维修企业的总经理或管理者代表批准发布。

6. 制定管理规范

（1）汽车维修企业应制定的管理规范

一般情况下，汽车维修企业应制定的管理规范如下：

1）管理评审规范。

2）培训管理规范。

3）人力资源管理规范。

4）汽车维修作业过程工艺控制规范。

5）汽车维修设备管理规范。

6）维修环境管理制度。

7）汽车维修作业要求的规定与评审规范。

8）客户投诉处理规范。

9）采购过程控制规范。

10）汽车维修作业过程控制规范。

11）维修安全管理规范。

12）产品标识与可追溯性控制规范。

13）服务标识与可追溯性控制范围。

14）客户财产控制规范。

15）设备防护规范。

16）监控和测量装置控制规范。

17）车辆检测和审验规范。

18）车辆配件质量检验规范。

19）汽车维修作业过程质量检查与考核规范。

20）数据分析和统计技术应用规范等。

这些管理规范实际上也是汽车维修企业质量管理体系的程序文件，只不过通行的质量管理体系（如 ISO 9000）标准没有强制规定，为了确保其汽车维修管理过程的有效策划、运行和控制，上述规范可以采用企业标准格式。

（2）管理规范的制定原则

1）认真贯彻国家、行业和地方有关汽车维修的方针、政策、法律、法规，严格执行与汽车维修有关的强制性标准。

2）保证行车安全，保护客户的生命和财产。

3）有利于汽车维修企业技术进步，保证和提高汽车维修作业质量，提高汽车维修管理水平和增加经济与社会效益。

4）积极采用与汽车维修有关的国际标准和国外先进标准。

5）有利于节省资源与能源，保护环境，做到技术先进，经济合理。

6）有利于对外协作，提升本企业在汽车维修行业中的竞争力。

7）与本企业内的其他企业标准协调一致。

8）按管理职能制定管理规范，而不能按汽车维修企业现行管理机构制定规范。

7. 作业指导书与作业规范

作业指导书与作业规范都是阐明作业要求，控制并确保作业过程工作质量的重要文件。

（1）作业指导书

作业指导书包括作业内容及其顺序，格式有：全面描述、流程图、模板、模型、图样结合技术注解、规范、设备使用手册、照片、录像、检查表或者是它们的组合，参照质量管理体系标准要求进行编写。

（2）作业规范

作业规范是企业标准，要求内容正确、完整，并具有先进性和示范性，必须按规定的结构来编写，其格式及基本内容如下：

1）同一作业岗位的汽车维修人员，应实施同一个作业规范，尽管可以有作业等级的区别，但因其基本流程是相同的，因此不应分别编制。

2）主要是列举该作业岗位上应实施的技术规范和管理规范，从而确保技术和管理规范落实到人。

3）应规定主要的岗位质量职责，不需罗列其全部工作职责。

4）应明确规定胜任作业岗位所需的教育、培训、技能和经验方面的要求或能力，如有些汽车维修企业规定汽车维修电工的上岗条件为：①持有汽车维修电工的技术资格证书；②近三年中没有发生违章作业或事故等。

5）倡导采用国际通行的流程图图形符号，绘制其作业流程或作业程序，既直观又易懂，又易于为广大汽车维修作业人员所接受。

6）依据作业程序图上过程环节，简明具体地规定做什么，做到什么程度。

7）应明确规定岗位作业质量由谁考核，考核哪些内容或指标，怎么考核，考核的结果如何处理。考核的结果应公布于众，并与其收入分配紧密挂钩。

学习单元2　企业内部汽车维修质量管理和考核标准的组织实施

一、实施汽车维修进厂检验、过程检验、竣工出厂检验

汽车维修质量检验根据维修工艺、检验对象、检验职责的不同进行分类。不同类型的维修，维修检验的内容不同。掌握维修质量检验的类型及其检验内容，是做好维修质量检验的前提。按维修工艺分类可分为维修进厂检验、维修过程检验、出厂竣工检验。

1. 维修进厂检验

（1）维修进厂检验的含义

进厂检验也叫维修前诊断检验，是指根据客户对车辆故障现象的描述及送修车辆技术状况的检查鉴定，与客户协商最终修理项目、交车时间及预计维修费用。

（2）维修进厂检验的主要内容

维修进厂检验的主要内容包括：对进厂送修车辆进行外观检视；填写进厂预检单；注明车辆装备数量及状况；听取客户对车辆技术状况的口头反映；查阅该车技术档案和上次维修技术资料；检测或测试车辆的技术状况；确定故障原因及维修方案，签订维修合同，办理交接手续。

2. 维修过程检验

（1）维修过程检验的含义

维修过程检验简称过程检验，也称为工序检验，是指从汽车解体、维修、装配与调试，直到汽车维修竣工出厂全过程中的质量检验与质量监督。

（2）维修过程检验的主要内容

维修过程检验的主要内容是汽车或总成解体、清洗过程中的检验；主要零部件的过程检验；各总成组装、调试的检验。

汽车维修过程中的质量检验与质量监督普遍采用三级质量检验的质量保证制度，即工位自检、工序互检和专职检验相结合的方法。汽车维修过程检验一般由承修人员负责自检，专职过程检验员抽检，维修中的关键零部件、重要工序以及总成的性能试验均属专职过程检验员的检验范畴。汽车维修企业应根据自身的实际情况确定必要的维修质量控制点，由专职维修过程检验员进行强制性检验。汽车维修过程检验是控制汽车维修质量的关键，而质量控制点是汽车维修质量管理和质量保证活动中需要控制的关键部位和薄弱环节；质量控制点设在关键、重要特性所在的工序或项目中，保证质量的稳定；在汽车维修过程中，重复故障及合格率低的工序、对下一道维修工序影响大的工序中应设几个检验点。如发动机总成修理中，气缸的镗磨加工质量，影响发动机装配质量和工作性能，应视为质量控制关键部位，严加控制。凡不合格的零部件和总成都要返工，不得流入下道工序，也不得作备用品。过程检验是汽车维修质量保障的最重要的工作，根据现代汽车维修企业业务流程分析，如果重视与抓好过程检验（程序与文件），出厂竣工检验可以简化。

3. 出厂竣工检验

（1）出厂竣工检验的含义

出厂竣工检验简称出厂检验，是指送修的车辆维修竣工后，对整车进行静态和动态的检查验收，进一步确定车辆维修后的技术性状况是否达到相应技术要求，发现问题及时处理，维修不到位的及时返修。竣工出厂检验应由专职总检验员负责，按维修质量要求的动力性、可靠性、安全性、经济性和环保性进行综合性检验，以确保汽车维修的最终质量。汽车维修竣工出厂检验必须由专职汽车维修质量检验员承担。汽车维修质量检验员对照维修质量技术标准，全面检查汽车，测试有关性能参数。

汽车出厂检验的结果应填入汽车维修竣工出厂检验单。汽车检验合格后签发汽车维修竣工出厂合格证，并向客户交付有关技术资料。

汽车维修竣工出厂后在质量保证期内发生故障或损坏，承修方和托修方按有关规定划分和承担相应的责任。

（2）出厂竣工检验的内容

1）整车检查。在静止状态下对整车进行外观检查，检查汽车外观是否整洁；各总成和附件是否符合规定技术条件，装备是否齐全良好，各部连接是否牢固，装配是否齐全正确，特别是发动机、变速器、散热器、驾驶舱等各连接支撑应按规定装配齐全、完整，连接牢固可靠；油、水、气、电是否加足，有无"四漏"现象；仪表开关、电器设备（包括各种管路、线束和插接器）是否安装正确和卡固良好，各种灯光信号标志是否齐全有效，反应是否灵敏；轮胎气压是否正常；车门启闭轻便，门锁牢固可靠，密封良好，不透风，不漏水，车门铰链、前后盖铰链灵活但不松旷；后视镜安装是否良好等。

2）发动机在空载情况下的检验。检查发动机起动是否迅速、怠速是否稳定、运转是否平稳、机油压力是否正常、有无异响；点火正时调整正确，加速时无"回火""放炮"现象；冷却液温度正常，废气排放符合规定；发动机点火、燃料供给、润滑、冷却、排气、电器等系统无漏油、漏水、漏电、漏气现象。

3）路试。主要检查整车在起步、加减速、换挡和滑行以及紧急制动等工况下的工作性能是否良好；发动机及底盘是否存在异响；操纵机构是否灵敏轻便；百千米油耗、噪声和废气排放是否正常等。

4）车辆验收检验。若在路试中发现了异常现象（如异响和过热），则将车辆交由主修人员负责排除。在排除故障、重新调试并路试合格后，即可进行验收，检验员填好出厂检验记录，签发出厂合格证，办理交接手续，车辆移交给前台，由服务顾问或前台通知客户取车。

二、分析汽车维修质量并提出改进措施

根据维修车辆一次合格率、返修率、质量投诉等对汽车维修质量进行分析，根据分析结果提出改进措施。

在汽车维修工作中，必须严格执行维修质量管理制度和流程，并根据质量控制指标提升维修质量。汽车维修质量差，表现为质量控制指标中的返工、返修率高，应根据质量管理制度，制定维修质量提升方案。

1. 车辆返工、返修的处理方案

（1）返工、返修的定义

1）返工是指车辆经过质检员检验不合格后重新进行不合格项目的维修，因为车辆尚未交付给客户，所以又称厂内返修。

2）返修是指在质检中没有检查出不合格问题已交车。但在保修期内，客户使用中发现了此次维修过的项目出现了问题而返厂进行修理，这种返修不是客户的原因，而

是上次维修不合格，只是未能质检出来，因此又称厂外返修。

（2）车辆返工、返修处理流程

图 5-1-4 是车辆返工、返修处理流程图，车辆发生返工、返修时应根据流程图处理。

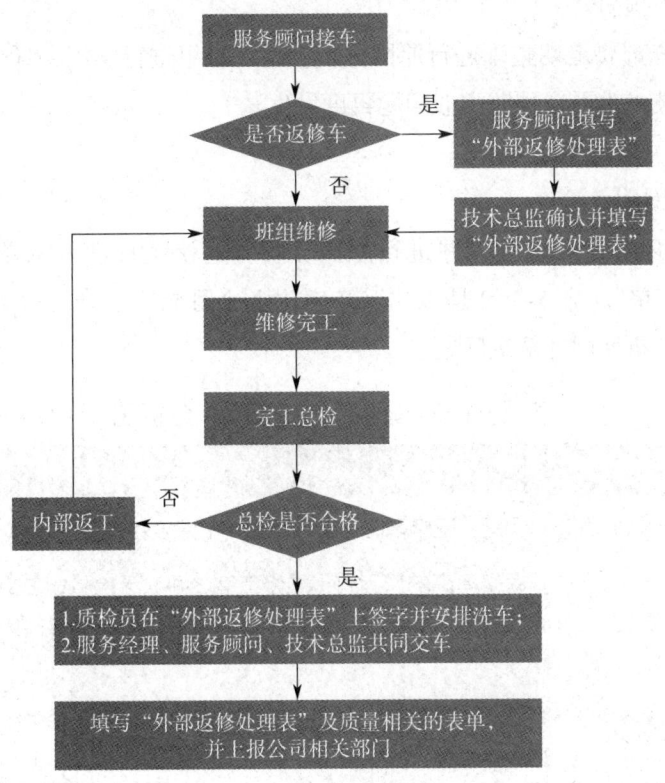

图 5-1-4　车辆返工、返修处理流程图

2. 车辆返工、返修处理要点

车辆返工、返修处理的技术、费用、改善与预防处理方案要点如下：

（1）技术处理方案

质量检验员给出返工原因及维修指导意见，一般由原班组进行重修。技术难度大的应对班组进行援助。

外部返修要高度重视，一般不由原班组进行重修，而是安排技术熟练或技术水平较高的班组或维修技师维修，技术上要进行援助。

（2）费用处理方案

返工不需要重开《维修委托书》，但在派工单上要注明，返工所发生的费用不能向客户收取，而应该另行处理。

返修一般客户会投诉到客服部门，因此返修可能会有投诉记录。返修的处理就相当于重走一次服务流程，只是不收取客户任何费用，而且委托书上要加盖返修章，返修发生的费用也另行处理。

（3）改善与预防

返工及返修都要定期整理进行原因分析，组织班组进行学习，提升避免返工、返修方面相关的技术水平，预防类似问题再度发生。

3. 返修统计与分析

车辆返修必须进行统计，并进行原因分析。返修统计涉及的单据和表格参照"质量检验的表单"。表 5-1-2 是以"返修率比上个月高出 1 个百分点"为例，采用"PDCA"方法分析原因并解决问题。

表 5-1-2 质量管控 PDCA 分析表

阶段	步骤	内容
P 计划	找问题	问题：返修率比上个月高出一个百分点
	找原因	返修率高的原因有：维修工序之间缺乏检验；总检率不高；服务顾问的交车前检查没有做好；零件质量问题；疑难故障反复出现，没能修好
	找要因	通过对所有原因进行分析，发现总检率不高造成返修率占 60%，疑难故障占 30%
	订计划	①将总检率指标由 50% 提高到 70%，并加大考核权重，该项计划从下月执行，责任人为服务经理与质检员 ②对遇到的疑难问题组织会诊，并进行技术培训，每周五晚上车间维修技师参加，责任人为技术总监；其次是疑难问题寻求厂商及兄弟单位帮助，本月底完成，责任人为服务经理
D 执行	执行	按计划严格执行，并报领导层获得相关援助
C 检查	检查	对执行过程进行跟踪检查，发现计划②中寻求兄弟单位帮助可行，但不是长远之计
A 改善	总结经验	对执行过程及结果进行总结，计划①确实有效，但计划②中的培训效果不是很好，原因是培训组织存在问题，大部分维修技师由于加班并没有参加培训。问题转为下一个问题：解决加班问题
	提出新的问题	车间培训存在问题，因为经常加班，要对这个问题引起重视。然后继续 PDCA 循环

三、处理汽车维修质量纠纷

在汽车维修作业中，凡由于违反操作规程、不按标准作业、管理不善、检验不严格、使用不合格的材料和零部件、调试不合格等原因，造成车辆故障、损坏等，均为维修质量事故。对一般的维修质量事故，由承、托修双方自行调解处理，该返修的及时免费返修，该赔偿的进行赔偿。但各汽车维修企业对质量事故必须进行认真的统计分析、定期上报，对重大事故要立即上报。

如果承修双方对质量事故的自我调解出现纠纷时，可向交通运输主管部门提出申诉，交通运输主管部门进行技术鉴定和分析，提出处理意见，予以调解。调解不服的可向当地技术监督部门申诉或向法院起诉。

质量纠纷处理是一项政策性、技术性都很强的工作，管理人员必须熟悉业务，秉公办事，认真做好技术鉴定和分析工作，在充分调查研究的基础上，提出处理意见。

汽车维修质量纠纷时有发生。为维护汽车维修业的正常秩序，保障承、托修双方当事人合法权益，规范汽车维修质量纠纷调解工作，依据国家有关规定及汽车维修行业管理规章，交通部于2005年6月24日发布了《机动车维修管理规定》并于2023年11月10日通过第五次修正，以下摘录质量管理相关的内容（第四章　质量管理）。

第二十九条　机动车维修经营者应当按照国家、行业或者地方的维修标准规范和机动车生产、进口企业公开的维修技术信息进行维修。尚无标准或规范的，可参照机动车生产企业提供的维修手册、使用说明书和有关技术资料进行维修。

机动车维修经营者不得通过临时更换机动车污染控制装置、破坏机动车车载排放诊断系统等维修作业，使机动车通过排放检验。

第三十条　机动车维修经营者不得使用假冒伪劣配件维修机动车。

机动车维修配件实行追溯制度。机动车维修经营者应当记录配件采购、使用信息，查验产品合格证等相关证明，并按规定留存配件来源凭证。

托修方、维修经营者可以使用同质配件维修机动车。同质配件是指，产品质量等同或者高于装车零部件标准要求，且具有良好装车性能的配件。

机动车维修经营者对于换下的配件、总成，应当交托修方自行处理。

机动车维修经营者应当将原厂配件、同质配件和修复配件分别标识，明码标价，供用户选择。

第三十一条　机动车维修经营者对机动车进行二级维护、总成修理、整车修理的，应当实行维修前诊断检验、维修过程检验和竣工质量检验制度。

承担机动车维修竣工质量检验的机动车维修企业或机动车检验检测机构应当使用符合有关标准并在检定有效期内的设备，按照有关标准进行检测，如实提供检测结果证明，并对检测结果承担法律责任。

第三十二条　机动车维修竣工质量检验合格的，维修质量检验人员应当签发《机动车维修竣工出厂合格证》(见附件3)；未签发机动车维修竣工出厂合格证的机动车，不得交付使用，车主可以拒绝交费或接车。

第三十三条　机动车维修经营者应当建立机动车维修档案，并实行档案电子化管理。维修档案应当包括：维修合同（托修单）、维修项目、维修人员及维修结算清单等。对机动车进行二级维护、总成修理、整车修理的，维修档案还应当包括：质量检验单、质量检验人员、竣工出厂合格证（副本）等。

机动车维修经营者应当按照规定如实填报、及时上传承修机动车的维修电子数据记录至国家有关汽车维修电子健康档案系统。机动车生产厂家或者第三方开发、提供机动车维修服务管理系统的，应当向汽车维修电子健康档案系统开放相应数据接口。

机动车托修方有权查阅机动车维修档案。

第三十四条　交通运输主管部门应当加强机动车维修从业人员管理，建立健全从业人员信用档案，加强从业人员诚信监管。

机动车维修经营者应当加强从业人员从业行为管理，促进从业人员诚信、规范从业维修。

第三十五条　交通运输主管部门应当加强对机动车维修经营的质量监督和管理，采用定期检查、随机抽样检测检验的方法，对机动车维修经营者维修质量进行监督。

交通运输主管部门可以委托具有法定资格的机动车维修质量监督检验单位，对机动车维修质量进行监督检验。

第三十六条　机动车维修实行竣工出厂质量保证期制度。

汽车和危险货物运输车辆整车修理或总成修理质量保证期为车辆行驶20 000公里或者100日；二级维护质量保证期为车辆行驶5 000公里或者30日；一级维护、小修及专项修理质量保证期为车辆行驶2 000公里或者10日。

摩托车整车修理或者总成修理质量保证期为摩托车行驶7 000公里或者80日；维护、小修及专项修理质量保证期为摩托车行驶800公里或者10日。

其他机动车整车修理或者总成修理质量保证期为机动车行驶6 000公里或者60日；维护、小修及专项修理质量保证期为机动车行驶700公里或者7日。

质量保证期中行驶里程和日期指标，以先达到者为准。

机动车维修质量保证期，从维修竣工出厂之日起计算。

第三十七条 在质量保证期和承诺的质量保证期内，因维修质量原因造成机动车无法正常使用，且承修方在 3 日内不能或者无法提供因非维修原因而造成机动车无法使用的相关证据的，机动车维修经营者应当及时无偿返修，不得故意拖延或者无理拒绝。

在质量保证期内，机动车因同一故障或维修项目经两次修理仍不能正常使用的，机动车维修经营者应当负责联系其他机动车维修经营者，并承担相应修理费用。

第三十八条 机动车维修经营者应当公示承诺的机动车维修质量保证期。所承诺的质量保证期不得低于第三十六条的规定。

第三十九条 交通运输主管部门应当受理机动车维修质量投诉，积极按照维修合同约定和相关规定调解维修质量纠纷。

第四十条 机动车维修质量纠纷双方当事人均有保护当事车辆原始状态的义务。必要时可拆检车辆有关部位，但双方当事人应同时在场，共同认可拆检情况。

第四十一条 对机动车维修质量的责任认定需要进行技术分析和鉴定，且承修方和托修方共同要求交通运输主管部门出面协调的，交通运输主管部门应当组织专家组或委托具有法定检测资格的检测机构作出技术分析和鉴定。鉴定费用由责任方承担。

第四十二条 对机动车维修经营者实行质量信誉考核制度。机动车维修质量信誉考核办法另行制定。

机动车维修质量信誉考核内容应当包括经营者基本情况、经营业绩（含奖励情况）、不良记录等。

第四十三条 交通运输主管部门应当采集机动车维修企业信用信息，并建立机动车维修企业信用档案，除涉及国家秘密、商业秘密外，应当依法公开，供公众查阅。机动车维修质量信誉考核结果、汽车维修电子健康档案系统维修电子数据记录上传情况及车主评价、投诉和处理情况是机动车维修信用档案的重要组成部分。

第四十四条 建立机动车维修经营者和从业人员黑名单制度，县级交通运输主管部门负责认定机动车维修经营者和从业人员黑名单，具体办法由交通运输部另行制定。

课程 5-2　技术革新

学习内容

学习单元	课程内容	培训建议	课堂学时
（1）汽车维修新技术、新材料、新工艺的推广	1）搜集和整理汽车维修新技术、新材料、新工艺资料 2）总结和分析汽车维修新技术、新材料、新工艺 3）推广汽车维修新技术、新材料、新工艺	（1）方法：讲授法、讨论法、观摩法 （2）重点与难点：汽车维修新工艺的推广	2
（2）汽车维修技术革新、技术改造及维修作业流程的改进	1）制定并实施汽车维修技术革新、技术改造方案 2）制定并实施汽车维修作业流程改进方案	（1）方法：讲授法、讨论法、观摩法 （2）重点与难点：实施汽车维修的技术革新、技术改造	2

学习单元 1　汽车维修新技术、新材料、新工艺的推广

一、搜集和整理汽车维修新技术、新材料、新工艺资料

1. 技术资料收集和整理

搜集汽车维修新技术、新材料、新工艺相关的技术资料，包括纸质资料和电子资

料,并进行分类整理。

2. 汽车维修新技术、新材料、新工艺观摩学习

根据实际条件,组织到汽车维修新技术、新材料、新工艺相关的企业观摩学习。

二、总结和分析汽车维修新技术、新材料、新工艺

根据整理后的汽车维修新技术、新材料、新工艺相关的资料,结合本企业的实际,总结和分析需要优化的维修作业流程。以下以"汽车绿色维修"为例,介绍汽车维修新技术、新材料、新工艺应用。

1. "汽车绿色维修"新技术

（1）采用高科技诊断工具

"汽车绿色维修"采用的"绿色故障诊断技术"是指在汽车诊断和维修过程中使用低碳、环保、可持续的方式,减少对环境的影响和资源的浪费。

新技术在汽车绿色维修中的应用包括云端诊断和数据可视化技术,可以转换为更高效的维修过程、更精确的数据分析并更具资源利用效益。

使用高科技诊断工具,如汽车故障检测仪、智能维修平台、多级故障排除系统,利用互联网技术实时对诊断数据进行分析、模型化处理和优化调整,从而准确、快速地对汽车故障进行定位和清除。

采用激光探测、可视化维修平台、车载计算机等技术,可以通过数据对修理过程进行实时监控,提高维修效率。

（2）采用数据分析处理技术

通过大型数据处理和分析平台,累积经验并做出修改、优化,如车辆的行驶状态、燃油系统、电路电器等数据,分析学习出各种故障信号;排除非故障或假故障,节省时间和人工成本。

（3）采用快速维修技术

修理工作是汽车故障处理的关键,修理水平直接影响汽车修理工作的可靠性与有效性。在汽车绿色维修中,利用快速维修技术可以有效地减少修理过程中的等待时间,提高维修效率,同时也节约了资源和减少了对环境的污染。针对汽车的绿色维修,可以使用内置式维修工具和材料,如快速拆卸器、轻量化材料、更高强度的合成材料、可拆卸的调整和替换部分等,以确保快速、高效地处理问题。

利用快速维修技术对汽车绿色维修进行升级和创新，不仅可以提高维修效率，同时也可以保护环境和节约资源。

2. "汽车绿色维修"新材料

维修工作中避免使用含有有毒和危险材料的液体，如调和漆、有毒溶剂等，使用替代品代替，例如：无钡、无铅、非挥发性的可回收的清洗剂等环保材料。

3. "汽车绿色维修"新工艺

新工艺在汽车维修方面的发展主要体现在汽车发动机维修方面。随着技术的发展，在汽车的发动机维修工作中，利用了许多新的工艺。例如：全铝缸盖和缸体，镁制进气管，铝活塞和钢制气缸套等，钛合金连杆以及锻造工艺。其中由于钛具有重量轻、强度大等特点，使得发动机的转速提高，而镁合金比铝轻，因此不会在使用过程中产生噪声。以上这些新工艺的应用，将使得汽车维修的水平有了一定的提高。

三、推广汽车维修新技术、新材料、新工艺

组织本企业推广汽车维修新技术、新材料、新工艺。以上述"汽车绿色维修"为例，介绍汽车维修新技术、新材料、新工艺推广方法。

1. 加强"汽车绿色维修"技术培训

提高维修人员的技术水平和绿色意识素质，可以帮助他们更快地诊断问题，提高维修效率，降低人员成本和废品率。

通过推广企业内培训，提高维修人员的绿色技能水平和对绿色维修的了解，从而达到绿色维修的标准。

无论采用哪种方式，都应该遵循绿色环保原则，将所有企业操作标准化、系统化、科学化。这样可以在保证汽车诊断准确、快速的同时，减少对环境和人员健康的损害。

2. "汽车绿色维修"技术推广举例

（1）"绿色喷涂"技术推广

1）使用绿色、可持续的涂料。热喷涂技术是一种高效、环保的材料涂覆技术，可以使汽车修理过程更加绿色、可持续。

热喷涂技术中采用环保热喷涂材料可以有效地减少有害气体和污染物的排放，而且涂料数量少，能有效降低环境影响。

2）低温热喷涂技术。采用低温热喷涂技术，可以在低温条件下完成修复，减少能源消耗和环境污染。

3）热喷涂维修技术。热喷涂技术可以应用于有抗磨损、耐腐蚀、绝缘、减振等需求的部件，例如汽车缸体、曲轴、齿轮等大件重要部件的修复，提前消除潜在的故障。

4）无须拆解维修。热喷涂技术可以在不拆解汽车部件的情况下进行涂覆修复，大大降低了维修的时间和成本，并且不影响汽车整体性能。

5）高效稳定的涂覆效果。热喷涂技术具有较高的附着强度、质量稳定性和可靠性，为车辆保养和修复提供新的选择。

总之，在汽车绿色维修中利用热喷涂技术可以有效提高维修效率和效果，同时为环境保护做出贡献。

（2）"绿色汽车清洗"技术推广

1）使用绿色清洗剂。传统清洗模式会使用有助燃性的柴油或汽油等材料，存在火灾、环境污染及资源浪费等安全隐患。绿色汽车清洗技术是一种环保、高效、安全的汽车清洗方法，它能够减少对环境的污染，同时避免使用危险化学品对人体健康造成伤害。

使用非有害、易分解的生物可降解清洗剂，如酵素清洗剂或植物提取物清洗剂，替代常规清洗剂，避免将污染物排放到环境中。

2）使用高压水枪。高压水枪可以在不使用化学清洗剂的前提下清洗汽车表面，将污垢和污染物快速清除，减少能源和水资源的浪费。

3）手工清洗。对于一些难以使用高压水枪清洗的部位和区域，可以利用手工工具进行手工清洗。

4）省水清洗。在清洗汽车的过程中，可以利用回收技术收集废水，净化再利用，这既节约了水资源，又避免了对环境的污染。

5）微波辅助清洗。使用微波处理技术，辅助清洗汽车表面，使其更加清洁，同时充分利用微波能量，减少能源消耗。

使用绿色汽车清洗技术不仅可以减少对环境的污染，还能提高节能效率，提升清洁效果，对于消费者、汽车厂商和环保来说都很有益处。在实践中，广泛地采用绿色汽车清洗技术，以实现可持续发展。

（3）"绿色汽车润滑密封"技术推广

1）使用环保油脂。使用绿色汽车润滑密封技术可以提高汽车的工作效率和可靠性，同时减少对环境的污染。

选用环保油脂，例如生物降解油脂、氧化石化油脂和合成润滑剂等可再生物质制成的绿色油脂，取代常规的石油基油和人造油脂，减少对环境的污染。

2）选择高效密封件。使用高效密封件，如热塑性高分子材料、氟橡胶材料等，以保证密封性能，减少泄漏的机会，避免油脂流失。

3）使用质量优良的润滑油。选择质量优良的机油和润滑剂，可以降低机械零件间的摩擦和磨损，延长发动机的使用寿命，提高燃油经济性，减少噪声和尾气排放。

4）定期检测和更换密封件和油脂。及时更换老化密封件和油脂，可以防止油脂泄漏和提高密封性能，同时减少排放有毒废弃物，保护环境。综上所述，使用绿色汽车润滑密封技术需要结合实际情况，从选用环保油脂和优质的润滑油、高效密封件和定期更换等多方面入手，确保汽车工作效率和可靠性的同时，也注重环保和可持续性发展。

（4）"绿色汽车焊接"技术推广

使用绿色汽车焊接技术可以减少对环境和人体健康的不利影响，同时提高生产效率和产品质量。以下是使用绿色汽车焊接技术的方法。

1）选择低污染、高效率的焊接工艺，如气体保护焊、电子束焊、激光焊、等离子弧焊等非常规焊接技术，以减少对环境的污染和提高焊接效率。

2）确保焊接材料的环保性和安全性。可以选择无铅、无镉、无汞等环保、安全的气源、焊料，在生产过程中减少对工人和环境的影响。

3）定期对焊接设备进行检测和维护，确保其处于良好的工作状态。检测设备是否符合环保要求，保证其不会对环境造成污染。

4）管理、操作焊接设备的员工应严格遵守安全操作规程，减少操作失误和意外事故。

5）对焊接过程中产生的废弃物进行分类处理，避免对环境的污染。

总之，使用绿色汽车焊接技术可以提高焊接质量和工作效率，同时减少对环境和人体健康的不利影响。要想实现绿色汽车焊接技术的推广和应用，除了加强技术研发和实践创新外，还要注重加强环保意识和教育培训，推进环保文化和绿色生产理念，促进汽车行业的可持续性发展。

学习单元 2　汽车维修技术革新、技术改造及维修作业流程的改进

一、制定并实施汽车维修技术革新、技术改造方案

根据目前市场上新能源汽车的现状与发展趋势，以下以"开展新能源汽车维修业务"为例，介绍汽车维修技术革新、技术改造方案的制定与实施。

1. 制定"开展新能源汽车维修业务"方案

（1）收集整理"开展新能源汽车维修业务"资料

结合本企业的实际，以查询资料、外出培训、咨询专家等方式，收集整理"开展新能源汽车维修业务"的相关资料，包括：

1）新能源汽车专用维修工位的设置要求和改造费用预算。
2）高压维修安全管理制度的内容和公示牌制作费用预算。
3）高压安全防护装备和维修工具设备的配置要求和费用预算。
4）新能源汽车维修技术人员资质和培训的要求和费用预算。
5）新能源汽车专业维修项目的确定和客户招揽方式。

（2）撰写、讨论、报批"开展新能源汽车维修业务"方案

1）根据整理的资料，撰写"开展新能源汽车维修业务"方案，方案必须包括工作内容和费用预算。
2）组织讨论"开展新能源汽车维修业务"方案，并根据讨论结果修订方案。
3）将修订后的"开展新能源汽车维修业务"方案提交企业的管理部门审批。

2. 实施"开展新能源汽车维修业务"方案

根据审批后的"开展新能源汽车维修业务"方案，组织方案的实施，包括：
1）根据新能源汽车专用维修工位的设置要求进行改造。
图 5-2-1 所示为新能源汽车专用维修工位样例。

2）制定高压维修安全管理制度的内容，制作并悬挂公示牌。除了传统汽车维修车间的安全要求外，高压维修车间必须制定高压电气相关的安全管理制度，加强安全管理，杜绝触电、火灾等安全事故的发生。

3）根据企业工具设备采购制度和流程，采购新能源汽车维修业务所需的高压安全防护装备和维修工具设备。

图 5-2-1　新能源汽车专用维修工位样例

图 5-2-2 所示为高压安全防护装备和维修工具设备样例。

4）组织培训新能源汽车维修技术人员，考取维修资质证书。

5）根据确定的新能源汽车维修业务相关项目，组织业务人员进行新能源汽车客户招揽。

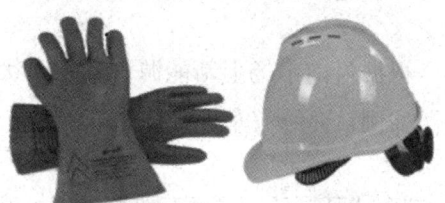

绝缘手套　　　　　绝缘安全头盔

二、制定并实施汽车维修作业流程改进方案

新能源汽车具有高压系统，进行维修时应注意高压安全，传统汽车的维修作业流程并不完全适用，维修企业应对维修作业流程进行改进，使之适用新能源汽车维修作业，并要求维修技术人员在维修作业中严格遵守。

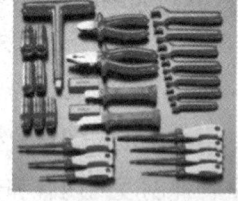

绝缘拆装工具

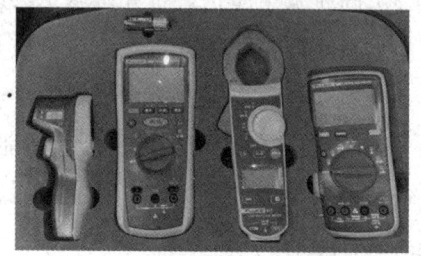

检测设备套装

图 5-2-2　高压安全防护装备和维修工具设备样例

以下以"新能源汽车维修作业流程"为例，介绍汽车维修作业流程改进方案的制定并实施的方法。

1. 制定"新能源汽车维修作业流程"

（1）讨论"新能源汽车维修作业流程"的内容

新能源汽车的维修作业并不一定都涉及高压。根据本企业新能源汽车维修的业务

项目和技术力量,组织讨论适合本企业的新能源汽车维修作业流程的内容,以下是讨论内容的要点:

1)新能源汽车常规维护(不涉及高压部件)。

2)高压系统维修(运行时有高压电的部件)。

3)动力蓄电池及高压控制电路维修(一直有高压电的部件)。

(2)撰写"新能源汽车维修作业流程"

根据讨论的结果,撰写适合本企业的"新能源汽车维修作业流程",并提交企业的管理部门审批。图5-2-3所示为新能源汽车维修作业流程样例。

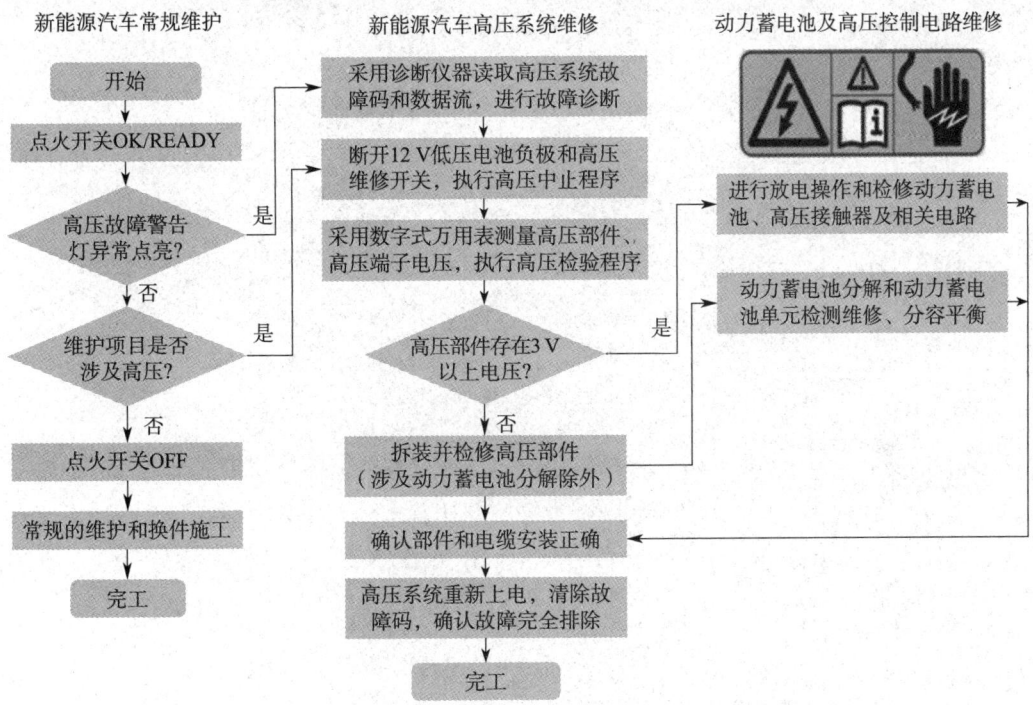

图5-2-3 新能源汽车维修作业流程样例

2. 实施"新能源汽车维修作业流程"

根据审批后的"新能源汽车维修作业流程",组织作业流程的实施。

1)根据企业维修技术人员的新能源汽车维修资质及技术水平,将人员分为"新能源汽车常规维修技师""新能源汽车高压系统维修技师""动力蓄电池及高压控制电路维修技师"三个技能等级。

2)在新能源汽车维修业务中,严格按照维修人员的维修资质分配工作,并严格遵守维修作业流程。

技术指导与培训

- 课程 6-1　技术指导
- 课程 6-2　系统培训

课程设置

课程	学习单元	课堂学时
6-1 技术指导	（1）汽车偶发、疑难故障诊断与排除流程制定的指导	1
	（2）汽车偶发、疑难故障诊断与排除的指导	1
6-2 系统培训	（1）系统技术培训计划的制订	1
	（2）系统技术培训计划的组织实施	1

课程 6-1 技术指导

学习内容

学习单元	课程内容	培训建议	课堂学时
（1）汽车偶发、疑难故障诊断与排除流程制定的指导	1）制定汽车偶发、疑难故障诊断与排除流程的要点 2）指导汽车偶发、疑难故障诊断与排除流程的制定	（1）方法：讲授法、讨论法、案例教学法 （2）重点与难点：制订汽车偶发、疑难故障诊断与排除流程	1
（2）汽车偶发、疑难故障诊断与排除的指导	1）汽车偶发、疑难故障诊断与排除的要点 2）指导汽车偶发、疑难故障的诊断与排除	（1）方法：讲授法、案例教学法、观摩法 （2）重点与难点：汽车偶发、疑难故障诊断与排除指导	1

学习单元 1　汽车偶发、疑难故障诊断与排除流程制定的指导

一、制定汽车偶发、疑难故障诊断与排除流程的要点

1. 汽车偶发、疑难故障的特点

（1）汽车偶发故障的特点

汽车故障按工作状态可分为持续（永久性）故障和偶发（间歇性）故障。

持续故障也称永久性故障，是指不经维修，故障将持续存在，无法消除。

偶发故障也称间歇性故障，是指故障偶尔发生，不经维修故障会自动消除，但还会反复出现。

汽车偶发故障通常是由于车辆维护欠佳、材料隐患、制造工艺及结构缺陷等所致。汽车偶发故障具有偶然性，发生的时间不持续，虽然故障原因往往很简单，但是查找故障并不容易，因此偶发故障通常会成为疑难故障。

（2）汽车疑难故障的特点

汽车疑难故障是指汽车在使用过程中出现的难以解决的故障。疑难故障可能是车辆本身的缺陷，也可能是错误的操作或环境因素导致的。

汽车疑难故障需要由经验丰富的专业人员进行诊断和排除，以确保车辆能够恢复正常运行。由于市场上的车型众多，有些车型维修技术资料缺乏或需要特殊的仪器设备进行诊断与排除，因此在面对疑难故障时，及时寻求帮助和采取有效的措施是非常重要的。

2. 制定偶发、疑难故障诊断与排除流程的要点

（1）组织内部会诊并寻求外部技术支持

汽车偶发、疑难故障诊断与排除难度大，流程复杂，而且每个企业的技术力量、设备配置有差别，因此企业的技术负责人（也称技术总监或主管，通常由高级技师或

技师担任）在制定偶发、疑难故障诊断与排除流程时，应进行内部会诊，必要时寻求外部同行或专业机构的支持。

1）内部会诊。维修技术人员遇到偶发、疑难故障时，如果没有把握确定故障原因，应向技术负责人汇报，由技术负责人组织其他班组及相关技术人员进行会诊，诊断分析故障原因，确定维修方案。

2）寻求同行支持。当内部会诊也无法确定故障原因时，可以寻求同行进行技术支持。维修技术人员通过个人或其他的社会关系，利用电话及其他网络通信工具寻求其他同行技术人员的支持。但这种支持通常带有随机性，而且获取的信息未必准确，仅作为内部会诊参考。

3）寻求专业机构支持。当内部会诊、同行支持都解决不了问题时，可以寻求专业机构的支持，这里的专业机构指汽车维修连锁机构总部、集团公司设立技术支持中心，或者是有偿服务的技术服务公司。

（2）根据汽车故障诊断的基本原则诊断故障

汽车故障诊断是汽车维修中的关键步骤，是汽车维修前的"确诊"环节。汽车电子技术、电控系统越来越复杂，偶发、疑难故障的诊断越来越困难，在故障诊断中，应根据汽车故障诊断基本原则诊断故障。汽车故障诊断的原则可以概括为如下十项基本原则：

搞清故障现象

询问故障来由

熟悉工作原理

排除特殊情况

仔细逻辑分析

坚持从简到繁

适宜由表及里

判断准确合理

忌讳大拆乱拆

切勿随意换件

（3）把握汽车故障诊断的基本思路

图 6-1-1 所示为汽车故障诊断基本思路。

1）问诊。进行汽车故障诊断时，维修技术人员应先通过向客户（驾驶员）问诊，获取故障现象、发生时的情况等基本信息。

2）试车。必要时进行试车，确认故障现象是否与客户（驾驶员）描述的相符。

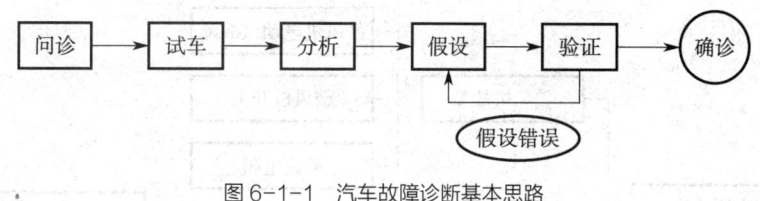

图 6-1-1　汽车故障诊断基本思路

3）分析。分析发生故障的可能原因。

4）假设与验证。根据发生故障的可能原因进行假设，以验证故障是否确实为分析的原因导致。例如，假设车辆的故障是在负荷大时燃油压力不足导致发动机抖动，可以在陡坡路段行驶时测试燃油压力，验证发动机抖动的时刻燃油压力状况，如果是，就可以判断燃油泵供油最大压力不足。

5）确诊。经过以上过程，确诊故障的原因，然后制定故障诊断与排除流程。

（4）采用故障树诊断法制定故障诊断与排除流程

故障树诊断法也称故障树分析法，是汽车故障诊断最常用的方法。汽车故障树诊断法是将系统故障形成的原因由总体至部分按树枝状逐级细化的分析方法，其目的是判明基本故障，确定故障的部位和原因，它是对复杂系统进行故障诊断的有效工具。

汽车故障诊断的故障树诊断与排除流程是将汽车最直接的故障现象作为分析目标，然后寻找直接导致这一故障发生的全部因素，再寻找造成下一级事件的全部直接因素，一直追查到那些最基本的无须再深究的因素为止，其结果是反映汽车故障因果关系的树枝状图形（故障树），体现完整的故障诊断与排除流程。故障树是汽车故障诊断与排除流程最常见的体现方式，当然也适用于制定汽车偶发、疑难故障诊断与排除流程。图 6-1-2 所示为汽车前照灯不亮的故障树诊断与排除流程样例，图 6-1-3 所示为汽车空调故障的故障树诊断与排除流程样例。

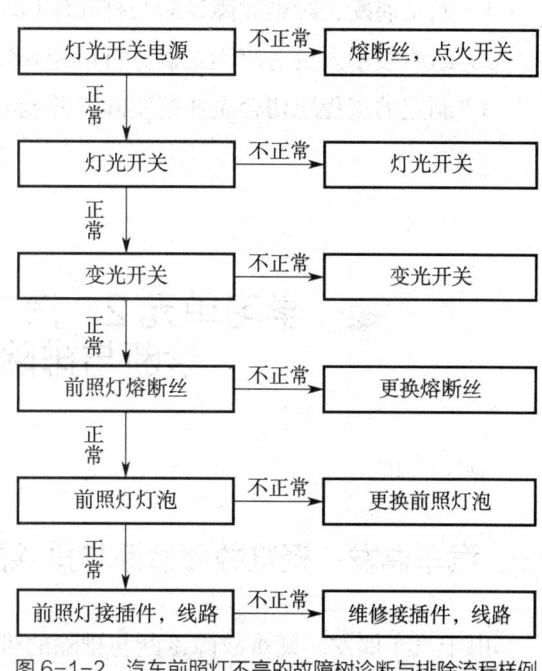

图 6-1-2　汽车前照灯不亮的故障树诊断与排除流程样例

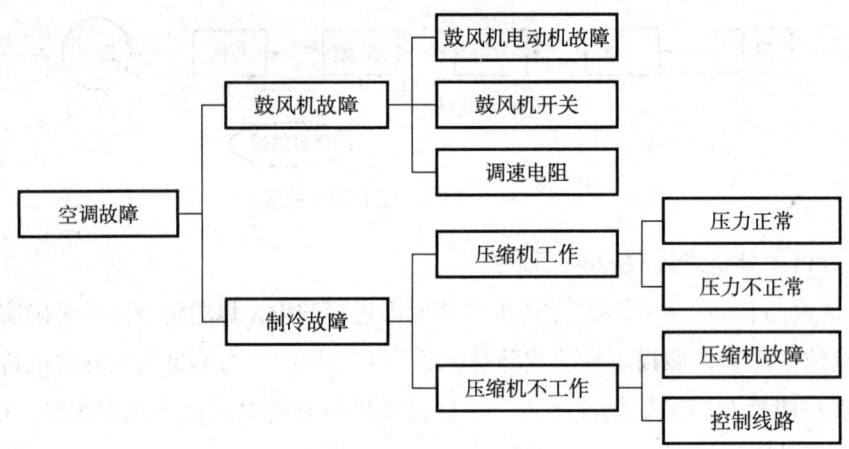

图 6-1-3　汽车空调故障的故障树诊断与排除流程样例

二、指导汽车偶发、疑难故障诊断与排除流程的制定

高级技师应能指导技师制定汽车偶发、疑难故障诊断与排除流程，指导方法及注意事项如下：

1）制定偶发、疑难故障诊断与排除流程时应参照流程制定的要点执行。

2）组织技术人员对流程初稿进行讨论和修订。

3）制定的流程应切合企业的实际，并能够真正执行。

学习单元2　汽车偶发、疑难故障诊断与排除的指导

一、汽车偶发、疑难故障诊断与排除的要点

由于汽车偶发、疑难故障诊断与排除的难度大，汽车维修企业和维修技术人员应满足一定的条件，诊断与排除过程中掌握相应的技巧。

1. 汽车维修企业应具备的条件

为确保汽车维修企业拥有偶发、疑难故障诊断与排除的能力，企业应具备如下条件：

1）建立一支专业的技术团队，组成人员应当具有扎实的汽车维修技术理论知识和丰富的实践经验。

2）配备先进的故障诊断设备和维修工具，以帮助技术人员进行故障的定位和排除。

3）建立本地区常见车型的维修技术资料库，包括结构原理、电路图、检测数据、拆装步骤等。

4）开拓本地区常见车型的配件供应渠道，以满足相应车型维修的需要。

2. 维修技术人员应具备的条件

根据汽车故障诊断的基本原则和基本思路，维修技术人员要想实现快速、准确诊断与排除故障，应具备以下条件：

1）熟悉汽车结构和工作原理，掌握与故障现象相关的系统或总成的结构和工作原理，这是进行故障诊断与排除的前提。

2）具有清晰的故障诊断思路，明确检测参数、正确的检测方法、参数检测步骤、参数测量值的变化形式和正常范围。

3）具有较强的综合分析、逻辑推理和判断能力，这一方面直接决定着故障诊断结论的准确性，同时也影响着检测思路。

3. 掌握故障诊断与排除的技巧

在偶发、疑难故障诊断与排除过程中，维修技术人员应掌握以下技巧：

1）掌握引起故障现象的外在特征。

先全面了解故障现象，弄清故障出现的前提条件，在允许的情况下，可以改变汽车的工作状况，以了解汽车故障现象的变化，从中掌握故障现象特征，如是否存在排放黑烟、发动机抖动、无高压点火、灯泡不亮等异常现象。

2）分析造成故障原因的内在本质。

汽车故障一定是由某个或多个实质性的原因造成的，必须经过仔细分析后再确定故障，以免走弯路，而要准确地抓住故障关键，必须熟悉汽车的结构、原理及正常工作所具备的条件，如发动机排放黑烟，本质上是混合气过浓；轮胎单边磨损的原因是汽车底盘前束和倾角数据不正确。

3）避免盲目性操作。

在故障诊断与排除的过程中，尽量避免盲目拆卸，以免造成人力、材料和时间的浪费，同时防止因不正确的操作和拆装造成新故障的产生。

二、指导汽车偶发、疑难故障的诊断与排除

高级技师应能指导技师诊断与排除汽车偶发、疑难故障，指导方法及注意事项如下：

1）参照已经制定的偶发、疑难故障诊断与排除流程实施。技师及其他维修技术人员在实施故障诊断与排除的过程中，严格按照规定的步骤和要求进行操作。这包括对车辆进行全面的检查，确保没有遗漏任何可能存在的问题，并且在维修完成后，应对车辆进行全面的测试和检查，确保问题得到彻底解决。

2）对故障诊断与排除所需的工具设备、技术资料、配件材料等进行详细的准备，以确保能够顺利地进行故障诊断与排除工作。

3）在故障诊断与排除实施过程中对可能出现的突发情况进行全面考虑，充分准备，确保在实际操作中能够应对各种突发情况。诊断与排除过程中，如果发现原制定的流程存在错误或遗漏或拆检后出现新故障，应组织会诊后修正。

4）故障排除后，负责维修的技师应对原制定的流程进行总结和优化，并将故障排除过程写成技术案例，并进行分析讲解，向其他维修人员分享。

课程 6-2　系统培训

学习内容

学习单元	课程内容	培训建议	课堂学时
（1）系统技术培训计划的制订	1）制订系统技术培训计划	（1）方法：讲授法、讨论法、案例教学法 （2）重点与难点：技术培训方法	1
	2）细分技术培训课程		

续表

学习单元	课程内容	培训建议	课堂学时
（2）系统技术培训计划的组织实施	1）组织实施技术培训 2）培训及指导企业技术培训内部讲师	（1）方法：讲授法、讨论法、案例教学法 （2）重点与难点：技术培训的实施	1

学习单元 1　系统技术培训计划的制订

一、制订系统技术培训计划

1. 汽车维修企业培训体系组成

构建良好的培训体系是有效促进企业实现人力资本增值的重要手段。一般来说，培训体系包括培训需求分析、培训计划制订、培训实施和监控以及培训效果评估这几个主要部分。

（1）培训需求分析

培训需求分析是培训过程的首要环节，目的在于确定培训目标，培训目标的设立为培训的成功指明了道路。培训需求分析同时也为后期的培训效果评估奠定了基础。需求分析决定了培训的方向，对培训的质量有着重要的影响。培训需求分析分为3个层面，即组织分析、工作分析及人员分析。

（2）培训计划制订

培训计划的制订建立在需求分析的基础之上，要以企业发展规划为依据，同时要有一定的逻辑顺序。培训计划的内容包括培训时间、培训地点、培训对象、培训方式和培训内容等。培训计划使培训有纲可循。培训计划必须能满足组织和员工两方面的需求。

（3）培训实施和监控

培训计划确定之后，各个部门要严格按照计划实施培训。要想保证培训的效果，则必须在实施的过程中加以监控，适时跟踪和反馈培训效果，及时满足受训者的需求及促进受训者保持学习的积极性。

（4）培训效果评估

培训效果评估往往容易被忽略，企业培训容易将重心都放在前面几个步骤上，即使进行评估可能也只是简单地了解一下受训者的满意程度。做好培训效果评估可以明确该培训项目的优劣、了解培训目标的实现程度以及培训中需要改进的地方，从而为后期培训的开展提供帮助。

2. 培训计划内容的要点

（1）培训目的（Why）

企业进行培训一定要明确培训的真正目的，培训的目的要紧密结合公司的长远战略和员工的职业生涯。这样，才能使培训更有针对性，效果才会更好。因此，在组织培训项目的时候，需要用简洁明了的语言把培训目的讲清楚。

（2）培训负责人、对象及培训师（Who）

在进行某一项培训时，要明确具体的培训负责人，以培训负责人为中心安排整个培训。由其总负责监控培训的各个环节。

对于培训对象，可依照职级、职能两个维度来区分。在组织、策划培训项目时，应该先确定培训对象，然后根据培训对象决定培训内容、培训时间和培训师等。

在选择培训师的时候，首先考虑公司内部人员，如企业技术总监、高级技师、技师等，毕竟他们对本公司的情况很熟悉。还可以根据企业的实际情况，以及培训的项目及内容，邀请外部讲师。

（3）培训内容（What）

培训内容的确定应建立在培训需求分析的基础上，要充分了解企业员工的培训需求，了解员工有哪些方面存在不足，是知识或技能的欠缺，还是工作方法不恰当，这样制定出来的培训内容才能真正解决员工在工作中存在的问题，才能有助于企业成长。

（4）培训时间（When）

培训的时间包括具体的时间和培训的周期，它由培训目的、培训场地、培训师、受训者的能力及工作时间等因素决定。培训时间的选定以尽可能不影响工作为宜。

（5）培训场地（Where）

培训场地的选用可以因培训内容和方式的不同而有所区别，一般分为企业内部培训场地和外部专业培训机构场地两种。

（6）培训方法（How）

培训项目和内容不同，所采取的培训方法也应有所区别。培训的方法多种多样，有讲授法、小组讨论法和案例教学法等，不同的方法适用于不同教学场景，所产生的培训效果也是有差异的，在制订培训计划时，要根据具体情况来确定培训方法，以求达到培训效果的最优化。

（7）确定培训预算（How much）

培训的费用一般包括培训讲师的费用、教材费、场地费、器材费、差旅费、餐费等。

3. 企业培训的形式

汽车维修企业培训的形式一般有公开课、岗位培训、企业内训等。

（1）公开课

公开课通常由汽车维修行业协会或专业的咨询、培训公司组织，一般为大型课程（会议），内容为行业发展趋势及其他宏观层面的课程。这类课程通常由企业投资人和高层管理人员参加，开拓视野。行业的公开课无须制订计划，由企业高层管理人员根据组织方的通知和内容确定是否参加。

（2）岗位培训

岗位培训课程通常是由专业的咨询、培训公司组织的培训班，内容为企业各岗位知识和技能提升课程。这类课程通常由企业中层干部和骨干员工参加，目标是提升岗位相关工作技能。岗位培训课程由企业管理人员根据组织方的通知和内容确定是否参加。

（3）企业内训

企业内训课程通常是由企业的管理层根据本企业的特点组织的培训课程，内容为本企业各岗位员工需要提升的知识和技能，解决工作中遇到的问题或者是典型案例的分享。企业内训课程也包括外派参加岗位培训课程的人员转训。

二、细分技术培训课程

根据制订的培训计划，细分技术培训课程，技术培训课程建议细分如下：

1. 新员工职前培训课程

新员工培训是指职前培训，其目的是让新员工对企业、对工作岗位、工作环境有一个全面的认识，领会企业文化，熟悉企业规章制度，掌握安全操作规范等，促进其快速进入工作状态。

2. 汽车结构原理与检修课程

汽车维修技术人员需要掌握各品牌车型汽车的整车结构、原理、工作机制等基本知识，才能准确诊断与排除汽车故障。此外，汽车维修人员还需要学习汽车发动机系统、底盘系统、电气系统结构原理与检修的专业知识，以提升技术水平。

3. 新技术汽车结构原理与检修课程

汽车维修企业的技术培训内容应包括汽车新技术的学习和掌握。随着汽车科技的不断发展，汽车新技术如电动汽车、智能汽车、自动驾驶技术等广泛应用已经逐渐成为汽车行业的发展趋势。因此，汽车维修人员需要学习这些汽车新技术的原理和相关维修方法，以适应市场需求。

4. 典型故障案例分析课程

根据本企业的实际维修案例、汽车生产厂家的技术通报、汽车维修专业出版物中的维修案例等，对企业的维修技术人员进行专项培训。通过培训，提高维修技术人员对典型故障案例的认识和理解；学习典型故障诊断与排除的基本方法和技巧；增强维修技术团队协作能力。

5. 其他专题培训课程

汽车维修企业除常规的技术培训外，还有很多其他专题培训，例如：

汽车维修企业管理培训，包括企业经营管理、人力资源管理、财务管理等方面的知识和技能培训，以及如何提高企业服务质量和竞争力的培训。

汽车新技术培训，包括新能源汽车技术、智能驾驶技术等方面的知识和技能培训，以及如何适应汽车技术不断变化和发展的培训。

不同的企业根据自身需求和员工技能水平进行选择和组织专题培训主题。

学习单元 2　系统技术培训计划的组织实施

一、组织实施技术培训

1. 组织实施

图 6-2-1 所示为培训组织和管理流程图，组织者应参照流程组织实施培训。组织实施培训是培训组织的基本业务，在开展本业务时，必须要注意以下六个方面的工作。

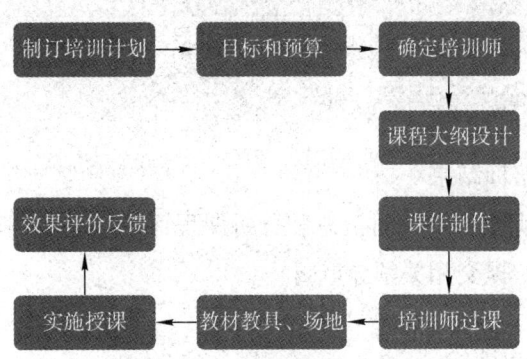

图 6-2-1　培训组织和管理流程图

（1）制订培训实施计划

在培训实施之前必须制订详细的实施计划，主要包括培训目的、培训时间、培训对象、培训师确定、场地选择、预算经费等内容。

（2）受训人员管理

确定培训对象，使培训师了解和分析受训人员情况，对受训人员的出勤情况、学习态度、组织纪律等进行管理。

（3）进行培训师管理

正确选择培训师，尤其是对外部培训师的选择要从其行业背景、业内口碑、客户反映等多方面综合考虑。培训师管理还包括做好接待、培训师介绍、讲课费支付、培训师因故缺席时的预防措施等事项。

（4）营造培训气氛

培训组织要尽全力做好课程前的开场、带领员工复习和总结、完善培训环境的硬件条件等能够营造培训气氛的工作。

（5）准备培训实施清单

培训组织要提前准备好培训实施清单，主要包括培训所需物品、场地布局、座位设置、基本讲课设施、学习资料等。培训实施清单见表6-2-1。

表6-2-1 培训实施清单

准备项目	详细说明
资料	培训教材、学员手册、课程大纲、培训说明性资料、讨论资料、测试资料
教具	黑板、白板、投影仪和投影屏幕、幻灯片、录音设备、摄像机、麦克风、油性笔
辅助材料	光盘、优盘、绘图纸、笔记本
课程计划表	授课时间、授课时数、授课地点、培训对象、培训讲师
培训场所环境	光线及隔音良好的培训教室、空调设备、电源插座、讲台、学员桌椅
其他	座位牌、记录表、学员名单

（6）分析和总结培训结果

培训结束后，培训组织要及时汇总和分析课程评价结果，编写培训效果报告，并附上提出的改进建议，提交相关领导审阅。

2. 培训过程控制及效果评价

图6-2-2所示为培训过程及效果评价流程图，培训组织者应参照流程进行过程控制及效果评价。

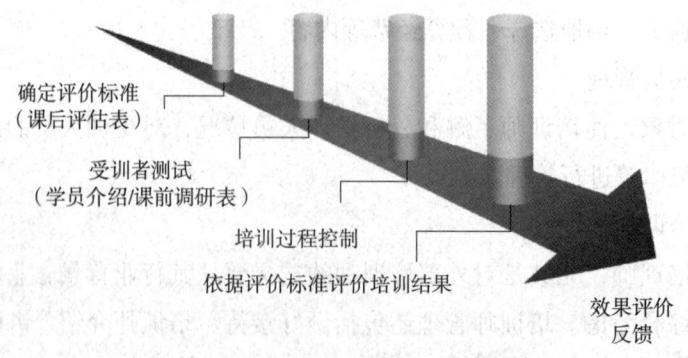

图6-2-2 培训过程及效果评价流程图

培训过程控制及效果评价，柯氏四级评估模型被企业界认为是比较经典、著名的培训评估模型。

（1）第一层次：反应评估

反应评估是考察培训后学员有什么反应、对培训是不是喜欢以及学员在将来工作中能否用到所培训的知识和技能。学员的反应包括对培训者技巧的反应、对课程设计的反应、对培训内容和质量的反应以及对培训组织的反应。

评估时间：培训中。该阶段还未正式涉及培训效果，学员能否将所学应用到工作中还不能确定。培训学员的兴趣促使其对培训更加关注，这对于培训十分重要。学员最清楚自己需要什么，如果学员对培训的反应是消极的，就应该分析是课程设计的问题还是课程实施带来的问题。

（2）第二层次：学习评估

学习评估是考察培训后学员学到哪些知识和技能，培训的内容和方法是否合适且有效，培训的每一个过程是否满足和达到了培训所提出的要求。通过对学员参加培训前与培训后进行测试结果比较，了解他们是否学到新的知识和技能，同时也是对培训设计中设定的培训目标进行检验。这个层次的评估通过评价学员对培训内容的了解和吸收程度，反映出培训工作是否有效及有效的程度。

评估时间：培训中和培训结束时。这一层次的评价比第一层次的评价要困难且费时，不但要测量正式的情形，也要测量非正式的情况。对学员进行前测和后测来评估其学习的成效。如果有可能，最好设置对照组来进行比较，这样可以使培训效果更直观。

（3）第三层次：行为评估

行为评估是考察培训后学员的行为有哪些改变。希望学员可以将培训的内容应用到实际工作中去。培训后学员究竟发生了哪些与工作有关的变化，即对培训内容的应用以及应用的熟练程度。

评估时间：通常在培训结束3个月后。该层次评估只有在学员回到工作中去才能实施，而且应该由多人来评价，如学员自己、同事、上级、下属及专家等，正因为如此，这一层次的评估数据较难获得，但意义重大。只有学员将所学内容应用到工作中，才能真正达到培训目的。

（4）第四层次：结果评估

结果评估是考察培训对成本、收入和质量等业务结果产生的具体影响。这一层次的评估不再是仅仅考察学员个人的情况，而是从学员所在单位或组织的大范围内，了解因培训而带来的企业的改变效果，即考察企业绩效的提升程度，因为，从企业的角度看这是实施培训的唯一理由。

评估时间：培训后半年或一年。该层次评估的费用、时间和难度都是最大的，但恰恰是企业最关注的。

3. 影响培训效果的因素

影响培训效果的主要因素如下：

1）学员个人因素：学员自身的学习能力、工作及学习背景、已有的知识和技能等。

2）学习动机：学员的主动性和对相关课程的兴趣程度等。

3）环境因素：培训场地及相关设施等。

4）企业文化：企业学习氛围、主管的重视度等。

5）团队气氛：组织者及团队的领导能力等。

6）课程开发：课程内容、教学方法等。

7）讲师素质：讲师个人基本素质及表达能力等。

二、培训及指导企业技术培训内部讲师

培训组织的另一项业务就是建设内部讲师队伍。培训组织可以参考内部讲师应具备的条件以及内部讲师养成的步骤来建设内部讲师队伍。

1. 内部讲师应具备的条件

做一名合格的内部讲师应具备以下四个条件：

1）掌握成人学习的原理和特点，并选择适合成人的培训方法。

2）能独立制作讲义，并以"授课 1 小时至少准备 8 小时"的标准进行备课。

3）能准备好所有的辅助教材和学习工具，并提前进行充分的演练。

4）能总结和评价培训效果，听取所有人的建议和反馈，及时进行改善。

2. 内部讲师养成的三个步骤

（1）选拔人才，建立内部讲师团队

通过报名、笔试、面试和内部评审等选拔流程，来考核个人素质、专业知识、逻辑思维、沟通技巧和组织能力等内部讲师应该具备的基本素质和授课技巧，从而选拔出一批合适的专/兼职内部讲师。

（2）培养人才，进行内部讲师分级培训

从个人综合素质、专业知识、社会知识、教学经验、个人与团队学习技巧、授课技巧、培训与管理学员能力等多层面进行分级培训，做到讲师助理、初级讲师、中级讲师和高级讲师四层覆盖、互为补充、梯次培养。

（3）评估人才，结合培训实施辅导与效果认证

针对每一层级的内部讲师进行培训现场考核。培训结束后一个月再进行培训，对内部讲师进行有针对性的辅导，并就辅导效果进行评估，以确保受训的内部讲师在其整体素质与职位能力方面持续提升。

3. 培训的方法指导

选择企业内部具备培训师素质的人员，参照以下方法和要点进行培训及指导，以承担企业内训课程开发和授课任务。

对于承担企业内训课程的培训教师，应根据课程内容，掌握各种常用的培训方法，在教学中灵活应用。

4. 培训企业内部讲师的实施要点

企业内部讲师的培训实施应注意以下要点：

（1）确定内部讲师的培训目标

明确内部讲师的培训目标，包括提高其专业知识和技能水平、培养其管理和领导能力等，以便为企业的内训工作提供优秀的师资力量。

（2）提供全面的培训内容

为内部讲师提供全面的培训内容，包括培训知识和技能、行业和企业知识以及沟通和领导能力等方面，以确保他们具备开展内训工作所需的各种能力和素质。

（3）制订灵活的培训计划

根据内部讲师的实际情况和企业的需求，制订灵活的培训计划，包括培训的时间、地点、方式及预算等方面，以满足企业和内训师个人的需求。

（4）选择合适的培训方式

根据内部讲师的学习习惯和企业的实际情况，选择合适的培训方式，包括课堂培训、在线培训和实践培训等，确保培训的效果和质量。

（5）安排合理的培训时间

合理安排内部讲师的培训时间，避免影响他们的正常工作和生活；同时也要确保培训时间充足，以便内部讲师能够充分学习和掌握所需的技能和知识。

（6）及时评估培训效果

在培训过程中和培训结束后，及时评估内训师的学习成果和培训效果，以便了解培训的不足之处并做出改进。

（7）提供实践机会

为内训师提供实践机会，让他们在实际工作中应用所学的知识和技能，以便更好地掌握和积累经验。

（8）建立持续改进的循环

对内训师的培训计划进行持续改进，根据实际效果和需求调整和优化培训计划，以满足企业和内训师个人的需求。

（9）激发内训师的积极性

通过各种方式激发内训师的积极性和参与度，例如给予他们一定的激励和奖励，让他们感受到自己的价值和重要性。

（10）注重内训师的个人发展

关注内训师的个人发展，为他们提供职业发展规划和个人成长机会，使他们能够在企业内训工作中不断成长和进步。

参考文献

［1］吴荣辉，税绍军．汽车维修电工手册［M］．北京：机械工业出版社，2022．
［2］吴荣辉．新能源汽车结构原理与检修［M］．北京：机械工业出版社，2021．
［3］党宝英．汽车性能检测技术［M］．上海：同济大学出版社，2011．
［4］吴荣辉．汽车维修企业服务流程［M］．上海：同济大学出版社，2022．